영자신문을 읽는 **10가지 공식**
How to read The Korea Times

이 책은 방일영문화재단의 지원을 받아 저술·출판되었습니다.

영자신문을 읽는 **10가지 공식** NEWS

How to read

이창섭 지음

THE
KOREA
TIMES

영자신문을 읽는 10가지 공식
How to read The Korea Times

2011년 7월 10일 1판 1쇄 펴냄
2021년 9월 15일 1판 11쇄 펴냄

지은이 | 이창섭
펴낸이 | 한기철
편집인 | 이리라
편집 | 이여진, 이은혜
마케팅 | 조광재, 한나래

콘텐츠 디자인 | 안성진

펴낸곳 | 한나래출판사
등록 | 1991. 2. 25 제22-80호
주소 | 서울시 마포구 토정로 222, 한국출판콘텐츠센터 309호
전화 | 02-738-5637 · 팩스 | 02-363-5637 · e-mail | hannarae91@naver.com
www.hannarae.net

ⓒ 2011 이창섭
Published by Hannarae Publishing Co.
Printed in Seoul

ISBN 978-89-5566-117-0 13740

* 이 도서의 국립중앙도서관 출판시도서목록(CIP)은 서지정보유통지원시스템 홈페이지(http://www.seoji.nl.go.kr)와 국가자료공동목록시스템(http://www.nl.go.kr/kolisnet)에서 이용하실 수 있습니다. (CIP제어번호: CIP2011002365)
* 이 책의 출판권은 저자와의 저작권 계약에 의해 한나래출판사가 가지고 있습니다. 저작권법에 의해 보호를 받는 저작물이므로 어떤 형태나 어떤 방법으로도 무단 전재와 무단 복제를 금합니다.

preface

모국어 뿌리에서 꽃피는 영어

　세계어로 통용되는 영어는 국어를 잘하는 데서 출발한다. 모국어의 뿌리에서 영어는 자라나고 꽃이 핀다. 이것이 내 지론이며, 감히 '모국어의 뿌리에 기반을 둔 영어 학습'의 주창자로 기억되기를 소망하는 까닭이다.

　지난 15년 동안 〈코리아 타임스〉에 사용된 영어 단어를 추적해 보니 약 1만여 단어가 사용되었다. 따라서 〈코리아 타임스〉와 같은 국내 영자신문만 제대로 읽고, 거기에 나오는 정도의 어휘를 구사할 수 있다면, **TOEIC, TOEFL, TEPS** 등의 공인 인증 시험에서 무난하게 고득점을 얻을 수 있고, 미국 대학생 수준의 영어 구사 능력을 갖출 수 있다.

　이러한 근거를 바탕으로 이 책에서 제안하는 바는 다음과 같다. 첫째, 한국인이 가장 효과적으로 영어를 습득하려면 우리가 모국어인 한국어의 뿌리를 근거로 해야 한다는 것이다. 두 번째, 한국 최초로 영자신문 읽는 10가지 공식을 만들어 알기 쉽도록 이론적 체계를 세웠다. 세 번째, 한국인의 영어 학습의 종착역은 1만 단어 학습이라는 과학적 근거를 제시했다.

　아무쪼록 이 책이 굳이 유학을 가지 않아도 국내에서 영어의 달인이 될 수 있는 영어 학습서로 사용되기를 바란다. 또한 모국어에 뿌리를 둔 영어 학습이 한국인의 영어 교육에 가장 효과적이라는 공감대가 형성되어 영어 교육 방향 전환에 큰 이정표가 되길 기대해 본다.

이 책의 특징

● 이 책에서 제시한 '영자신문을 읽는 10가지 공식'은 기존에 발간된 어느 서적에서도 소개된 바가 없다. 또한 영문법을 먼저 익히고 신문을 읽는 방법을 제시하는 기존의 방법에서 신문을 읽고 영문법을 이해하게 하는 역발상을 시도한 점도 새로운 방식이다. 즉 문법만 너무 강조한 나머지 나무만 보고 숲을 못 보는 문제점을 극복할 수 있도록 했다.

● 지난 15년간 〈코리아 타임스〉에 나왔던 어휘를 분석하여 수능, TOEIC, TOEFL, TEPS 등 영어 인증 시험에 나온 어휘들과의 상관관계를 과학적으로 계량화했다.

● 이 책은 저자가 2004년 12월부터 2010년 3월까지 〈코리아 타임스〉 편집국장으로 재직하는 동안 기자들이 작성한 글에 대한 국장과 전문가의 의견이 축적된 2,000여 페이지 분량의 사내용 아침 보고서인 '〈코리아 타임스〉 가족 여러분'을 토대로, 신문 제작자의 입장에서 신문 수요자를 위해 만든 현장감 있는 생생한 보고서이다. 5년 3개월간의 현장 기록을 정리하여 현직 언론인으로는 최초로 영자신문을 읽는 방법론을 기술했다.

● 기자들이 범할 수 있는 기사 작성의 문제점을 학문적, 실용적으로 파악해 해결책을 제시했다. 이는 사설, 에세이, 논설 작성에 관한 chapter에 잘 반영되어 있어 충분히 활용한다면 각종 보고서 작성 및 파워포인트를 이용한 프레젠테이션 시 고급 영어 표현 능력을 기르는 데 큰 도움이 될 것이다. 또, 잘못된 기사도 수록하여 독자들과 문제점을 공유하는 사례도 들었다.

이 책의 활용법

● 이 책은 난이도에 따라 전체 10개의 **chapter**로 구성하였다. 영자신문을 처음 읽기 시작한 초급자에서 시사영어에 익숙한 중고급 독자에 이르기까지 누구나 쉽게 단계적으로 접근할 수 있다.

● 책의 초반부는 영자신문을 읽는 법을 공식화하여 영자신문의 구조와 규칙성에 대해 최대한 상세히 기술하였다. 각각의 **chapter**는 서로 긴밀한 연관성을 가지므로 독자들은 10가지 공식을 순차적으로 소화해 나가기 바란다.

● 이 책의 목표는 단순히 영어 단어를 나열하는 것이 아니라 영자신문 읽는 방법을 제시하는 것이다. 이 책을 읽는 과정에서 어떻게 영자신문을 읽을 수 있는지 그 방법을 전달하는 데 주안점을 두려 했다. 신문에 자주 등장하는 필수 시사 어휘는 책 표지에 있는 **QR** 코드 스캔을 통해 공부할 수 있다.

차례

Preface   5 | 이 책의 특징   6 | 이 책의 활용법   7
Introduction 1   영어 학습, 새로운 발상을 해야 한다   10
Introduction 2   〈코리아 타임스〉, 무엇을 어떻게 읽을 것인가?   20

공식 1   사진 기사 읽는 법   30
사진 기사 읽는 10가지 공식 | 사진 기사, 헤드라인, 리드, 본문 기사의 공통점 10가지 | 사진 기사 읽는 법을 알면 TOEIC 듣기 시험이 쉽다

공식 2   헤드라인 읽는 법   58
헤드라인이 왜 중요한가? | 헤드라인을 쉽게 정복하는 방법 | 헤드라인을 읽는 10가지 공식 | 헤드라인에 자주 등장하는 어휘 100선 | 실전 문제 | 어처구니없는 실수로 큰 문제가 될 수 있는 헤드라인

공식 3   리드 읽는 법   96
리드는 왜 중요한가? | 리드 작성의 10가지 공식 | 파워포인트 영문 제안서 작성은 헤드라인 작성 방법과 동일

공식 4   짧은 기사 읽는 법   114
짧은 기사 읽기 10가지 공식 | 스트레이트 기사의 다섯 단락 원칙 | 국적 있는 신문 | 중복 단어를 피한 예시 | 중복 단어 사용을 배제하기 위한 연습 | 잘못 사용되는 영어 표현

공식 5   긴 기사 읽는 법   146
긴 기사 읽기 10가지 공식 | 정치 기사 읽는 법 | 사회 기사 읽는 법 | 경제 기사 읽는 법 | 외신 기사 읽는 법 | 스포츠 기사 읽는 법 | 소셜 네트워크 신조어

공식 6 기사를 쉽게 읽게 하는 필수 문법   *198*

기사를 쉽게 읽게 하는 필수 문법 10가지 공식 | 애매한 수식어의 이해

공식 7 논설 읽는 법   *218*

논설 읽기 10가지 공식 | 짧은 논설 읽기 | 긴 논설 읽기 | 실전 문제 | 논설과 영어 인증 시험과의 상관관계 | out과 under, over를 포함한 핵심 어휘

공식 8 칼럼 읽는 법   *250*

칼럼 읽기 10가지 공식 | 알아두면 유용한 영어 상식

공식 9 에세이 작성법   *264*

에세이 작성 10가지 공식 | 알아두면 유용한 영어 표현

공식 10 영문 작성법   *284*

State of the Union(오바마 연두교서)을 통한 영작 연습 | 단문 영문 작성 실전 연습 | 1,000단어 영문 작성해 보기 | 인용문을 사용하는 10가지 공식 | 원어민도 자주 틀리는 영어 문법 10가지 | 기사 리드 작성법을 이용한 단문 영작 연습 | 영작을 채점하는 Software program

Epilogue   *322*

부록 1

정치·사회면에 자주 나오는 표현 100   *323* | 영자신문 섹션별 주요 표현 100   *328* | 소비자 trend에 관한 신조어 50   *333* | 최신 경제·경영 용어 50   *337* | 스포츠 분야에서 사용하는 절묘한 영어 표현   *343* | 절묘한 영어 숙어 100   *347* | 인체 주요 기관에 대한 영어 표현   *351* | 맛을 표현하는 우리말   *355* | 한국 음식의 영문 표현   *358* | 영어로 표현한 구내식당 식단표   *360*

부록 2 콩글리시   *362*   부록 3 영어 문장 부호   *373*

Introduction 1

영어 학습, 새로운 발상을 해야 한다

세계 7위권의 무역 대국, 세계 14위의 경제 대국, 한류 열풍……. 이처럼 한국은 세계에서 맹위를 떨치고 있지만 단 하나, 언어 경쟁력 면에서는 약하다. 특히 한국인은 영어에 자신감이 없다. TOEIC, TOEFL, TEPS 등에서 고득점을 받은 사람조차도 입사하는 날부터 영어로 인한 낭패감이 크다. 정부나 민간 차원에서 영어 실력을 키우기 위해 온갖 다양한 방법을 시도했지만 만족스러울 만한 성과를 내고 있지 못한 것이 현실이다. 국내 영어 교육 시장은 2010년 현재 연간 약 6조 원의 규모이지만 국제 영어 공인 시험에서 한국은 UAE 정도를 빼놓고는 꼴찌를 면치 못하고 있다. 이처럼 글로벌 경쟁력을 높이기 위한 국가적 프로젝트로 추진해 온 영어 교육은 결실이 좋지 않다.

영어가 단순히 교재 몇 권으로 제한된 교실에서 배우고 마는 하나의 교과목에 그쳐서는 실생활에서 효과적으로 사용하기 어렵다. 현재 수능이나 취직에 필요한 영어 시험의 문제점은 실생활과 괴리된 문제가 출제된다는 것이다. 우리는 이 같은 문제의 근본 원인을 깨닫지 못한 채, 영어 학습에 있어서 반복적인 시행착오를 계속해 왔다. 막대한 시간을 영어 학습에 투자했음에도 불구하고 그 효과가 미미한 것은 개인에게는 엄청난 시간 낭비이며 국가적으로는 막대한 인력의 손실이다.

그렇다면 그동안 우리가 해온 영어 학습은 방법 면에서 무언가 잘못된 것이 아닐까? 우리에게 알맞은 영어 학습법을 찾고 이를 제대로 적용하려면, 새로운 발상을 해야 한다.

'한국어의 뿌리'를 바탕으로 한 영어 학습법

영어는 '영어의 뿌리'가 있으며 같은 영어라도 '미국 영어의 뿌리,' '영국 영어의 뿌리,' '호주 영어의 뿌리' 등으로 구분된다. 한국어 역시 '한국어의 뿌리'를 가지고 있어 이를 통해 우리는 한국어를 유창하게 구사할 수 있다. 그런데 '한국어의 뿌리'는 한국어에만 필요한 것이 아니라, 영어나 일본어, 중국어 등의 외국어 습득에도 마찬가지로 활용할 수 있다. 그러나 대부분 이러한 중요성을 알지 못하기 때문에 한국인들이 잘 알 수 없는 '영어의 뿌리'로 영어를 공부하려 한다. 그 결과 영어를 습득하는 것이 힘들고, 성과는 항상 본인의 목표에 못 미친다.

그렇다면 '한국어의 뿌리'란 무엇일까? 우리는 '한국어의 뿌리'에서 우선 풍부한 한국어 어휘들을 공급받는데, 이 어휘들 속에는 개념과 논리가 포함된다. 그러므로 이깃을 바탕으로 외국어 어휘를 습득하면 훨씬 더 쉽고 확실하게 성과를 볼 수 있다. 예를 들어 shelling, summit, reclamation, confectionary, pharmacy, late, former, incumbent, cardinal, cathedral 등의 단어를 단순히 영어 어휘만 보거나, 시중에 나와 있는 다른 교재를 통해 암기해야 한다면 낯설고 부담스러울 것이다. 하지만 다음과 같은 한국의 현실과 접목되면 이 단어들을 모르는 사람도 쉽게 그 뜻을 유추해낼 수 있다.

북한의 연평도 shelling

서울 G20 summit

새만금 reclamation project

오리온 confectionary, 해태 confectionary

보령 pharmacy, 대웅 pharmacy

the late President 김대중

former President 노무현

incumbent President 이명박

Cardinal 정진석 in 명동 Cathedral

    북한의 연평도 '포격,' 서울 G20'정상회의,' 새만금 '간척' 사업, 오리온'제과,' 해태'제과,' 보령'제약,' 대웅'제약,' '고故' 김대중 대통령, 노무현 '전前' 대통령, 이명박 '현現' 대통령, 명동 '성당'의 정진석 '추기경.' '포격,' '정상회의,' '간척' 사업, '제과,' '제약' 등의 우리말은 한국인이라면 누구나 알고 있다. 영어 단어를 몰라도 한국의 사회적 현실을 유추해 보면 알 수 있는 것이다. 이것이 저마다 지닌 언어적 자산을 십분 활용할 수 있는 배경이 된다.

    이와 같이 우리의 현실과 직결된 영어 단어는 훨씬 빠르게 우리 눈에 들어올 뿐만 아니라 단어의 뜻을 명확하게 익힐 수 있다. 시사와 연관된 영어 문장 또한 마찬가지인데, 이러한 기회를 풍부하게 제공해 주는 것이 바로 국내에서 날마다 발행하는 영자신문이다. 이 중 가장 오래된 영자신문 〈코리아타임스〉의 예를 들어 보자. 국내 영자신문을 날마다 읽으면, 영어를 자유롭게 구사하는 데 필요한 시사 어휘들을 손쉽게 제공받으며 익힐 수 있고, 이를 통해 재미를 느끼고, 실력을 키우며 학습의 결실을 맺을 수 있다.

    같은 영어 공부를 하더라도 지금의 현실과 상관없는 교재를 이용하는 것은 단편적인 영어 학습에 불과하다. 하지만 우리의 현실과 일상생활을 다룬 영자신문은 영어 학습뿐만 아니라 영어의 실습과 체험을 동시에 가져다 줄 수 있다. 이것이 영자신문의 가장 큰 매력이자 장점이다. 영어 교재로 하는 학습이 부분 전술을 습득하기 위한 연습 경기라면 영자신문으로 영어 습득을 하는 것은 월드컵 본선의 실전 경기라 할 수 있다. 한국어를 뿌리로 하는 영어 습득만으로도 영어 공부의 방향을 잡을 수 있다.

    거듭 강조하지만 영어 학습에 가장 효과적인 방법은 우리나라의 이슈와 현실을 시사 영어와 접목시켜 한국어의 뿌리를 적극 활용하는 것이다. 영자신문은 한국의 정치, 경제, 사회, 문화를 비롯하여 역사, 지리, 풍습까지 광범위하게 다루고 있고 한국어의 뿌리를 영어로 연결시켜 주는 더 없이 좋은 통로가 된다. 영자신문을 활용하면 구태여 외국에 나가지 않고도 이미 습득한 한국어의 뿌리를 이용해 국내에서도 수준 높은 영어를 체험할 수 있다.

아울러 영어의 구사 능력을 키우는 데 가장 중요한 요소는 반복과 꾸준함이다. 꾸준하게 반복하여 숙달하지 않으면서 영어를 잘하는 것은 불가능하다. 이러한 면에서도 영자신문을 날마다 읽고 익히면 자연스럽게 영어를 구사할 수 있다.

국내 영자신문은 알파벳으로 쓴 국문 신문

영자신문은 알파벳으로 쓴 국문 신문이라고 생각하면 된다. 국문 신문이라면 읽는 것이 어렵지 않다. 설령 읽다가 모르는 단어나 표현이 나오더라도 전체적인 대의를 파악하는 데 전혀 문제가 없다. 그래서 원리와 공식만 이해할 수 있다면, 모국 땅에서 성장하면서 익혀 온 무수한 내적, 외적 지식을 자산으로 삼아 국내 영자신문도 쉽게 소화할 수 있다. 영자신문이 지닌 이러한 독보적인 강점은 그동안 국내 영어 교육계에서 활발하게 활용하지 않았기 때문에 그 잠재력에 비해 크게 효과를 보지 못했다. 이를 알고 활용하는 소수의 혜안을 지닌 사람들만이 그 혜택을 누리고 있다.

이 책은 영자신문을 읽는 10가지 공식을 제시하고 각각의 공식에 대해 상세히 설명해 독자들이 가져 왔던 영자신문에 대한 막연한 두려움과 부담감을 해소하려고 노력했다. 10가지 공식은 난이도가 가장 낮은 사진 기사 읽기부터 사설, 칼럼 읽는 법, 영작문 순으로 전개한다.

우선 영자신문에 대한 막연한 두려움을 해소하는 게 가장 중요하다. 한 면에 빽빽하게 들어찬 2,200여 단어를 마주하는 순간, 숨이 꽉 막히면서 겁부터 먹는 것은 당연하다. 이 책은 이러한 문제의 해결 방법을 제시한다. 처음부터 영자신문을 완벽하게 읽겠다는 생각은 스스로에게 부담을 줄 수밖에 없다. 그냥 재미있는 기사, 흥미로운 기사부터 읽는 것을 시작으로 조금씩 천천히 읽는 양을 늘려가다 보면 어느 날 영자신문 전체가 자연스럽게 한눈에 들어오게 된다.

27년 전 〈코리아 타임스〉 기자로 시작해 논설주간으로 재직하고 있는 현재까지 내게는 한 가지 변하지 않은 생각이 있다. 국내 영자신문 읽기를 생활화하면 **TOEIC, TOEFL, TEPS**에서 고득점을 얻을 수 있고, 직장 생활에서도 영어 때문에 힘들지 않을 것이라는 확신이다. **TOEIC, TOEFL, TEPS** 고득점을 얻은 직장인이 회사에서 영어 때문에 고생하는 것은 시험만 잘 봤지 이를 평소 사용하는 훈련을 하지 않았기 때문이다. 영어 학습의 목표는 고득점이 아니라 취직 이후에도 현장에서 인정받고, 지식 세계의 영역을 넓히는 것이다.

TOEIC 고득점자가 실제로 영어를 못하는 이유?

국제적으로 인정받는 영어 공인 시험에서는 9,000여 단어 정도만 알면 영어를 잘 구사하는 상급자로 인정한다. 그러나 실제로는 9,000여 단어 이상의 어휘를 아는 사람이라도 영어를 제대로 구사하지 못하는 경우가 많다. 그 이유는 간단하다. 일반적으로 **TOEIC, TOEFL** 고득점자라고 해도 시험 지문에 사용되는 9,000여 단어 중 일상생활에서 자유롭게 구사할 수 있는 단어 active English는 1,000단어 정도밖에 안 된다. 맥밀란 보고서에 따르면 습득한 단어의 10% 정도밖에 사용하지 못한다고 한다. **TOEIC, TOEFL** 무용론이 나오는 것도 죽은 영어 passive English만 배우기 때문이다. 영어에서 고득점을 얻고도 사용하지 못한다면 이는 불행한 일이다. 자신이 아는 영어 단어를 생활에서 자연스럽게 접하고 반복해서 습득할 때 영어는 자신의 언어가 될 수 있다.

〈코리아 타임스〉는 국제 공인 영어 시험 어휘를 거의 100% 포함한다

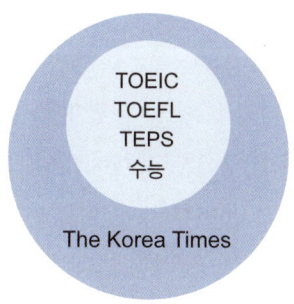

TOEIC의 달인 ⊂ 영자신문의 달인

TOEIC의 달인 ≠ 영어의 달인

TOEIC 기출어휘 및 필수 어휘 ⊂ 〈코리아 타임스〉 어휘

지난 15년간 〈코리아 타임스〉에 나온 어휘와 TOEIC, TOEFL, TEPS, 수능 등과 같은 국가 공인 영어 시험에서 출제된 어휘가 얼마만큼의 상관관계를 가지고 있는지를 분석해 보았다. 조사 결과 수능 어휘 96%, TOEIC 어휘 93%, TOEFL 어휘 90%, TEPS 어휘 88%가 〈코리아 타임스〉 사전에 수록된 어휘와 중첩되는 것으로 확인되었다.

실제로 〈코리아 타임스〉에는 영어 공인 시험 단어가 거의 포함되어 있다. 〈코리아 타임스〉가 그동안 구축해 온 지난 15년간의 자료에는 boy, girl, man, woman, friend, apple 등의 기초 영어 단어를 비롯해, friend, friendly, friendship, go, went, gone 등의 파생어를 포함시키지 않았기 때문이다. 다시 말하면 명사, 시제에 따른 동사의 3단 변화형, 형용사, 부사 등의 파생어를 감안하면 〈코리아 타임스〉는 공인 시험에서 출제된 기출 어휘 및 필수 어휘를 100% 포함하고 있다고 볼 수 있다.

지난 15년간 〈코리아 타임스〉에 나온 단어를 수록한 데이터베이스 어휘(QR Code로 책 표지에 수록)수는 총 13,393개이고 여기서 2,000여 개 정도의 고유 명사, 지명을 빼면 약 11,000단어가 된다. 여기서 같은 어휘군vocabulary family을 한 단어로 분류하면 15년 동안에 10,000단어 정도의 어휘를 사용한 것이 된다. 여기서 어휘 근원vocabulary roots이 비슷한 것을 제외하면 그 단어 수는 훨씬 줄어든다.

〈코리아 타임스〉를 국문 신문 보듯 가까이 하는 습관을 들이면, 국가 공인 시험에 나오는 어휘를 포함한 10,000단어를 active English로 활용할 수 있다. 영자신문에는 같은 표현이 매일 반복되고, 잊어버렸던 단어는 다음 날 다시 기사로 나온다. 이러한 일상 속에서의 반복 학습으로 영어 실력은 자연스럽게 향상될 것이다.

그런데 왜 *New York Times*나 *Financial Times*를 읽는 것보다 한국에서 발행되는 영자신문이 더 효과적일까? 미국 신문은 한국에 관한 기사가 일주일에 몇 개밖에 나오지 않는다. 국내 영자신문에 나오는 내용은 우리 주변의 사건·사고이기에 다른 매체를 통하여 대략의 내용을 이미 숙지하고 있다. 이처럼 이미 알고 있는 내용을 영어로 어떻게 표현하는지를 찾아볼 수 있다는 점에서 국내에서 발행되는 영자신문은 효과적이다. 아울러 외신 기사가 40% 정도를 차지하기 때문에 세계에서 일어나는 주요 사건·사고도 두루 살펴볼 수 있다.

영어 학습의 종착역은?

영어 단어 10,000단어만 생활화하자. 이 이상 필요한 학술적 어휘 등은 전문 분야의 연구가 필요한 사람들이 더 습득하면 되고, 10,000단어 이상의 표현이 필요하면 사전을 찾아가면서 점진적으로 알아 가면 된다. 일단 〈코리아 타임스〉 필수 단어 10,000단어만 알면 영어를 가지고 고민할 필요가 없다. 패션계의 거장 앙드레 김도 〈코리아 타임스〉 애독자 중 한 사람이었다. 앙드레 김이 주관한 국제 패션쇼를 가보면 약 500단어 정도로 자신의 작품 세계를 외국인에게 감동적이고 자연스럽게 설명하는 모습이 인상적이었다. 이처럼 한국인은 한국에서 발간되는 영자신문만 읽을 수 있다면 전 세계 어디에 가든지 영어로 인한 문제를 겪을 일은 없다고 단언할 수 있다.

하루에 30개 단어만 국문 신문을 읽듯 읽어도 1년 이내에 〈코리아 타임스〉 필수 어휘 10,000단어를 자연스럽게 습득할 수 있고, 이 10,000단어만 알면 세계 주요 영어 방송에 나오는 뉴스는 거의 다 알아들을 수 있다. 아래의 영자신문 읽는 공식 10가지를 이해하면 영어를 자국어처럼 자유자재로 구사할 수 있다.

공식 10: 영문 작성법
공식 9: 에세이 작성법
공식 8: 칼럼 읽는 법
공식 7: 논설 읽는 법
공식 6: 기사를 쉽게 읽게 하는 필수 문법
공식 5: 긴 기사 읽는 법
공식 4: 짧은 기사 읽는 법
공식 3: 리드 읽는 법
공식 2: 헤드라인 읽는 법
공식 1: 사진 기사 읽는 법

ENIE란 무엇인가?

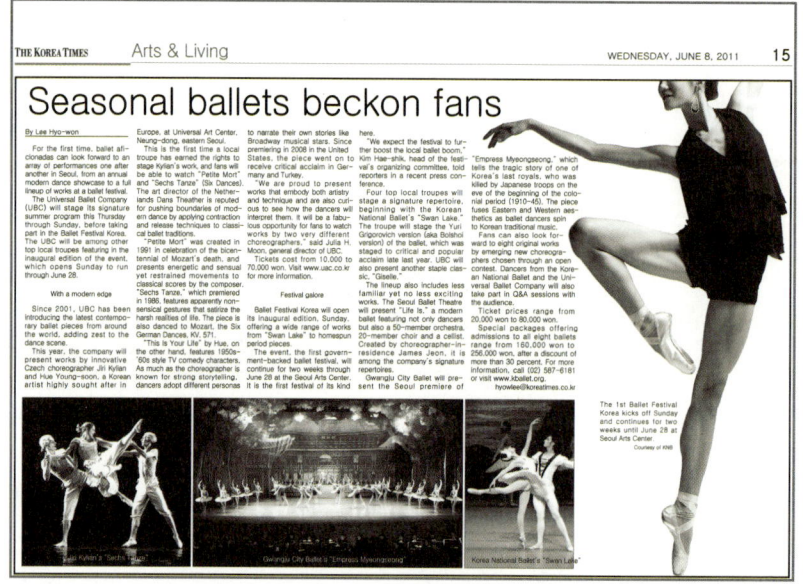

ENIE(English newspaper in education)란 영자 신문을 통해 사회도 알고 영어 논문 작성, 기사 작성법을 배운다는 요지로, 한국언론재단에서 시작하여 현재 〈코리아 타임스〉에서도 각급 학교에 적극 지원하고 있다.

　　핀란드의 예를 보면 왜 ENIE가 전국민 영어 실력 향상을 위해 중요한지 알 수 있다. 핀란드 국민의 대부분은 영어로 의사소통하는 데 문제가 없다. 핀란드 학생들은 영어 공부를 하기보다는 영어를 읽는 환경에 접해 있다. 핀란드에서는 영자신문을 학교에 배포한다. 그래서 핀란드 학생들은 영자신문을 매일 접하기 때문에 점점 영자신문을 읽는 것이 익숙해진다. 외화에도 모국어 번역 자막이 나오지 않는다. 그냥 영어로 영화를 보고 즐긴다. 이런 과정에서 영어가 자연스럽게 생활화된다.

　　우리나라도 영자신문이 학교의 각 교실마다 한 부씩이라도 비치되어 자연스럽게 영어 공부를 할 수 있는 환경을 조성해야 한다. 또한 외화에 한국어 번역 자막도 없애야 한다. 현재 한글학자와 번역가의 반대로 실행되지 않고 있지만, 영어 학습에 들어가는 수많은 시간과 돈을 따져 보면 어느 쪽이 더 국가에 이익이 되는지 생각해 봐야 한다.

    ENIE는 교과서나 소설책보다 가격이 싸고, 실생활에 가장 가까운 영어를 매일 접할 수 있다는 장점이 있다. 또 전 세계적으로 공통된 이슈를 영어로 숙지할 수 있으며, 영어 학습의 3대 목표인 듣기, 말하기, 쓰기를 동시에 이룰 수 있다. 최근에는 **ENIE**와 관련한 많은 장벽들이 하나둘씩 없어지고 있다. 인터넷의 발달로 신문 구독이 온라인으로 전환되고, 스마트폰이나 태블릿 **PC**의 등장으로 영자신문, 영어 방송에 접근하는 것이 훨씬 쉬워졌다. 다만 **ENIE**를 교육할 수 있는 전문가 양성에는 아직 제도적인 뒷받침이 없는 실정이다.

    이 책의 목표는 독자가 스스로 영자신문을 가장 효과적으로 읽을 수 있도록 방법을 제시하고, 각 학교의 **ENIE**를 담당할 선생님들이 영자신문 읽는 방식을 가르치는 데 도움이 되고자 하는 것이다.

Introduction 2

〈코리아 타임스〉, 무엇을 어떻게 읽을 것인가?

꼭 읽어야 할 10가지 section

신문에 나오는 주요 10가지 section을 눈여겨보면 신문 읽는 법에 더욱 자신이 생긴다.

(1) 1면 회사명 하단에 나오는 2개의 사진-제목은 프로모션promotion or teaser 이라 한다. 1면에 들어가야 하는데 지면 부족으로 밀려난 기사를 해당 페이지에 가서 보도록 제안하는 역할을 한다.

(2) 1면 하단에 Inside라는 면이 나온다. 각 주요 기사의 개략적인 내용을 알 수 있다.

Front Page

스카이 박스 sky box | **사진** photo | **헤드라인** headline | **티저** teaser | **네임 플레이트** name plate

THE KOREA TIMES
First in the Nation

The best Int'l English teaching internship
www.talk.go.kr

Asian Games open
Korean baseballers meet Taiwanese today — Page 24

Innovation leader
'Soompi' — largest English K-pop site — Page 12

1588-2001
KOREAN AIR

www.koreatimes.co.kr SATURDAY/SUNDAY NOVEMBER 13-14, 2010 | Established 1950, No. 18880 ★★★ City Edition

G20 to set imbalance guidelines by 2011

President Lee Myung-bak, sixth from left in the front row, and leaders from the G20 member states, invited states and international organizations wave their hands during a photo session in the Coex in southern Seoul, Friday. From left in the front row are South African President Jacob Zuma, Russian President Dmitry Medvedev, French President Nicolas Sarkozy, Indonesian President Susilo Bambang Yudhoyono, Brazilian President Luiz Inacio Lula da Silva, President Lee, Chinese President Hu Jintao, Mexican President Felipe Calderon, Argentinean President Cristina Fernandez de Kirchner, U.S. President Barack Obama, and Turkish Prime Minister Recep Tayyip Erdogan. From left in the second row are Malaysian President Bingu Wa Muth arika; European Council President Herman Van Rompuy; Japanese Prime Minister Naoto Kan; Italian Prime Minister Silvio Berlusconi; German Chancellor Angela Merkel; Indian Prime Minister Manmohan Singh; Canadian Prime Minister Stephen Harper; British Prime Minister David Cameron; Australian Prime Minister Julia Gillard; European Commission President Jose Manuel Duran Barroso; and Ethiopian Prime Minister Mules Zenawi. From left in the third row are World Trade Organization Director-General Pascal Lamy; International Monetary Fund Managing Director Dominique Strauss-Kahn; International Labor Organization Director-General Juan Somavia; Saudi Arabian Minister of Foreign Affairs Prince Saud al-Faisal; Sepap ore Prime Minister Lee Hsien Loong; Spanish President Jose Luis Rodriguez Zapatero; Vietnamese Prime Minister Nguyen Tan Dung; United Nations Secretary General Ban Ki-moon; World Bank President Robert Zoellick, Secretary General of the Organization for Economic Cooperation and Development Jose Angel Gurria; and Financial Stability Board Chairman Mario Draghi.

Leaders agree to avert worst of currency war for now

By Kim Jae-kyoung

Leaders of the Group of 20 (G20) member nations reached a vague compromise Friday on currency issues, which may stave off a workable revolution for...

More statements and photos on pages 2, 3, 4, 5, 6, 7, 10 & 14

The next G20 summit in France, slated for November next year.

In the Seoul Declaration released following the two-day G20 Seoul Summit, the participating heads of state agreed that "indicative guidelines" on current account balances will be initiated and undertaken in due course, when France takes over as the host.

The declaration calls for an action plan under which they will call on their framework working group, with technical support from the IMF, to develop numerical guidelines. With the progress to be discussed by finance ministers in the first half of 2011, according to the communique.

Although the agreement is seen as progress as they set imbalance guidelines, many still doubt the feasibility of the communique as it is too vague and unbinding with no numerical targets.

The U.S., supported by Korea, has called for a numerical limit — but this move has met a strong backlash from countries such as China, Japan and Germany. U.S. Treasury Secretary Timothy Geithner had urged each country in the G20 to adopt numerical targets to limit excesses in trade surpluses or deficits.

At a press conference following the divisive talks, President Lee Myung-bak said, "The G20 made progress at the Seoul summit as leaders agreed to further strengthen global cooperation for more sustainable and balanced growth."

"One of the biggest achievements was that the countries agreed on setting up a timeline to introduce indicative guidelines to resolve the global imbalance," he added.

In their joint statement, the leaders also promised to refrain from any competitive devaluation of currencies. "These actions will help mitigate the risk of excessive volatility in capital flows facing some emerging countries," the communique said.

On the surface, currency tensions are expected to ease with

Main points
G20 nations agree:
- to make indicative guidelines to identify big trade imbalances
- to commit to moving toward more market-determined exchange rate
- to resist protectionism in all its forms
- to reaffirm will to fight climate change

the agreements but there is still a high risk that foreign exchange disputes between major countries could turn into currency wars as the diplomatic wording of the statement was not binding, nor specific.

Market analysts showed a mixed reaction to the agreement but most remain negative on the outcome.

"Hopes were high after the finance ministers meeting (in Gyeongju) that the leaders' summit would produce more concrete action, especially on global imbalances. Those hopes faded after the Fed announced another round of quantitative easing (QE2) and countries began to criticize U.S. policy. Low expectations for the summit were realized," ING Group senior Asia economist Tim Condon told The Korea Times.

"I don't think the G20 made meaningful progress to solve the global imbalance at the Seoul summit. By failing to agree on specific proposals for reducing the imbalances the declaration may have increased the likelihood of a currency war. I expect the U.S. Treasury will now be forced to name China a currency manipulator," he added.

On the other hand, Goldman Sachs Asset Management Chairman Jim O'Neil, who coined the acronym BRICs (Brazil, Russia, India and China), saw the summit as a big progress. "The Chinese have essentially committed to a current amount surplus limit, and more Chinese yuan appreciation," he said via email from London.

Other than the currency and trade balance issues, the G20 communique did show plenty of progress on other issues, as the leaders agreed to fully endorse most of the items agreed upon by finance ministers in Gyeongju last month.

The declaration, agreed by the hands of 19 states and the EU, includes a "standstill declaration" to avoid protectionism, the Korea Initiative — an agenda item initiated by Korea on global financial safety net and development issues — and the strengthening of a macro-prudential policy framework.

See currency on page 2

Inside

[jump-line content]

- **WORLD** Iraqi politicians have elected Kurdish leader Jalal Talabani as president despite a dramatic walk-out by a Sunni-backed bloc. Talabani was immediately sworn in. Talabani's election was part of a deal hammered out by Iraqi lawmakers to end political deadlock over who would lead the new government. **Page 9**

- **WORLD REPORT** Jindo dogs: The puppies jostled for position, growling on one another's tails and rolling in the grass of the outdoor pen. The two Los Angeles policemen watched them with the cool calculation they might give suspects in a crime lineup. Officer Jeff Miller dangled a ball on a string to see if one of the seven dogs would bite — chase a squeak-toy and pass the test. **Page 17**

- **ARTS & LIVING** New Zealand wife of: Although major wine markets in Korea are mostly focused on products from the United States, France and Chile, New Zealand wine has started to gain popularity, thanks to the country's unique image of the country, and, most of all, the taste and cost. **Page 19**

- **BOOKS** Korean artbook: "Masterpiece of Korean Art," published this month by the Korea Foundation, is a full historical text that traces the timeline of the country's greatest works from the Neolithic Period to the late 19th century of the Joseon Kingdom (1392-1910). The new 4,000-year cover of the book includes 40 articles on some 80 works. **Page 19**

- **PEOPLE** G20-style leadership: Some may think that single-sex education is an archaic tradition, but the route to Smith in Northampton, Mass., is becoming a beaten path with a growing number of undergraduate applicants. According to the school's president Carol Christ, this is because the school fosters a type of leadership that suits the times. **Page 20**

Markets
KOSPI	1,913.12	(-1.61)
KOSDAQ	509.35	(-14.70)
WON/DOLLAR	1,127.80	(+19.90)

Weather in Seoul
Cloudy High 15 Low 4
Details on Page 2

Foreign exchange rates .... Page 14
Classifieds/Crossword .... Page 21
TV/Horoscopes/Comics .... Page 22

Newsstand price: 1,000 won
Monthly home delivery: 20,000 won

France to 'return' looted royal books

By Na Jeong-ju

France has agreed to lease a volume of royal documents from the Joseon Kingdom (1392-1910), which it looted during a 19th-century attack, to Korea on condition that the contract will be renewed every five years, French President Nicolas Sarkozy said Friday.

Cheong Wa Dae said the agreement virtually means that France will return the stolen books to Korea permanently.

"We have agreed to lease the documents. The lease will be rolled over every five years," Sarkozy told reporters following bilateral talks with President Lee Myung-bak on the sidelines of the G20 Seoul Summit. "The agreement came as Japan gave a part of their national heritage."

Lee told the French leader that it was "fortunate" for the two countries to resolve the thorny issue, urging he regards the lease of the books as a "desire to return," according to Hong Sang-pyo, senior secretary for public relations.

The royal documents were looted by French troops in 1866 when they attacked Ganghwa Island, where a branch of the royal library was located, in retaliation against Korea's persecution of French Catholic missionaries. The royal books are now kept in the National Library of France.

The books remained illustrated of the rituals, formalities and daily routines of the royal court during the Joseon Kingdom.

The agreement came as Japan 1900s. In August, Japanese Prime Minister Naoto Kan promised to return the documents after he officially apologized for Japan's 1910-1945 colonial rule of Korea.

France had reportedly been reluctant to return the books out of fear that it would set a "bad" precedent in similar cases with other countries.

In 1993, then-French President Francois Mitterrand handed one of the stolen books over to Korea during his visit to Seoul.

A Seoul-based civic group filed a lawsuit in France in 2008 against the National Library of France, demanding the stolen books be returned. A Paris court rejected the demand in December last year, saying the Korean

---

점프라인 jump-line | **리드 단락** lead paragraph | **뉴스 요약** news summary | **바이라인** by-line | **캡션** caption | **서브 헤드라인** sub-headline

(3) Life style면의 easy to learn Korean: 이 섹션은 한국어를 배우는 외국인들에게 도움을 주기 위해 만들었다. 외국인뿐 아니라 한국인도 알아 두면 좋을 일상에 필요한 주요 단어들을 게재하는데, 특히 한국에서 바로 적용할 수 있는 어휘가 많이 포함되어 있다. 알고 있는 단어를 계속 반복하여 숙지하는 데 도움이 된다. 주 5회(월~금) 실리며, 일상 회화가 가능하게 짧은 회화체 영어도 나오고 한국어 번역도 나온다. 외국인에게 인기가 많다.

392 Social issues: corporal punishment (I)
Easy to learn Korean words and phrases
Chad Meyer, Moonjung Kim

Corporal punishment
체벌
chebeol

Humiliation
창피, 굴욕
changpi, gulyok

Discipline
훈육
hunyuk

Self-esteem
자부심
jabu-sim

Verbal abuse
폭언
pokeon

To yell
호통치다
hotong-chida

Corporal punishment is used to motivate students to exceed.
체벌은 학생들의 실력을 향상시키기 위해 해왔어요.
chebeol-eun haksaeng-deului sillyeok-reul hyangsang-sikigi wihae haewa-sseoyo.

He was hit by the teacher for talking during class.
그는 수업중에 얘기하다가 선생님한테 맞았어요.
geuneun su-eopjung-e yegi-hadaga seonsaengnim-hante maja-sseoyo.

TIP
- The university system is very competitive as it's the gateway to a successful career in Korea. Parents, as well as teachers, demand hard work and the utmost concentration at all times. Sadly, this becomes an overbearing pressure on the teachers as well as the students.
- In November 2010, corporal punishment was banned in Seoul.
- Beginning with the new school year in March (2011), Gyeonggi Province will also ban physical punishment in schools.
- There have been numerous cases of injuries to students which have led to lawsuits against schools and teachers. Suicides are not uncommon, due to students' heightened feelings of humiliation and helplessness.

(4) Life style면의 TV program: KBS, MBC, SBS 주요 프로그램의 영어 제목을 어떻게 표현하는지 알 수 있어 유용하다.

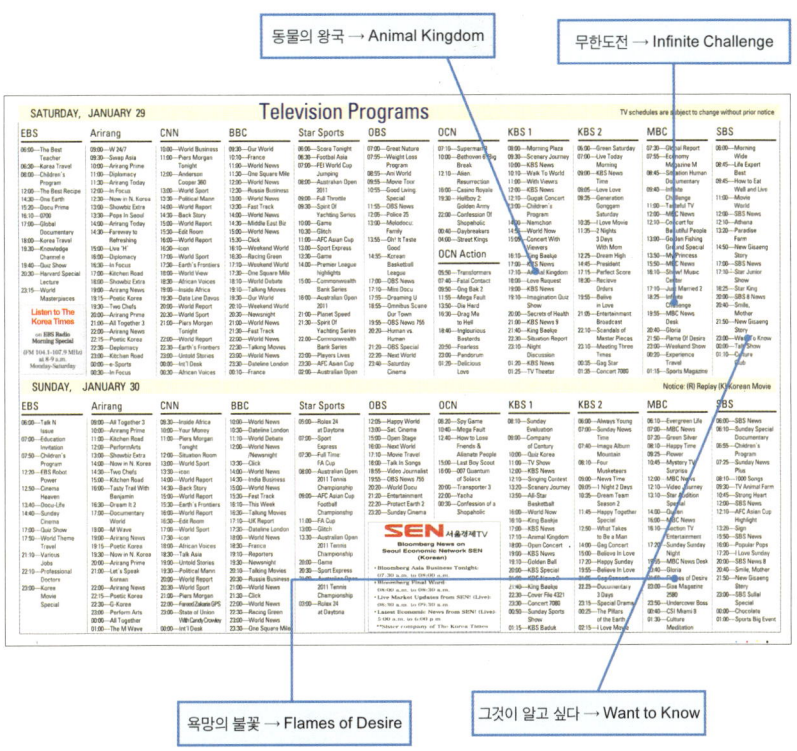

(5) Opinion Page의 Today in History: 과거의 오늘 날짜에 일어난 세계 역사를 100단어 정도의 단문 형식으로 정리한 것이다. 짧은 문장으로 세계 역사의 흐름을 조망할 수 있다. 키워드를 wikipedia에서 찾아보면 더 자세하게 알 수 있다.

(6) Guide to Current English(시사 해설판): 매일 4페이지씩 타블로이드로 시사 해설판이 나온다. 초보자는 이 면만 봐도 된다. 사설, Dear Abby, 외신 뉴스 해설 등이 실려 있다. 이밖에도 TOEIC, TOEFL, TEPS 등 공인 영어 시험

을 대비할 수 있는 코너가 있고, 영화를 통한 회화에도 익숙해질 수 있도록 구성하고 있다.

(7) 논설: 매일 2~3개씩 나오는 논설은 영작 연습에 좋은 교재다. 특히 에세이, 이메일 등을 쓰거나 공무원 시험을 준비하는 사람들에게는 최고의 교재이다. 논설은 기자 경력 20년 이상의 베테랑 논설위원이 쓰는 최고 수준의 영어 교과서라 할 수 있다. '공식 7'에서 자세히 다룬다.

(8) Opinion Page의 Thoughts of The Times: 독자들이 기고한 칼럼이 실린다. 모든 독자는 다양한 주제로 600단어 정도의 칼럼을 기고할 수 있다. 자신감을 가지고 도전하면 기사를 읽기만 하는 수동적인 독자에 그치지 않고, 직접 기사를 쓰는 적극적인 독자가 될 수 있다. 또한 〈코리아 타임스〉 논설위원실의 베테랑 저널리스트들이 영어 표현의 문제점 등을 고쳐서 신문에 게재하니 본인의 영어 실력을 검증받을 수 있는 좋은 기회이기도 하다.

(9) 칼럼: 칼럼을 읽을 수 있으면 영자신문을 다 읽을 줄 안다고 할 수 있다. 다만 초기에는 지루함을 탈피하기 위해 읽지 않는 것이 좋다. 칼럼을 읽을 때는 외신 칼럼보다 내신 칼럼을 먼저 읽는 것이 좋다. 내신 칼럼 속에 나타나는 특정한 우리 문화의 주제를 이미 알고 있기 때문에 별다른 배경 지식 없이도 이해가 쉽고, 영어 자체에만 집중할 수 있기 때문이다. 칼럼은 '공식 8'에서 상세히 다룬다.

(10) Opinion 면의 Dawn of Modern Korea 시리즈: 격주로 게재하고 있다. 이 칼럼은 한국의 100년사에 대한 다양한 주제를 제시한다. 이전에 나온 칼럼은 Korea Times online archive에서 찾을 수 있다. 북한에서 김일성대학을 나온 러시아인 안드레이 랑코프 교수는 현재 한반도 문제, 특히 북한 문제에서 가장 존경받는 칼럼니스트 중 한 사람이다. 이 칼럼의 주제에는 한국 100년사의 주요 사건이 다 포함된다. 혹시 대학에서 영어 에세이를 쓰거나 해외에서 한국의 특정 이슈에 대해 프리젠테이션을 해야 하는 경우, 해당 주제의 키워드로 랑코프 칼럼을 검색하여 참고하면 유용하다.

스마트폰으로 〈코리아 타임스〉 읽기 10단계

스마트폰으로 〈코리아 타임스〉에 접근하는 방법에는 두 가지가 있다. 첫 번째는 www.koreatimes.co.kr로 접속하는 방법으로 이는 무료이다. 두 번째는 App Store에서 〈코리아 타임스〉를 매달 1.99달러에 구독하는 방법으로, 최대 장점은 신문 20~24페이지 전체를 실제 지면과 동일하게 볼 수 있다는 것이다. 이 책에서는 www.koreatimes.co.kr를 통해 이용하는 법을 기준으로 신문 읽기의 단계를 제시한다.

- 1단계: 실시간으로 가장 많이 본 10대 사진 면에서 매일 10개의 사진 기사 caption를 읽어 본다.
- 2단계: 실시간으로 가장 많이 읽은 10대 기사의 제목만 읽어 본다.
- 3단계: 톱기사의 리드만 읽어 본다.
- 4단계: 기사 중 번역이 포함된 기사를 읽어 본다.
- 5단계: 온라인 홈페이지 첫 스크린에 뜬 기사의 제목만 본다.
- 6단계: 가장 관심 있는 기사를 몇 번 읽어 보고, 음성 서비스voice service or text to speech service 버튼을 눌러 본다(현재 업그레이드 중). m을 누르면 남성male의 음성으로, f를 누르면 여성female의 음성으로 뉴스를 읽어 준다. 본인이 전부 이해할 수 있을 때까지 반복해서 들어 본다.
- 7단계: 음성 서비스를 듣고 나서 크게 소리 내서 여러 번 읽어 본다. 녹음이 가능하면 본인의 읽은 내용을 녹음해서 다시 들어 본다. 그리고 원어민이 읽어 주는 음성 서비스와 비교하여 들어 보고 발음을 교정한다. 본인의 음성 녹음 서비스는 홈페이지에서 제공하지 않는다.
- 8단계: Current English Guide면에서 주요 기사 칼럼, 즉 Dear Abby나 사설을 번역된 한글본과 함께 읽어 본다. 매주 6회 나오는 시사 해설판은 TOEIC, TOEFL, 주요 영어 숙어idiom 등을 숙지할 수 있다.
- 9단계: 8단계까지 진행한 후에는 〈코리아 타임스〉 애플리케이션을 구매한 후 매일 나오는 20~24페이지의 pdf 기사를 국문 신문 읽듯이 읽어 본다. 다 읽

을 필요는 없고 본인이 관심 있는 사진 기사, 제목, 주요 기사의 리드 위주로 읽는다.

● 10단계: 이 단계는 고수의 전략으로 CNN, BBC 등 외국 뉴스 애플리케이션을 다운로드 받아서 읽어 보고 들어 본다. *New York Times, USA Today, Wall Street Journal* 등도 스마트폰으로 읽어 볼 수 있다. 또 iTunes의 iTunes University에서 《정의란 무엇인가》를 쓴 하버드대 로버트 샌델 교수의 강의를 직접 들어 볼 수도 있다.

실시간 10대 뉴스10 Most Read Stories

〈코리아 타임스〉 홈페이지 초기 화면 오른쪽 중간에 보면 실시간 10대 뉴스가 있다. 이 제목들만 봐도 지금 이 시간 뉴스의 흐름을 공유할 수 있다. 다만 인터넷 독자는 흥미 위주로 검색을 하기 때문에 이 뉴스들이 전체 독자가 생각하는 10대 뉴스라고 단정 짓기는 어렵다.

Top 10 Stories	Most Viewed Photos

1. Newly found skeletons may be another link to human evolution
2. Computer game addiction is no fun
3. Curse of murdered woman?
4. Microsoft monoculture hurts tablet users
5. Following photography from objectivity to humor
6. Korea seeking measures to foster Nobel science prize winners
7. An American ambassador's Korean diary
8. Lessons from Ireland
9. Korean baseballers reclaim gold medal in Asiad
10. California bets on green technology

(1) Newly found skeletons may be another link to human evolution

최근 발견된 유골이 인류 진화의 커다란 단서를 제공할 가능성 있어

(2) Computer game addiction is no fun

게임 중독이 장난 아니다(최근 부모를 살해하고 자살한 중학생 이야기)

(3) Curse of murdered woman?

살해된 여자의 저주?(3년 전 살해된 후 암매장된 여성의 손이 그대로 미라화되어 지문 채취를 통해 범인을 잡았다는 이야기)

(4) Microsoft monoculture hurts tablet users

마이크로소프트의 오래된 운영 체제가 iPad 사용자를 피곤하게 한다

(5) Following photography from objectivity to humor

사진 전시회에서 느끼는 객관적 사실이 유머로 변하는 이유(서울의 어느 사진 전시회의 풍경)

(6) Korea seeking measures to foster Nobel science prize winners

한국, 노벨과학상 수상자 육성 계획 발표

(7) An American ambassador's Korean diary

심은경 주한 미국 대사가 한국에 관한 책을 발간

(8) Lessons from Ireland

아일랜드의 금융 위기에서 배울 점(제조업 경시로 인한 위기 심화에 관한 논설)

(9) Korean baseballers reclaim gold medal in Asiad

한국 야구 대표팀 아시안게임에서 금메달 재획득

(10) California bets on green technology

캘리포니아가 녹색 기술에 사활 걸어

공식 1

사진 기사 읽는 법

신문은 1인칭, 독자는 2인칭, 사진상의 주체는 3인칭이다. 따라서 사진 기사는 신문이 독자에게 제3자에 대해 설명하는 것임을 이해하면 쉽게 읽을 수 있다.

영자신문을 처음 읽기 시작한다면 사진 기사 caption부터 보는 것이 좋다. 대부분 각 면마다 사진이 실려 있는데, 그 사진 아래 짤막하게 기술한 문장을 사진 기사라고 한다. 신문에 하루 40개 정도의 사진이 실리므로 사진 기사가 약 30개의 단어로 이루어진다고 할 경우 평균 1,200단어를 매일 숙지하게 된다. 사진과 함께 보기 때문에 사전을 찾을 필요 없이 모르는 단어의 뜻을 유추해 낼 수 있다. 사진 한 장이 기사 하나보다 몇 배 효과가 있는 것이다. 또한 사진 기사 읽는 법은 TOEIC 등 공인 영어 인증 시험의 듣기 부문과도 상관관계가 깊다.

사진 기사 읽는 10가지 공식

❶ 사진 기사는 24시간 이전의 내용은 현재형, 배경을 설명하는 후속 기사는 과거형으로 쓴다.

❷ 5W's and 1H(Who, What, When, Where, Why and How)의 원칙에 입각해 작성한다. 사진 기사를 읽을 때 이 원칙에 속하는 단어가 무엇인지 살펴본다.

❸ 단독 사진인 경우 사진 기사 시작 전에 소제목이 큰 글씨로 나온다. 관련 기사가 있는 경우는 소제목이 나오지 않는다.

❹ 사진 효과를 극대화하기 위한 키워드가 포함된다.

❺ 사진 기사는 현재진행형으로 쓰지 않는 게 일반적이다. 즉 ing가 들어가지 않는다. 일부 신문에서는 현장감을 주려고 진행형으로 쓰는 경우도 있으나, 이는 예외적인 것이다.

❻ 주관적 의미가 있는 형용사를 가능한 사용하지 않는다. 사진은 가장 객관적인 사실을 표현해야 하므로 주관적인 의견은 배제한다.

❼ 사진 기사에는 가능한 많은 인물의 이름과 직책을 소개해 준다. 전부 쓰지는 못하더라도 중요한 순서대로 열거해 준다. 사진 기사에서 인물은 from left to right, 즉 왼쪽에 있는 인물부터 열거한다. 이는 지면이 부족해서 오른쪽 면에 있는 인물이 잘려나갈cutout 경우를 고려한 것이다.

❽ 수동태 사용을 자제하고, 가능한 한 한두 문장으로 단순하고 명료하게keep it simple and short 쓴다. 사진에 나오는 인물의 말을 인용하면 훨씬 생동감이 있다.

❾ 사진 속 인물의 행동action을 잘 묘사해야 하기 때문에 묘사 동사descriptive verb 사용이 중요하다.

❿ 관련 기사의 요지가 포함되어 있다. 사진 기사에는 헤드라인headline이나 리드lead의 핵심적인 요지가 포함된다. 이는 사진만 보고 기사를 읽지 않는 독자를 위해 핵심 내용을 설명하는 한편, 관련 기사를 읽도록 유도하기 위함이다.

1. 사진 기사는 기사 제목과 마찬가지로 24시간 이전의 내용은 현재형, 배경을 설명하는 후속 기사는 과거형으로 쓴다.

An employee arranges products inside a mall in the western Indian city of Ahnedabad on Mar. 3. Global food prices reached their highest points in 20 years this month, according to a U.N. agency.

한 점원이(An employee) 3월 3일 인도 서부 도시 아넨다바드에 있는 한 쇼핑몰 내부에서 (inside a mall in the western Indian city of Ahnedabad) 상품을 정리하고 있다(arranges products). 이번 달(this month) 국제 식량 가격(Global food prices)이 20년 만에 최고치에 달했다고(reached their highest points in 20 years) 유엔의 한 산하 기구는 전했다(according to a U.N. agency).

* arrange 정리하다(= to put a group of things in a particular order or position)
* mall 쇼핑몰 (= a very large enclosed shopping area)

⋯⋯▸ 3월 4일자 〈코리아 타임스〉에 게재된 이 사진은 3월 3일 인도에 있는 한 상점을 찍은 것이다. 24시간 이전의 내용이므로 **arranges**라고 현재형을 써서 독자에게 더욱 생생한 메시지를 전한다. 또한 국제 식량 가격이 3월 3일 현재 20년 만에 최고치로 올랐음을 **reached their highest points**라고 과거형으로 써서 이 사진의 배경을 설명하는 후속 기사임을 알 수 있다.

2. 5W's and 1H(Who, What, When, Where, Why and How)의 원칙에 입각하여 작성한다. 사진 기사를 읽을 때 이 원칙에 속하는 단어가 무엇인지 살펴본다.

People walk on a destroyed road after a landslide in the Kupini and Valle de las Flores districts in La Paz on Feb. 28. Heavy rains triggered landslides in the area on Sunday, leaving two people dead, dozens injured and destroying hundreds of houses, according to local media.

2월 28일 볼리비아 수도인 라파즈의 쿠피니와 플로레스 지역에서 일어난(in the Kupini and Valle de las Flores districts in La Paz) 산사태로 인해, 사람들(people)이 무너진 도로 위를 걷고 있다(walk on a destroyed road after a landslide). 일요일 폭우로 인해 산사태가 발생하여 두 명이 사망하고 수십 명이 부상을 입었으며 가옥 수백 채가 무너졌다고(leaving two people dead, dozens injured and destroying hundreds of houses) 볼리비아 현지 언론은 전했다(according to local media).

* trigger 유발하다(= to make something happen suddenly)
* landslide 산사태(= a large amount of earth and rocks falling down a cliff or the side of a mountain)
* heavy rain 폭우(= downpours)

┈┈▶ 사진 기사와 일반 기사 모두 5W + 1H 원칙하에 작성된다. 사진 기사를 읽을 때 이 여섯 가지 원칙이 잘 지켜지고 있는지에 유의해서 살펴보면 더욱 흥미롭게 읽을 수 있다. 이 원칙은 영문 이메일이나 보고서를 쓸 때도 참고가 된다.

WHO? (누가) People 사람들이

WHAT? (무엇을) on a destroyed road 무너진 도로 위를

WHEN? (언제) on Feb. 28 2월 28일

WHERE? (어디서) in the Kupini and Valle de las Flores districts in La Paz 볼리비아 수도인 라파즈의 쿠피니와 플로레스 지역에서

WHY? (왜) after a landslide 산사태가 발생한 뒤

HOW? (어떻게) walk 걷고 있다

3. 단독 사진인 경우 사진 기사 시작 전에 소제목이 큰 글씨로 나온다. 관련 기사가 있는 경우는 소제목이 나오지 않는다.

Fire drill: Firefighters spray water over the main building of Beomeo Temple in Busan on Feb. 24, during a fire drill aimed at better protecting important national treasures. Cheonwangmun gate in the 1,300-year-old temple was destroyed by arson in Dec. last year.

화재 진압 훈련(Fire drill): 소방관들(Firefighters)이 2월 24일(on Feb. 24) 국가 주요 보물을 보다 잘 보호하기 위한 소방 훈련 도중 부산 범어사 대웅전에 물을 뿌리고 있다(spray water over the main building of Beomeo Temple in Busan). 1,300년 된 이 사찰의 천왕문(Cheonwangmun gate in the 1,300-year-old temple)은 지난해 12월 방화로 인해 소실되었다(destroyed by arson in Dec. last year).

* destroy 파괴시키다(= to cause the destruction of something)
* arson 방화(= the crime of setting fire to something)

┈┈┈▶ 사진 설명에 Fire drill이라는 제목이 나왔다. 이는 관련 기사가 없고 사진만 실었음을 나타낸다.

4. 사진의 의미를 극대화하기 위한 키워드가 포함된다.

Miss Korea promoting Jeju: Former Prime Minister Chung Un-chan, center, chairman of the National Committee for Jeju New7Wonders of Nature, poses with Jeju Governor Woo Keun-min, fourth from left, and Miss Korea Pageant winners at the committee's headquarters in southern Seoul on Feb. 22. The winners will act as goodwill ambassadors, promoting Jeju Island's campaign to become one of the New Seven Wonders of Nature.

전 국무총리이자 제주-세계 7대 자연경관 선정 범국민추진위원회의 정운찬 위원장(가운데)이(Former Prime Minister Chung Un-chan, center, chairman of the National Commitee for Jeju New7Wonders of Nature) 2월 22일 서울 강남에 위치한 위원회 본부에서(at the committee's headquarters in southern Seoul on Feb. 22) 우근민 제주도지사(왼쪽에서 네 번째), 미스코리아 페전트 수상자들과 포즈를 취하고 있다(poses with Jeju Governor Woo Keun-min, fourth from left, and Miss Korea Pageant winners). 이들은(The winners) 제주도가 세계 7대 자연경관 중 하나로 선정되도록(to become one of the New Seven Wonders of Nature) 제주 캠페인을 홍보하는(promoting Jeju Island's campaign) 홍보 대사로 활동할 예정이다(will act as goodwill ambassadors).

* headquarters 본부(= a place from which something such as a business or a military action is controlled or directed)
* goodwill ambassador 홍보 대사(= a collective term sometimes used as a substitute honorific title or a title of honor for an Ambassador of Goodwill)

······〉 이 사진 기사에는 미스코리아Miss Korea, 세계 7대 자연경관 New7Wonders of Nature, 제주도Jeju Island 등의 단어가 공통적으로 아름다움을 상징하는 키워드로 부각된다. 이 세 단어만으로 이 사진의 메시지가 명확하게 드러난다. 이처럼 사진 한 장은 천 단어와 맞먹는 시각 효과가 있다.

5. 사진 기사는 현재진행형으로 쓰지 않는 게 일반적이다. 즉 ing가 들어가지 않는다. 일부 신문에서 현장감을 주려고 진행형으로 쓰는 경우도 있으나 이는 예외적인 것이다.

For congestion fees: Members of an environment group hold a rally in Gwanghwamun, central Seoul, on Feb. 17, calling for the introduction of congestion fees on cars driving into the capital. The sign reads: "Is it good to drive at 16 kilometers per hour in the city?"

도심 교통혼잡세에 대해(For congestion fees): 한 환경 단체 회원들(Members of an environment group)이 2월 17일 서울 도심에 위치한 광화문에서(in Gwanghwamun, central Seoul, on Feb. 17) 서울시의 혼잡통행료 도입을 촉구하는(calling for the introduction of congestion fees on cars driving into the capital) 시위를 하고 있다(hold a rally). 이 피켓(The sign)에는 "도심 중앙에 차량 운행 속도가 시속 16km밖에 될 수 없습니까?("Is it good to drive at 16 kilometers per hour in the city?")"라고 쓰여 있다(read).

* congestion 혼잡(= If there is congestion in a place, the place is extremely crowded and blocked with traffic or people.)
* environment group 환경 단체
* hold a rally 시위를 벌이다(= to get a large public meeting that is held in order to show support for something such as a political party, demonstration, protest, etc.)

······⟩ Members of an environment group are holding a rally를 의미하는 진행형 사진이다. 그러나 사진 기사에서는 ~ing의 진행형을 사용하지 않는다.

6. 주관적 의미가 있는 형용사를 가능한 한 사용하지 않는다. 사진은 가장 객관적 사실을 표현해야 하므로, 주관적 의견은 최대한 배제한다.

A masked Mardi Gras float rider in a parade waves to the crowd during a ride through the streets of New Orleans in this Feb. 13, 2010 file photo. New Orleans citizens believe the happy convergence will give them a boost over Mardi Gras 2010, the biggest since Hurricane Katrina hit the region in 2005.

2010년 2월 13일 자료 사진에서(in this Feb. 13, 2010 file photo) 마르디그라(사순절) 장식 차량에 탄 가면을 쓴 한 사람이(A masked Mardi Gras float rider in a parade) 미 뉴올리언스 거리를 지나는 도중(during a ride through the streets of New Orleans) 길거리 관중들에게 손을 흔들고 있다(waves to the crowd). 뉴올리언스 사람들은(New Orleans citizens) 이 행복한 모임이(the happy convergence) 2010년 사순절 행사에(over Mardi Gras 2010) 큰 격려를 줄 것이라(will give them a boost) 믿고 있는데(believe), 이것은 2005년 허리케인 카트리나가 이 지역을 강타한 이래(since Hurricane Katrina hit the region in 2005) 가장 큰 행사이다(the biggest).

* wave 손을 흔들다(= to move your hand in order to signal or greet someone)
* convergence 모임, 집합(= to meet or come together to form a crowd or group)
* boost 격려하다(= to increase the force, power, or amount of something)

……> 사진 기사는 시각적인 이미지와 메시지를 독자가 공감하는 객관적인 단어로 표현해야 한다. 그래서 주관적이고, 여러 해석이 가능한 형용사 사용을 최대한 자제한다. 다만 위 사진 기사의 **happy convergence**에서 사용한 '행복한happy'이라는 형용사는 이 사진을 보는 대부분의 독자가 허리케인 '카트리나'를 극복하고 다시 일어선 뉴올리언스 시민들의 행복을 공유할 수 있기 때문에 허용된 것이다. 이처럼 가능한 한 형용사를 사용하지 않도록 하지만 아예 금지하는 것은 아니다. 언론의 객관성을 유지하려는 노력의 일환이다.

7. 사진 기사에는 가능한 많은 인물의 이름과 직책을 소개해 준다. 사진 기사에서 인물은 from left to right, 즉 왼쪽에 있는 인물부터 열거한다. 이는 지면이 부족할 경우 오른쪽 면에 있는 인물이 잘려나갈 경우를 고려한 것이다.

Dignitaries celebrate the 60th anniversary of The Korea Times during a reception held at the Seoul Museum of Art, Dec. 13. They are, from left, Rep. Lee Jong-kul; Euh Yoon-dae, KB Financial Group chairman; Rep. Cho Yoon-sun; Yoo Hee-yong, director of the Seoul Museum of Art; Rep. Choung Byoung-gug; Lee Jong-seung, president of The Korea Times' sister paper the Hankook Ilbo; Rep. Choo Mi-ae; Jean-Marie Hurtiger, CEO of Renault Samsung Motors; Rep. Park Jin; Guenter Reinke, Boehringer Ingelheim Korea CEO; Seoul Mayor Oh Se-hoon; Chang Jae-ku, chairman of the Hankook Ilbo-Korea Times Media Group; Lee Charm, president of the Korea Tourism Organization; Rep. Kim Hyong-o, former National Assembly speaker; Kim Sung-hwan, minister of foreign affairs and trade; Jeffrey Jones, chairman of the Partners for the Future Foundation; Yim Tae-hee, presidential chief of staff; Sohn Kyung-shik, Korea Chamber of Commerce & Industry chairman; Lars Varg, Swedish ambassador; Park Moo-jong, president of The Korea Times; Vitali Fen, ambassador of the Republic of Uzbekistan; and Uhm Jong-sik, vice unification minister. Korea Times, the nation's first English daily, was founded on Nov. 1 in 1950 during the Korean War.

12월 13일 서울시립미술관에서 열린 〈코리아 타임스〉 창간 60주년 행사에서 사회 각계 귀빈들이(Dignitaries) 축하하고 있다(celebrate). 참석자는 왼쪽부터 이종걸 의원, 어윤대 KB금융지주회장, 조윤선 의원, 유희영 서울시립미술관장, 정병국 의원, 이종승 한국일보 사장, 추미애 의원, 장마리 르노삼성자동차 사장, 박진 의원, 군터 라인케 한국베링거잉겔하임 사장, 오세훈 서울시장, 장재구 한국일보미디어그룹 회장, 이참 한국관광공사 사장, 김형오 전 국회의장, 김성환 외교통상부장관, 제프리존스 미래동반자재단 이사장, 임태희 대통령 비서실장, 손경식 대한상공회의소 회장, 라르스 바리외 주한스웨덴 대사, 박무종 코리아타임스 사장, 비탈리 펜 주한우즈베키스탄 대사, 엄종식 통일부 차관 등이 참석했다. 국내에서 가장 오래된 영자 일간지인 〈코리아 타임스〉는(Korea Times, the nation's first English daily) 한국 전쟁이 발발한(during the Korean War) 1950년 11월 1일 창간되었다(was founded on Nov. 1 in 1950).

* dignitary 고위 관리(= a person who has a high rank or an important position)

……▸ 사진을 실을 때 지면 관계상 부득이 한쪽을 잘라야 하는 경우가 있다. 이런 경우를 대비하여 사진에 나오는 인물의 이름을 표기할 경우 왼쪽부터 시작한다. 만약 사진의 왼쪽을 자르고 참석자 이름은 오른쪽부터 명기하면 엄청난 실수가 생길 수 있다. 그래서 신문 기사용 사진을 찍는 경우에는 가능하면 왼쪽에 서는 게 유리하다.

8. 수동태 사용을 자제하고, 한두 문장으로 단순하고 명료하게 쓴다. 사진에 나오는 인물의 말을 인용하면 훨씬 생동감이 있다.

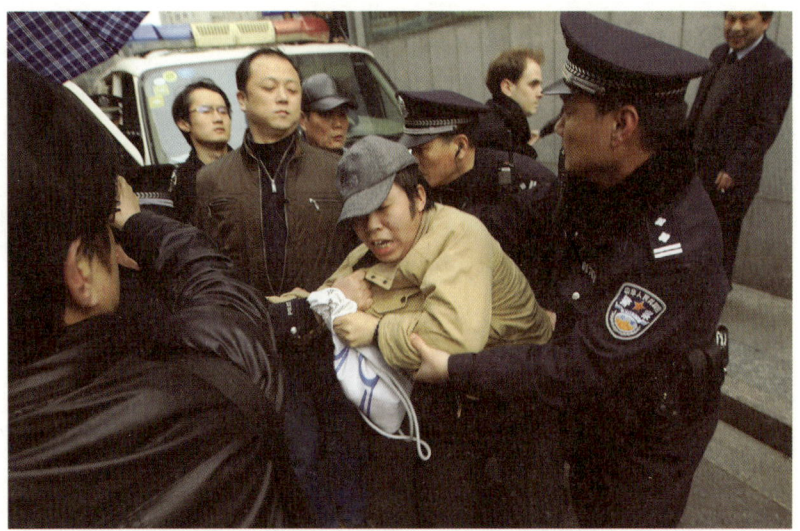

Police officers haul away a man near the planned protest site in Shanghai, on Feb. 27. Large numbers of police, and use of new tactics like shrill whistles and street cleaners, are squelching any overt protests in China after calls are growing for more peaceful gatherings modeled on recent popular democratic movements in the Middle East.

경찰관들이(Police officers) 2월 27일 상하이의 한 예정된 집회 장소 인근에서(near the planned protest site in Shanghai) 한 남성을 연행하고 있다(haul away a man). 최근 중동의 민주화 시위를 모방한(modeled on recent popular democratic movements in the Middle East) 평화적인 시위 요구가 증가하자(after calls are growing for more peaceful gatherings) 수많은 경찰들이(Large numbers of police) 소리 높은 기적과 도시 청소기 같은 새로운 전술을 사용하여(use of new tactics like shrill whistles and street cleaners) 중국에서 발생하는 공공연한 집회 시위를 차단하고 있다(are squelching any overt protests in China).

* shrill 소리 높은(= having a very loud, high-pitched sound)
* squelch 진압하다(= to stop something from continuing by doing or saying something)

……▷ 여기서 a man is hauled away by police officers 등으로 표현할 수 있다. 그러나 영어 문장에서는 수동태 사용을 극히 제한한다. 한국어는 영어로 번역할 때 수동태로 많이 변형된다. 이는 한국어는 주어 없이도 이야기가 가능한 반면, 영어는 꼭 주어로 문장을 시작하기 때문이다. 한국어로 '간다'라고 하면 '나는 간다'는 뜻이지만 영어로 '간다'를 쓸 때는 go가 아니라 I go로 주어를 꼭 써야 한다. 수동태는 문장에 힘이 없어 보인다. 이 사진 기사에서 볼 수 있듯이 기사의 문장은 단문이고 간결하여야 한다.

9. 사진 기사는 참가자의 행동을 잘 묘사하는 동사의 사용이 중요하다. 즉 움직임을 잘 묘사해야 한다.

Celebration of Independence Movement: Citizens and students wave the national flag during a flash mob to reenact the March 1 Independence Movement at Tapgol Park, central Seoul, on Mar. 1. Hundreds of participants in the event marched in several districts in the capital where the movement took place to resist Japanese colonial rule 92 years ago.

3·1절 독립운동 행사(Celebration of Independence Movement): 시민과 학생들이 (Citizens and students) 3월 1일 서울 도심 탑골공원 앞에서 열린 '번개 모임(flash mob)' 도중 3·1 운동을 재현하기 위해(to reenact the March 1 Independence Movement) 태극기를 흔들고 있다(wave the national flag). 3·1 운동 당시 참가자 수백 명은(Hundreds of participants in the event) 92년 전 일본의 한반도 식민지화에 저항하기 위해 일어난 이 운동의 발원지인(where the movement took place to resist Japanese colonial rule 92 years ago) 수도 서울의 일부 지역에서 행진을 벌였다(marched in several districts in the capital).

* flash mob 번개 모임(= a group of people coordinated by email to meet to perform some predetermined action at a particular place and time and then disperse quickly)

······▶ 이 사진 기사에는 동적인 묘사적 동사가 사용되었다. march(행진하다)와 reenact(재현하다), wave(흔들다), resist(저항하다), take place(발생하다) 등의 동사를 사용함으로써 92년 전 독립 운동의 감동을 재현하고 일본의 식민지화를 규탄하는 생생한 표현이 되었다. 3·1 운동도 사실 우리 선조들의 번개 모임 flash mob으로 시작된 것이다.

10. 관련 기사의 요지가 포함된다. 사진 기사에는 헤드라인이나 리드의 핵심적인 요지가 포함된다. 이는 사진만 보고 기사를 읽지 않는 독자를 위해 주요 내용을 설명하는 한편, 관련 기사를 읽도록 유도하기 위함이다.

Foreign residents participate in a Korean language proficiency test by the National Institute for International Education at Kyung Hee University in Seoul in Jan. Although the country is becoming increasingly globalized, foreigners living here say that the differences in language, culture and corporate etiquette continue to pose challenges for them.

외국인 거주자들이(Foreign residents) 1월 서울 경희대학교 국립국제교육원 주최로 열린 (by the National Institute for International Education at Kyung Hee University in Seoul) 한국어 능력 시험에 참가하고 있다(participate in a Korean language proficiency test). 한국의 국제화가 가속되고 있으나(Although the country is becoming increasingly globalized) 한국에 살고 있는 외국인들은(foreigners living here) 언어, 문화, 기업 에티켓의 차이가(the differences in language, culture and corporate etiquette) 앞으로도 계속해서 이들에게 어려움이 될 것이라(continue to pose challenges for them) 말하고 있다(say).

* proficiency 숙달, 능숙(= being good at doing something)

⋯⋯▶ 여기서 사진 기사 뒤에 나온 내용을 보면 언어, 문화, 에티켓의 차이 등이 외국인에게 힘들다는 부연 설명을 하고 있다. 사진을 본 독자가 관련 기사를 읽으면 외국인들이 한국을 알기 위해 어떤 노력을 하고 있는지를 알 수 있도록 한 문장으로 설명해 주는 것이다. 즉 독자가 본문 기사를 읽도록 호기심을 유발하는 역할을 한다.

사진 기사, 헤드라인, 리드, 본문 기사의 공통점 10가지

다음 장에서 차례로 서술되겠지만, 사진 기사, 헤드라인, 본문 기사에는 공통점이 있다. 이 사진 기사, 헤드라인, 본문 기사를 읽는 10가지 공식을 각각 비교해 보자.

(1) 사진 기사와 리드는 5W's and 1H(Who, What, When, Where, Why and How)의 원칙에 입각하여 작성된다. 다만 헤드라인의 경우, 생략과 압축의 속성 상 이 원칙을 모두 포함할 수 없으므로 가장 중요한 메시지를 다룬다.
(2) KISS(Keep It Simple and Short)와 ABC(Accuracy, Brevity, Clarity) 원칙에 입각하여 작성한다.
(3) 상징적인 단어가 포함된다. 동사의 경우 동작 지향적action-oriented이고 묘사하는descriptive 동사를 사용해야 기사가 힘이 있고 메시지 전달 효과가 크다.
(4) 저자 위주writer-friendly가 아닌, 독자 위주reader-friendly로 쓰고 if, which, that 등 관계대명사 사용을 가능한 한 자제한다. 주어·동사만 포함하는 1형식 문장이 가장 좋다.
(5) 사진 기사는 헤드라인과 마찬가지로 24시간 이전의 내용은 현재형으로 쓴다. 사진을 찍는 찰나의 생생함을 전달하기 위함이다. 리드나 본문 기사에서도 현장감을 주기 위해 인터뷰 내용 등은 현재형으로 쓰는 경우가 간혹 있다.
(6) 수동태 사용을 자제한다. 능동태가 힘이 있다.
(7) 주관적이고 추상적인 형용사 사용을 자제한다.
(8) 인물 위주로 작성한다.
(9) 행정 수도는 그 나라의 정부를 뜻한다.
(10) 전문 용어, 약어 표현을 최소화한다. 부득이 사용할 때에는 설명을 해주는 게 원칙이다.

사진 기사 읽는 법을 알면 TOEIC 듣기 시험이 쉽다

국가 공인 영어 시험 가운데 영자신문을 읽는 것이 가장 도움이 되는 부분 중 하나가 바로 TOEIC Listening Comprehension의 Part 1이다. TOEIC은 Listening Comprehension과 Reading Comprehension 영역으로 구성되며, 이 중 Listening Comprehension의 Part 1은 제시한 사진을 올바르게 묘사한 문장을 찾는 10문제로 구성되어 있다.

○ 시험 구성

구성	Part	Part별 내용		문항 수	시간	배점
Listening Comprehension	1	사진 묘사		10	45분	495점
	2	질의 응답		30		
	3	짧은 대화		30	100	
	4	설명문		30		
Reading Comprehension	5	단문 공란 메우기(문법/어휘)		40		
	6	장문 공란 메우기		12	100	75분	495점
	7	독해	1개의 문장	28		
			2개의 문장	20		
Total		7 parts		200문제	120분	990점

Part.1 사진 묘사

Part1은 제시한 사진을 올바르게 묘사한 문장을 찾는 문제로 구성되어 있습니다.
방송으로 사진에 대한 4개의 짧은 설명문을 한 번 들려 줍니다.
4개의 설명문은 문제지에 인쇄되어 있지 않습니다.
4개의 설명문을 잘 듣고 그 중에서 사진을 가장 정확하게 묘사하고 있는 문장을 선택하시면 됩니다.

문제를 푸는 방식은, 제시된 사진에 대한 4개의 보기 문장을 듣고 가장 잘 묘사한 문장을 고르는 것이다. 사진은 일반적으로 동작 묘사(약 50%)와 정물, 경치 묘사 및 기타(약 50%)의 형태로 나뉜다.

사진 속에 해답이 들어 있기 때문에 먼저 사진을 보고 그 속에 담긴 정보information를 파악하여 문제와 정답을 예상하는 것이 핵심이다. 사진 기사 읽는 법을 알고 있으면 쉽게 맞출 수 있는 문제 유형이다.

Q1

○ (A)　○ (B)　○ (C)　○ (D)

Part 1.

Question. Select the one statement that best describes what you see in the picture.

[Script]

(A) A woman is using presentation materials. (한 여성이 발표 도구를 사용하고 있다.)

(B) A woman is cleaning the meeting room. (한 여성이 회의실을 청소하고 있다.)

(C) A woman is typing up a report. (한 여성이 보고서를 타이핑하고 있다.)

(D) A woman is pointing to a chart. (한 여성이 도표를 가리키고 있다.)

……) 한 여성이 큰 도표 옆에 서서 작은 도표를 든 채 발표하고 있는 사진. 도표를 간접적으로 발표 도구presentation materials로 표현한 (A)가 정답. 여성의 손이 도표를 가리키고 있지는 않으므로 (D)는 오답이다.

● TOEIC Part 1에서 자주 나오는 표현

다음은 TOEIC Part 1에서 자주 나오는 표현이다. 여기에 나오는 표현은 영자신문 사진 기사에서 빈번하게 등장하는 것들이므로, 사진 기사를 꾸준히 보는 것은 TOEIC의 Listening Comprehension Part 1을 대비하는 매우 좋은 방법이다.

1. 신문을 읽다

The man is reading an article(= a newspaper).

2. 전화를 받다

The man is answering(= picking up) the phone.

3. 탑승하다

The man is getting(= boarding) on the plane.

4. 통화하다

The man is speaking(= talking) on the phone.

5. 타자를 치다

The man is typing a letter.

6. (물 따위를) 따르다

The man is pouring some water.

7. 운동하다

The man is doing exercises.

8. 강의하다

The man is giving a lecture.

9. 발표하다

The man is making a presentation.

10. 실험복

The man is wearing a labcoat.

11. 전화 걸다

The man is dialing a number(= making a phone call).

12. 침대 정리

The man is making the bed.

13. 에스컬레이터 올라가기

The man is going up to the next level.

14. 오리 먹이 주기

The man is feeding the duck.

15. 박스를 쌓아올리다

The man is stacking boxes.

16. 잔디 깎다

The man is mowing the lawn.

17. 꽃에 물을 주다

The man is watering the flower.

18. 복사하다

The man is making a copy.

19. 협상하다

The man is having a negotiation.

20. 계약하다

The man is signing a contract.

21. 견인되다

The car is being towed away.

22. 사다리를 타다(계단을 오르다)

The man is climbing up the ladder(the stairs).

23. 명찰을 차다

The man is wearing a name tag.

24. 걸레 청소

The man is mopping the floor.

25. 책을 훑어보다

The man is looking through a book.

26. 줄 서있다

People are waiting in line. People are queueing.

27. 사인을 하다

The man is giving an autograph.

28. 돈을 세다

The man is counting money.

29. 주사 놓다

The woman is giving the man shot.

30. 식탁을 차리다

The waiter is setting the table.

공식 2

헤드라인 읽는 법

 헤드라인 작성 방법은 영문 파워포인트 제안서 작성 방법과 100% 동일하다.

시작이 반이다. 헤드라인만 읽을 줄 알면 영자신문의 절반은 이해한다고 할 수 있다. 영자신문을 읽기 시작할 때 목표를 정하는 게 중요하다. 초급자는 어디서부터 무엇을 읽을지 고민해야 하고, 상급자는 알고 있는 영어를 실생활에서 잊지 않고 적재적소에 사용할 수 있는 훈련을 해야 한다.

날마다 영자신문에 나오는 100~120개의 헤드라인만 봐도 오늘 이 순간의 여론 흐름을 알 수 있다. 각자의 사정과 시간 여유에 따라 하루 10분도 좋고 한 시간도 좋다. 하루 평균 30분씩 취미처럼 헤드라인만 읽어도, 어느 순간 영어가 생활의 일부가 되어 그리 어렵지 않게 느껴지는 시기가 올 것이다.

헤드라인을 읽는 10가지 공식

① 본동사가 현재형인 경우 24시간 과거를 의미한다.

② be 동사의 생략: 헤드라인에서 본동사가 be 동사인 경우에는 통상 생략한다.

③ 현재 시점을 기준으로 진행 중인 사건일 경우 본동사에 ing를 추가한다.

④ 미래형은 will 대신 to를 사용한다.

⑤ 행정 수도는 그 나라의 정부를 뜻한다.

⑥ 헤드라인이 2개가 나오는 경우도 있다.

⑦ 전문 용어, 약자를 예외적으로 사용한다.

⑧ 헤드라인 전체나 특정 단어에 따옴표 표시를 할 경우 인용 문구라는 얘기다.

⑨ 대문자를 최소화하는 게 국제적 추세이다.

⑩ 칼럼과 논설의 경우는 핵심적인 한두 단어로 제목을 쓴다.

헤드라인이 왜 중요한가?

기사에서 가장 핵심적인 단어를 포함한다

독자가 기사를 읽지 않아도 제목만 보면 내용 전체를 알 수 있도록 함축적으로 표현한 것이 헤드라인이다. 헤드라인이 재미가 없으면 독자는 리드도 읽어 보지 않고 다른 기사로 넘어간다. 즉 헤드라인은 (1) 독자의 관심을 끌고, (2) 기사 전체의 내용을 이야기하고, (3) 매력적이어야 한다. 헤드라인 자체가 기사의 등급을 매긴다고도 할 수 있다. 헤드라인은 리드 30여 단어 정도의 기사 첫 문장에서 뽑는다. 헤드라인에 쓰이는 단어는 리드에서 찾고, 독자에게 지루함을 주지 않기 위해 단어의 의미가 변하지 않는 범위 내에서 비슷한 단어를 사용한다.

하루에 500단어 이상을 제공한다

헤드라인 하나가 평균 5개 단어로 이루어진다고 가정하면 하루 평균 기사 100개가 제공되니까 헤드라인만 봐도 하루 500단어를 숙지하는 셈이다. 이 500단어는 그날그날 가장 시사성 있고 실생활에 밀접한 단어다. 한 달에 25일 발행되는 것을 기준으로 하면, 이론적으로 12,500단어를 보게 된다. 매일 반복되는 단어, 용어를 감안하면 한 달에 6,000여 단어를 숙지하는 것이다.

날마다 100여 개의 기사 제목을 읽는 데 1시간이 걸리지 않는다면 영어의 상급자. 초급자는 큰 욕심을 버리고 매일 1면 제목 5개만 숙지해도 매달 약 625개의 가장 중요한 단어를 알게 된다. 이것도 적지 않은 숫자다. 1년이면 7,500여 개 단어를 매일 새로운 내용으로 보는 것이다.

헤드라인은 같은 뜻을 가진 여러 단어 중 가장 짧은 단어, 가장 쉬운 단어를 사용한다

이는 지면의 효율성과 가독성을 높이기 위해서이다. 예를 들면 '미루다, 연기하다'의 뜻을 가진 단어, 숙어는 delay, postpone, put off, put back, hold off, defer, put on the back burner, procrastinate, adjourn 등이 있다. 여기서 기사의 제목으로 나오는 것은 delay나 put off이다. postpone은 단어가 길고 일상 대화에서 잘 사용하지 않는 어려운 단어이기에 가능하면 사용하지 않는다.

헤드라인을 쉽게 정복하는 방법

(1) 헤드라인을 읽는 공식 10개를 숙지한다.
(2) 헤드라인에 자주 사용되는 단어 100~200단어를 우선 숙지한다.
(3) 모르는 단어는 사전을 찾지 않고 먼저 의미를 연상해 본다. 다음날이면 같은 단어가 반복되어 나올 것이다.
(4) 매일 모든 페이지를 숙독하려 하지 말고 본인이 관심 있는 기사 섹션의 제목을 우선 본다.
(5) 헤드라인 읽기를 취미로 삼는다. 전철, 커피숍 등에서 한가할 때 인터넷으로 찾아본다.
(6) 바쁠 때는 영자신문 홈페이지에서 실시간으로 검색되는 가장 많이 읽은 기사(Top 10 Stories)만이라도 본다.

헤드라인의 종류

(1) 직설적 제목direct headline: Samsung smartphone off 30%는 통신사 대리점에서 볼 수 있는 제목이다. 부연 설명 없이 문제의 핵심만 보여 준다.
(2) 간접적 제목indirect headline: 독자의 관심을 끄는 미묘한 용어를 쓴다. 온라인 제목에 많이 사용되는 방법이다. 두 가지 뜻을 포함하는 경우도 있다. 예를 들면 Fresh bait works best는 온라인 독자를 끌어오기link 위한 미끼bait라는 뜻이다. 이 상황에서는 신선한 미끼가 가장 효율적이라는 의미가 아니다.
(3) 질문성 제목Question headline: Have Tablo graduated from Stanford? 가

수 타블로의 학력 문제로 네티즌들의 논쟁이 한창일 때 이런 제목을 달 수 있다. 다만 이런 질문성 제목은 언론에 대한 불신을 조장할 수 있기 때문에 〈코리아 타임스〉에서는 사용하지 않는 것을 원칙으로 한다. 기자가 사실을 확인해서 기사화해야지 타블로가 졸업을 했는지 안 했는지 사실 확인도 안 하고 무책임하게 기사를 쓴 것으로 보이기 때문이다. 광고 문구로 질문성 헤드라인을 사용하면 독자의 관심을 끌 수 있다. 예를 들면 Who else can create iPhone or iPad?는 스티브 잡스가 아니면 아이폰과 아이패드를 만들 수 없다는 광고 문구로, 스티브 잡스의 전설적인 상상력을 강조한 것이다. 다른 예로 *Psychology Today*에 나온 질문형 제목으로 Do you close bathroom door even when you are the only one at home?을 들 수 있다. 이 제목은 당신이 집에 혼자 있을 때 화장실 문을 닫느냐는 뜻이다. 평소 생활 습관에 대해 한 번 질문해 보는 제목으로 독자의 관심을 끌 수 있다.

(4) 지시형 제목Command headline: 유도형 강조 광고로, Subscribe to Korea Times now!(지금 〈코리아 타임스〉를 구독하세요), Vote now!(지금 투표하세요) 등이 있다.

(5) 이유를 묻는 제목Reason why headline: 10 reasons why Koreans get angry over booming economy. '경기가 호황인데 왜 한국인은 화가 나는가?'라는 제목으로, 이어질 기사에 서민이 호황 경기에 화가 나는 이유가 나올 것을 추측할 수 있다. 이 기사는 소득 격차와 경제의 양극화를 설명하는 내용이다.

(6) 증언적 제목Testimonial headline: When Korea Times talks, people listen. 즉 '〈코리아 타임스〉 기사가 말하면 독자는 믿는다'라는 증언적 제목으로 신문의 신뢰도에 대한 홍보성 제목이다. 신문, 인터넷 광고에서 자주 사용되는 방법이다.

헤드라인을 읽는 10가지 공식

1. 본동사가 현재형인 경우 24시간 과거를 의미한다. 이는 기사에 생생한 현장감을 불어넣기 위한 것이다.

*아래 예문에서 밑줄 친 부분은 본동사를 가리킨다.

ex 01 South Korea <u>beats</u> Ecuador 2-0

한국, 에콰도르를 2-0으로 격파

beat: 물리치다, 격파하다(= to get the most points or votes in a game, race, or competition [= defeat])

ex 02 Jackpot winner <u>donates</u> $700,000 to KAIST

거액의 상금 우승자, 70만 달러(약 7억여 원)를 카이스트에 기부

donate: 기부하다(= to give something, especially money, to a person or an organization in order to help them)

ex 03 Rejuvenated Lee <u>unveils</u> $23 billion investment plan

활력을 얻은 이건희 회장, 230억 달러 투자 계획을 공개

rejuvenate: 활기를 넣다(= to make something work much better or become much better again)

ex 04 US aircraft carrier <u>heads</u> for West Sea

미 항공모함, 서해로 급파

ex 05 Markets <u>react</u> calmly to Yeonpyong crisis

외환 주식 시장이 위기(북의 연평도 공격)에도 불구하고 동요하지 않고 침착하게 대응

ex 06 US lawmakers <u>slam</u> China over Pyongyang

미 의회 의원들, 북한의 호전적 태도를 감싸는 중국을 비판

ex 07 South Korea <u>wins</u> 2nd long-jump gold medal

한국, 멀리뛰기에서 두 번째 금메달을 획득

ex 08 UK <u>imposes</u> new immigration quota

영국, 새 이민자 쿼타를 정해

ex 09 Iran <u>halts</u> enrichment temporarily

                                        이란, 핵무기 제조를 위한 우라늄 농축 잠정 중단

ex 10 Archeress <u>defends</u> 8th straight Asiad title

                                        한국 여자 양궁, 8회 연속 아시안게임 금메달 획득

♠ 그러나 과거 역사적 사실을 열거하거나 24시간 이전의 사건·사고를 기술하는 경우에는 과거형 동사를 사용한다.

ex 01 '40 Percent of actors <u>considered</u> suicide'

                                      '배우의 40%가 자살 생각해 본 적 있어'

suicide: 자살(= the act of killing yourself)

ex 02 NK soldier <u>crossed</u> border to hunt for defector

                                        북한군, 탈북자 잡기 위해 국경 넘어

hunt for ~을 찾다, 구하다(= to look for something that is difficult to find)

ex 03 Korea's first modern postal service <u>started</u> in 1884

                                  한국, 1884년에 최초로 현대식 우정 서비스 시작해

ex 04 'NK <u>showed</u> US scientist new nuclear plant'

                                '북한, 미국 과학자에 새로운 핵무기 공장 보여줘'

⋯⋯▶ 여기서 제목 양측에 인용 부호quotation 표시가 있는 것은 신문사에서 직접 확인할 수 없는 주장을 제목으로 쓸 때 사용하는 방법이다.

ex 05 Neanderthal kids <u>grew</u> up faster than human

                                사람보다 유인원인 네안데르탈인의 새끼가 더 빨리 성장해

ex 06 46 Navy sailors <u>killed</u> in North Korea's torpedoing of South Korean warship Cheonan

                          북한의 어뢰 공격으로 한국 전함 천안함 승조원 46명 사망

⋯⋯› 여기서 killed는 과거형이 아니라 were killed라는 수동태인데, 기사 제목에는 be 동사를 사용하지 않기 때문에 과거로 표현한 경우로 혼동하지 않도록 주의한다.

2. be 동사의 생략: 제목에서 본동사가 be 동사인 경우에는 통상 생략한다.

* 예문의 괄호 안에는 생략된 동사를 표시하였다.

ex 01 Naro (is) ready for June 9 rocket launch

나로호, 6월 9일에 로켓 발사 준비

launch: 발사(하다)(= to send a spacecraft into the sky or into space)

ex 02 Prosecution (is) under siege

검찰, 사면초가에 놓여

prosecution: 검찰(= the investigators who try to prove in a court that someone is guilty of a crime)

siege: 포위(= a situation in which an army or the police surround a place and try to gain control of it or force someone to come out of it)

ex 03 Korea (is) likely to permit dual citizenship

한국, 이중 국적 허용할 듯

be likely to do: ~할 것 같다

dual citizenship: 이중 국적

ex 04 Surging number of rats (are) invading homes in Seoul

서울 주거 지역에 침입하는 쥐의 수 급증

ex 05 More babies (are) waiting to be adopted

많은 아기들이 입양 대기 중

ex 06 F1 drivers (are) upbeat about Pirelli tires after test

F1 그랑프리 선수들, 테스트 주행 후 피렐리 타이어에 만족

ex 07 Korea (is) seeking measures to win Nobel Prize in science

한국, 노벨상 수상할 수 있는 과학자 양성 방안 모색

······→ seeks도 가능한 표현인데, 이런 경우 헤드라인면의 공간을 맞추기 위한 기교이다.

ex 08 Beatles' songs (are) finally available on Apple's iTunes

비틀즈의 노래, 애플 아이튠즈에서 들을 수 있어

♠ be 동사가 생략된 본동사의 수동형

ex 01 Airport (is) envisioned in Ulleung

울릉도에 공항이 건설될 예정

envision: (특히 앞으로 바라는 일을) 마음속에 그리다(= to imagine something that you think might happen in the future)

ex 02 Girls (are) favored over boys in adoption

여아가 입양에 있어서 남아보다 선호돼

favor: 선호하다(= to prefer someone or something to other things or people)

adoption: 입양(= the act or process of adopting a child)

ex 03 Taliban member (is) caught in Korea

탈레반 요원, 한국에서 체포돼

ex 04 28 workers (are) trapped in China coal mine

광부 28명, 중국에서 갱도에 갇혀

ex 05 Toyota safety (is) questioned after Utah crash

유타주에서 일어난 자동차 충돌 이후 토요타 자동차의 안전성 의문

ex 06 Legislators (are) set to review budget proposal

의원들, 내년 예산안 검토 예정

ex 07 7 (are) caught forging IDs for gambling

노름 위해 주민등록증을 위조한 혐의로 7명 구속

ex 08 'G20 summit (is) well-organized but more English guides (are) needed'

G20 서울정상회담, 조직적으로 잘 진행되었으나 더 많은 영어 가이드 필요

ex 09 2 airmen (are) killed in spy jet crash

정찰 비행 중 추락으로 조종사 2명 사망

ex 10 Seoul citizens' patience (is) put to test

서울 시민의 인내심, 시험대에 올라

ex 11 Tiger is changing more than his swing

타이거 우즈, 자신의 스윙 폼보다 자신 주변을 더 수정하는 중

……→ 여기서는 Tiger changing more than his swing으로 be 동사를 생략하는 것이 원칙이나 헤드라인 면의 공간을 꽉 채우기 위해 is를 사용했다. 즉 헤드라인에 be 동사를 사용하여 완전한 문장을 제목으로 만드는 경우도 있다.

3. 현재 시점을 기준으로 진행 중인 사건일 경우 본동사에 ing를 추가한다.

ex 01 Korea (is) becoming world-class in forensic science

한국, 법의학 분야에서 세계적 수준이 되어가는 중

forensic science: 법의학

ex 02 Finnish model (is) looking for spouse in Korea

핀란드 모델, 한국에서 배우자 구하는 중

look for: ~을 찾다

spouse: 배우자(= a husband or wife)

ex 03 Businessman's 'sponsorship' scandal (is) creating huge stir

어느 사업가의 '스폰서' 의혹이 큰 논란을 일으켜

stir: 동요, 충격(= a feeling of excitement or annoyance)

ex 04 Economy (is) losing growth momentum

경제가 성장 동력을 잃고 있다

ex 05 Risk of protectionism (is) growing

보호 무역주의의 위험이 증가하고 있다

ex 06 US residential broadband usage (is) growing

미국 가정에서 broadband의 사용이 늘고 있다

ex 07 Korea (is) gunning for gold in Asiad

한국 사격, 아시안게임에서 금메달을 노린다

ex 08 Republicans win House, (is) dealing blow to Obama

공화당이 미 하원 선거에서 이겨 오바마 정부에 정치적 타격을 주다

ex 09 Handball squads (are) going for gold medals at Guangzou

남녀 핸드볼팀이 광저우 아시안게임에서 금메달을 노린다

ex 10 KOICA returnees (are) facing tough time in landing jobs

해외자원봉사단원들이 귀국 후 직장을 갖는 데 상당한 어려움을 겪고 있다

KOICA: 한국국제협력단(=Korea International Cooperation Agency)

4. 미래형은 will 대신 to를 사용한다.

간혹 헤드라인에 will이 나오는 경우가 있다. 이 경우는 헤드라인 면의 공간을 맞추기 위한 기교이다. 즉 미래형을 to로 쓰는 이유는 지면을 되도록 경제적으로 쓰기 위해서이며 필요 시 will을 써도 무방하다.

ex 01 Parties <u>to</u> pick new floor leaders

정당들, 새 원내대표 선출 예정

party: 정당(= a political organization with particular beliefs and aims, which you can vote for in elections)

floor leader: (정당) 원내대표

ex 02 Military to beef up underwater surveillance

군, 수중 정찰(감시) 강화할 예정

beef up: 강화하다

surveillance: 정찰, 감시(= when the police, army, etc watch a person or place carefully because they may be connected with criminal activities)

ex 03 Immigration checks to be toughened

입국 심사 강화될 예정

toughen: 강화하다(= to become tougher, or to make someone or something tougher[= beef up])

ex 04 Korea to get bigger say in IMF

한국, IMF에서 발언권이 커질 전망

ex 05 KT to wow G20 with technology display

KT, 새로운 통신 기술로 G20 정상회담 참석자를 놀랠 채비

ex 06 World Bank to raise China growth outlook

세계은행, 중국 성장률 상향 조정 예정

ex 07 GM IPO to raise $10 billion

GM자동차가 신주 공모로 100억 달러 자금 조달 예정

……→ IPO는 initial public offering으로 신주 공모라는 뜻.

ex 08 Production of K2 tank to start soon

K2 국산 탱크 생산이 곧 시작될 예정

ex 09 Chaves to nationalize largest steel mill

베네수엘라 차베스 대통령, 최대 철강회사 국유화할 예정

ex 10 Euh Yoon-dae will lead KB Financial

KB금융지주 이끌 새 인물 '어윤대'

……→ to lead가 아니라 will lead라고 쓴 것은 헤드라인 공간을 꽉차게 쓰기 위한 신문 제작상의 기교이다.

5. 행정 수도는 그 나라의 정부를 뜻한다.

국가 이름이 길거나 같은 나라 기사가 한 페이지에 한 번 이상 나갈 경우 행정 수도를 나라 이름 대신 사용하기도 한다. 주요 수도 이름 외에는 가급적 국가 이름을 쓰는 게 좋다.

ex 01 Seoul dismisses NK's nuclear fusion claim

한국, 북한의 핵융합 주장 일축

dismiss: 일축하다(= to refuse to consider someone's idea, opinion etc)

cf. nuclear fusion: 핵융합

ex 02 Tokyo's Dokdo claim irks Koreans

일본의 독도 영유권 주장, 한국인을 화나게 해

irk: 화나게 하다, 짜증나게 하다(= If something irks you, it makes you feel annoyed.)

ex 03 Seoul, Beijing want early resumption of nuclear talks

한-중, 핵회담(6자회담을 말함) 조기 재개 원해

resumption: 재개(= the act of starting an activity again after stopping or being interrupted)

ex 04 Havana unveils plans for economic future

쿠바 정부, 새로운 경제 계획 발표

ex 05 Ankara to hold talks with Seoul on nuclear plant

터키, 한국과 원전 건설에 대한 회담 예정

ex 06 Paris set ambitious goals for 2011 summit

프랑스, G20 2011년 의장국으로서 야심찬 목표 세워

ex 07 Moscow condemns North Korea's military provocation

러시아, 북한의 군사 도발 비난

ex 08 Washington urges Beijing to restrain Pyongyang

미국, 북한을 억제하도록 중국에 촉구

……› 미국이 북한에게 군사 도발 못하도록 중국이 영향력을 가하라는 뜻.

ex 09 Canberra backs Seoul's unification policy

호주, 한국 정부의 통일 정책을 지지

ex 10 Wellington wants FTA talks with Seoul

뉴질랜드, 한국과 FTA를 위한 대화 원해

6. 헤드라인이 두 개가 나오는 경우도 있다.

제목 한 줄로 기사 내용을 다 표현하지 못할 경우는 제목 하단에 second headline(전문 용어로 decker라고 한다)을 다는 경우가 있다. 또한 사건이 1면 배너 banner를 장식할 정도로 큰 경우, 한 페이지 전체를 인터뷰에 할애할 경우에 두 개의 제목을 사용한다. 각 면 top의 표지 기사cover story인 경우에도 사용한다.

시각적 다양성을 위해 주제목은 고딕체로 쓰고 부제목은 이탤릭체로 쓴다. 다만 편집상 모양이 흐트러질 가능성이 있어 편집자는 이 부분에 상당히 신경을 쓴다.

ex 01 Probe starts over sugardaddy scandal (주제목)

Shin Jeong-ha to be summoned Tuesday (부제목)

연하 여인과의 염문을 검찰이 조사 예정

신정아, 화요일 검찰에 소환될 예정

ex 02 NK shells South Korea island in West Sea

2 marines killed, 19 injured; South Korean military placed on highest alert

북한, 서해 연평도에 포격 감행

해병대원, 2명이 사망하고 19명이 부상; 군이 진돗개1의 비상 경계 돌입

ex 03 Respect of law (is) essential for rule of law

Justice Lee Kong-hyun says law should not be changed too often

법 존중이 법을 지키기 위해 중요

헌법재판소 이공현 재판관은 법이 자주 변경되어서는 안 된다고 강조

ex 04 **Bosworth says NK program provocative**

Seoul to consider redeployment of tactical nuclear weapons

보스워스 미 6자회담 대표는 북한의 우라늄 농축 계획은 도발적이라고 주장

한국은 전술 핵무기 재배치 고려

ex 05 **Row rages in US airport scanning**

Planned-security check could disrupt Thanksgiving travel

미국 공항의 전신 검사에 대해 분쟁이 일어나고 있다

안전 검사가 추수감사절 여행에 상당히 영향을 줄 것 같다

ex 06 **Can Hana handle wrath of KEB union?**

Resistance from unionists provides speed bump for Hana's takeover attempt

하나금융지주가 외환은행 노조의 분노를 잘 처리할 수 있을까?

노조의 반발이 하나금융그룹의 외환은행 인수에 문제가 될 수 있다

ex 07 **Weaver tells women to break glass ceiling**

3-time Oscar nominee and heroine of Alien, Avatar says education key to getting ahead

영화 배우 시고니 위버가 여성들에게 보이지 않는 사회 장벽을 극복하라고 하다

3번의 오스카상 후보이자 영화 '에일리언'과 '아바타'의 주인공인 그녀는

앞서 가기 위해 교육이 필수라고 주장

ex 08 **Cho Bong-am case (is) reopened after 51 years**

Retrial of hastily executed progressive politician draws fresh attention

(1959년 이승만 정권하에 반공법 위반으로 처형된) 조봉암 사건이 51년 만에 다시 재판에 부쳐져

사형 당한 진보 정치인에 대한 재심이 다시 관심을 끌어

ex 09 **KAIST chief spearheads hiring reform**

Seeking to make nation's top science institute world's top university

KAIST 총장(서남표)이 교수 임명 개혁을 진두지휘해

국내 최고 과학 연구 대학을 세계 최고로 만들기 위해 노력 중

ex 10 **Korea needs preemptive rate hike, capital controls**

HSBC economist predicts 4.1% GDP growth next year

한국은 선제적인 금리 인상이 필요하고 자본 유출입 통제가 필요하다

HSBC 경제연구원, 한국 경제가 내년에 4.1% 성장할 것으로 예상

7. 전문용어, 약자를 예외적으로 사용한다.

신문에서 약자는 원칙적으로 사용을 지양하나, 모든 사람이 아는 용어인 OPEC(Organization of Petrolium Exporting Countries), NATO(North Atlantic Treaty Organization), UNESCO(United Nations Education, Science and Cultural Organization) 등과 같은 약어는 사용이 가능하다. 다만 KITA(Korea International Trade Association, 무역협회) 같은 경우 일반 독자가 모를 수 있다. 따라서 이런 경우 제목은 Association 혹은 Trade association 등으로 제목을 잡는 것이 무방하다. 무역진흥공사(Korea Trade-Investment Promotion Agency)같이 기관 이름을 KOTRA로 바꾸어 버린 경우에는 부득이 KOTRA도 쓴다. LG가 Lucky-Gold Star, Sunkyung이 SK로 사명을 바꾼 경우 그 고유명사를 쓴다.

ex 01 **OPEC says no to output hike**

OPEC, 증산 계획이 없음을 밝혀

ex 02 **NGOs lash out at new traffic system**

비정부 기구(Nongovernmental organizations), 새로운 교통 시스템을 강하게 비판

······> lash out은 strongly criticize라는 뜻이다. lash out at something의 숙어로 쓰인다. lash out보다는 criticize, hit이 더 자주 사용된다.

ex 03 **WTO to rule on shrimp next month**

세계무역기구, 내달 새우 무역에 대한 판결 예정

······> WTO는 World Trade Organization의 약어이다. rule은 판결(판정)하다의 뜻이다.

ex 04 IMF praises bank stance on Hyundai

IMF는 현대그룹에 대한 채권단의 입장 지지

……→ praise는 칭찬하다의 뜻으로 laud 등의 비슷한 뜻으로 쓰인다.

ex 05 OPEC trims forecast on oil demand

OPEC, 원유 수요 감소를 예측

……→ 약어는 전체를 대문자로 쓰는 경우와 보통명사화하여 사용하는 경우가 있다. 대문자를 가급적 소문자로 줄여 독자의 눈의 피로를 줄이려하는 노력의 일환이다.

trim, cut, slash, reduce, axe 등은 '줄이다'라는 표현으로 경제면 제목에 자주 사용된다.

ex 06 UN outlines measures for global climate control

유엔, 지구 온난화 방지를 위한 대책 발표

ex 07 STX signs $240 million vessel deal with India

STX, 인도 회사와 2억 4000만 달러의 선박 건조 계약 맺어

……→ 여기서 STX는 회사 이름

ex 08 SIWA to host community barzar

서울국제여성협회, 자선 바자회 개최 예정

……→ 여기서 SIWA는 Seoul International Women's Association의 약자

ex 09 Players' union says NBA strike looms

선수 노조, NBA 파업 임박했다고 전해

……→ NBA는 미국의 National Basketball Association을 지칭

ex 10 Gwangyang FEZ emerges as regional mega hub

광양 경제 자유 구역, 지역의 거대 중심지로 떠올라

……→ 여기서 FEZ는 Free Economic Zone(경제 자유 구역을 지칭)

8. 제목 전체나 특정 단어에 따옴표quotation 표시를 할 경우 인용 문구라는 얘기다.

ex 01 'Kim Jong-un was a good guy in high school'

'김정은은 고교 시절 좋은 녀석이었지'

……> 여기서 따옴표가 들어간 것은 김정은의 고교 동창이 인터뷰에서 한 이야기를 그대로 인용했기 때문이다.

ex 02 'Intervention in currency market (is) warranted'

'외환 시장 개입은 보장돼 있다'

……> 이 기사는 G20 서울정상회담에서 외환 시장 개입 용인에 관한 논쟁에 대해 G20 합의 내용에 따라 각국 정부의 외환 시장 개입이 용인된다라는 요지의 정부 당국자 인터뷰 내용을 부각시킨 것이다.

ex 03 'G20 (is) not going for current-account cap'

'G20에서 경상수지 한도 제한은 하지 않을 듯'

……> G20 정상회담의 공동 선언문이 발표되기 직전의 1면 톱기사로, 경상수지 적자 흑자의 한도를 각국 GDP의 4%로 하자는 논쟁에 대해 수치적인 합의는 하지 않을 것 같다는 내용이다. 성상회담 종료시까지 각국 정상이 숨 가쁘게 협의를 하고 있음과 드라마틱하게 합의가 될 수도 있다는 점을 암시하고 있다.

ex 04 'Mother' Lee So-sun

'어머니' 이소선

……> 제목 안에 특정 단어에만 따옴표 표시가 된 경우가 있다. 이 기사는 1970년대 청계천에서 부당한 노동 조건에 항의하며 분신한 전태열 열사의 어머니 이소선 씨에 대한 기사다. 즉 여기서 어머니는 모든 노동자의 어머니란 친근감을 내포한다.

ex 05 'Women (are) severely underrepresented in corporate boardroom'

'기업 이사회, 여성 지위 심히 미약'

……> 기업의 임원 중 여성이 아직도 적다는 인터뷰 기사

ex 06 Ryan Reynolds (is) named 'sexist man alive'

캐나다 배우인 라이언 레이놀드, '생존하는 남성 중 가장 섹시한 사람'으로 지명돼

……▶ 'sexist man alive'에 따옴표 표시를 한 것은 과연 이 대회가 국제적 공인 받았는지, 또 공인을 받았어도 과연 독자가 수긍할 수 있을지에 의문을 표하고, 권위적이지 않은 행사임을 암시하기 위해서이다.

ex 07 'Admission system to be role model for Asia'

'대학 입학 제도, 아시아에서 롤 모델이 될 것'

……▶ 대학교 입학 제도가 아시아에서 롤 모델이 될 것이라는 이주호 교육부 장관의 인터뷰 내용. 이 장관의 주장이지만 과연 될 것인지 한번 지켜보자는 의미로 제목에 따옴표를 추가했다. 원래는 Minister says admission system to be role model for Asia인데, 인터뷰에 사진이 나오니 굳이 minister를 쓰지 않고 제목을 가급적 줄인 것이다.

ex 08 'US tours to Mt. Geumgang (is) allowed'

'금강산 관광 미국인에게 허용'

……▶ 북한이 금강산 관광을 미국인에게 허용한다는 추측 기사. 아직 확인이 되지 않은 내용이기에 따옴표를 쓴다. 사실 확인이 안 되어도 독자에게 꼭 알릴 필요가 있을 때 사용한다.

ex 09 'Super supermarket' law to take effect

'대형 슈퍼마켓' 법안 발효될 예정

……▶ 재래 시장 500미터 이내에 대형 슈퍼마켓 설치를 금지한 법안. 영어에 super supermarket이란 단어가 없지만 현재 한국에서 사용되니 따옴표를 사용한다. 미국에는 supermarket은 있으나 super supermarket은 없다.

ex 10 'Naked' scanners at US airports may be dangerous

미 공항 내 '전신' 스캐너 위험할 수도

……▶ 여기서 'naked'는 전신 신체 촬영을 쉽게 표현하고 본뜻과 좀 다른 의미라는 차원에서 따옴표를 사용한다.

9. 대문자를 최소화하는 게 국제적 추세

Man Kills Himself After Failed Bet on Lotto라는 제목과 Man kills himself after failed bet on Lotto 중 어느 게 읽기에 덜 피로한지 생각해 보자. 대문자를 사용하면 눈에는 잘 띄지만, 독자의 시각적 피로도가 높아진다. 이를 감안해 〈코리아 타임스〉도 2009년 소문자 표기로 전환하였다.

10. 칼럼과 논설의 경우는 핵심적인 한두 단어로 제목을 쓴다.

ex 01 Heavenly peace

NK should apologize the attack

하늘에서의 평화(천안함의 한자를 의역하여 영어로 번역하는 기교를 보임)

북한은 천안함 공격에 대해 사과해야

……▷ 천안함의 한문 뜻으로 칼럼 제목을 잡은 경우. 북한은 공격에 대해 사죄하라는 사설의 요지를 제목으로 썼다.

ex 02 Two brothers in dispute

Koreas need dialogue for co-prosperity

분쟁 중인 두 형제

남북은 상호 번영을 위한 대화가 필요해

……▷ 분쟁 중인 남북한 관계를 형제 간으로 비유했다. 남북은 공동의 번영을 위해 대화해야 한다는 사설 요지.

ex 03 lessons from Ireland

Manufacturing should be the backbone of the economy.

아일랜드 경제 위기의 교훈

제조업은 경제의 중추가 되어야

ex 04 Owner-less banking

Investigation needed on Shinhan power struggle

주인 없는 은행

신한금융그룹의 내부 권력 다툼을 수사하라

ex 05 School curriculum

Competition is not goal of education policymakers

학교 교과 과정

경쟁 유발만 하는 게 교육 정책 입안자의 목표는 아니다

ex 06 Checklist for Cabinet nominees

The list contains controversial questionnaires

각료 후보의 신변 체크리스트

검증 리스트 가운데 문제점 많아

ex 07 Seoul's painful decision

Iran advised to join in WMD non-proliferation

한국의 고통스런 결정

이란은 대량 살상 무기 확산 방지에 참여하라

WMD: 대량 살상 무기(=weapons of mass destruction)

ex 08 Africanize Korea model

The country must coordinate G20, non-G20

한국 개발 모델을 아프리카 실정에 맞게 하라

한국은 G20 회원국과 비G20 회원국 간의 이해 조율을 잘해야

ex 09 German reunification

Koreas need one-country-two-system formula

독일의 통일

남북은 한 국가 두 정부 체제가 좋다

ex 10 Part-time superpower

China's global responsibility growing

파트타임 슈퍼 파워

중국의 국제적 위상 향상에 상응하는 역할이 점증되고 있다

● 헤드라인 정형에 나오지 않는 예

헤드라인을 읽는 10가지 공식에 나오지 않는 예외적인 경우가 있다.

ex 01 **Shortlist of the totally unexpected**

전혀 기대하지 않은 것들에 대한 요약 리스트

……➤ 여기서 (1) headline에는 the나 a가 나오지 않는 게 원칙이나 the unexpected는 예측 못한 변수라는 뜻으로 불가피하게 썼다. (2) 제목에 동사가 없다. 즉 칼럼에서는 논설과 마찬가지로 명사형 제목이 나온다. (3) 기사나 제목에 형용사나 부사를 사용하지 않는 게 원칙이지만 the unexpected를 보다 더 강조하기 위하여 totally를 추가했다.

ex 02 **Essay-writing tutoring cost (is) skyrocketing**

에세이 첨삭 지도 강사료, 천정부지로 오르고 있다

……➤ 여기서 주어가 무엇인지 의문이 생길 수 있다. 주어는 4단어로 essay writing tutoring cost이다. 문법적으로는 tutoring cost for essay writing이 맞다. 다만 지면을 줄이기 위해 4단어를 열거하였다. 독자의 이해를 돕기 위해 명사 사이에 하이픈을 넣는 게 좋다.

ex 03 **Computer-game addiction is no fun**

컴퓨터 게임 중독 장난 아냐

……➤ 컴퓨터 게임 중독이 심각하다는 기사. be 동사인 is가 빠져야 하는데, 사용된 이유는 공란을 없애기 위해서이다. 지면이 여유가 있으면 be 동사까지 사용하기도 한다.

ex 04 **Chaebol rush into medical business**

재벌이 의료 사업에 뛰어들고 있다

……➤ 여기서 재벌이 왜 영어인 conglomerates나 business groups로 쓰지 않고 chaebol이라는 한국어 발음대로 쓰였는지 의아할 것이다. 그리고 정부가 사용하는 신한글 로마자 표기법 New Romanized system을 적용하면 jaebeol인데, 왜 chaebol로 사용했는지도 궁금할 것이다. 그것은 한국의 재벌이 한국만의 고유한 성격을 가진 한국적인 비즈니스 그룹이고, 외국인들이 chaebol

을 거의 보통명사로 사용하고 있기 때문이다. 덧붙여 영어화된 우리말 단어는 복수를 지칭해도 s를 붙이지 않는 것이 원칙이다.

ex 05 An American-ambassador's Korean diary

미국 대사의 한국 일기

……→ 제목에는 an이 들어가지 않는 게 원칙이지만 들어가 있다. 또한 제목이 명사로 동사가 없다. 이는 심은경(캐슬린 스티븐스) 주한 미국 대사의 책을 소개한 서평 기사로 책의 제목이 가장 중요한 것이기 때문에 책 제목을 그대로 달아 강조한 것이다.

ex 06 Following photography from objectivity to humor

사진 전시회에서 느끼는 객관적 사실이 유머로 변하는 이유

……→ 이 제목도 동사 없이 한 구절을 제목으로 사용했다. 문화면 기사에서는 제목이 정형화되지 않은 경우 기사의 멋이 더 살아나는 경우가 있다.

ex 07 Admiral Yi Statue — to restore or to rebuild?

광화문에 있는 이순신 장군 동상 복원만 할 것이냐, 다시 제작할 것이냐?

……→ to restore or to rebuild?라고 하여 논쟁거리가 되고 있는 두 그룹의 의견을 포함했다. 또한 hyphen을 사용하여 불필요한 동사나 질문형에 필요한 is 등을 제외한 눈에 띄는 제목. 잘 알려진 시의 구절이나 인용문 등을 변형하면 아주 좋은 제목이 된다.

ex 08 VIPs prove fashion is a statement

VIP들은 패션이 성명서임을 증명했다

……→ (1) be 동사를 포함해 한 문장이 제목이 된다. 부정관사 a도 포함한다.

ex 09 Another Samsung shakeup?

삼성그룹에 또 인사 개편 있나?

……→ 정형화된 표현이면 Samsung plans shakeup again일 텐데, 아직 진행 중이고 확인이 안 된 것을 암시하기 위해 질문형으로 제목을 만들었다.

ex 10 Experience A to Z of local traditions: Korea House

한국의 고유 문화를 A에서 Z까지 코리아하우스에서 배우자

……▶ (1) 제목에 콜론(:) 표시가 나오고 (2) 동사 experience는 명령어로 독자에게 경험하라고 지시한다. Korea House가 한국 문화를 알 수 있는 가장 좋은 경험이라는 것을 강조하는 요법이다.

헤드라인에 자주 등장하는 어휘 100선

이제 헤드라인의 정형화된 틀을 이해함으로써 영자신문 읽기에 한층 자신감이 생겼으리라 믿는다. 여기에 다음 헤드라인 필수 어휘 100개를 익혀 둔다면 헤드라인을 풀이하는 실력이 급속도로 향상될 것이다. 이 어휘들은 〈코리아타임스〉뿐 아니라 전 세계에서 발행되는 영자신문에 빈번하게 등장하는 어휘이다.

1. air (= to broadcast) 방송하다
Multilingual radiocasts to air for interracial families
다문화 가정을 위한 다중 언어 라디오 방송 예정

2. accord (= to agree) 합의하다
S. Korea (is) seeking to amend nuclear accord with US
한국은 미국과 핵 협약을 수정 추진

3. aid (= to help, to support) 원조하다, 돕다
S. Korea to provide practical aid to war-torn Afghanistan
한국, 전쟁으로 폐허가 된 아프가니스탄에 실질적인 원조 예정

4. assail (= to criticize strongly) 맹렬히 비난하다
Lawmakers assail government for inadequately coping with private tutoring issues
국회의원들, 과외 문제에 부적절하게 대처하는 정부를 맹공격

5. axe (= to remove from a job) 해임하다

GNP demands Justice Min., Prosecutor-Gen. be axed

한나라당, 법무장관과 검찰총장 해임 요구

6. back (= to support) 지지하다

Turkey backs Seoul's troop dispatch

터키, 한국의 파병 지지

7. ban (= not to allow to do something) 금지하다

Government to ban candlelight rallies from April 2

정부, 4월 2일부터 촛불 시위 금지

8. bar (= to officially say that something must not be done) 거부하다

N. Korean stamp (is) barred from US stamp show

미국 우표박람회에서 북한 우표는 거부

9. bash (= to criticize) 비난하다

Korea bashes terrorists in Yemen

한국 정부, 예멘의 테러리스트를 맹비난

10. bid (= an attempt) 시도

SNU's bid for Japanese studies meets backlash from professors

서울대학교의 일본어학과 설치 시도, 교수들로부터 반발

SNU: 서울대학교(= Seoul National University)

11. blast (= an explosion) 폭발

1 (is) killed, 2 (are) seriously injured in SNU engineering lab blast

서울대 실험실 폭발 사고로 1명 사망, 2명 중상

12. blaze (= a big fire) 큰 화재

Deadly Incheon-blaze (is) caused by employees' playing with fire

인천 화재 참사의 원인은 직원의 불장난

13. boost (= to increase or to support) 증가하다, 상승하다

Majority of Koreans expect G20 summit to boost Korea's brand power

한국인 대부분이 G20 서울정상회담이 국가의 브랜드 파워를 높일 것으로 기대

14. brace for (= prepare for) 대비하다, 태세를 갖추다

Local firms brace for new accounting rule

국내 기업들, 새로운 회계 기준 대비

15. cite (= to mention; to give as a reason) 인용하다

Small firms cite Southeast Asia as key machinery export-market

중소기업, 동남아를 주요 기계 수출 시장으로 겨냥

16. chide (= to criticize strongly) 비난하다

Liberals chide conservatives as warmongers and traitors

진보주의자들은 보수주의자를 전쟁광 혹은 매국노로 맹비난

17. claim (= to declare to be true) 주장(하다)

Prime minister dismisses Japan's Dokdo claim

국무총리, 일본의 독도 주장을 일축

18. claim (= to kill) 생명을 앗아가다

Washing-machine accident claims 3rd child

세탁기 사고로 세 번째 아동 사망

19. clash (= to dispute, to collide) 충돌하다, 대립하다

Seoul, Jeju to clash for K-League title

서울과 제주 프로팀이 K리그 타이틀을 놓고 격돌

20. curb (= to limit; to control) 억제하다

Public-service charges to be curbed

공공요금 비용 인상 억제될 것

21. cut (= to reduce, to slash) 삭감하다

Korea to cut greenhouse-gas emission by 30%

한국, 온실가스 배출 30% 줄일 계획

22. defuse (= to ease or mitigate crisis) 긴장을 완화하다

President urges G20 to defuse currency war

대통령, G20 정상회담이 환율 전쟁의 긴장을 완화하기를 촉구

23. dim (= to become weaker) (전망 등이) 어두운

Sky-high oil prices (are) dim economic outlook

치솟은 유가가 경제 전망을 어둡게 해

24. drive (= to push for) 추진(하다), 캠페인

Democrats abroad to hold voter-registration drive

해외에 거주하는 민주당원들, 유권자 등록 운동을 전개 예정

25. dub (= to give a name or description to) ~라고 명명하다, 이름 붙이다

Korea (is) dubbed 'sweet spot' for foreigners

한국은 외국인들에게 '돈 벌리는 천국'으로 불려

26. due (= expected) 예정된

Seoul contest for food globalization (is) due today

한식 세계화를 위한 서울 대회 오늘 개막

27. ease (= to reduce or lessen) 완화하다

Rules on building factories to be eased

공장 건축 규제 완화 예정

28. eye (= to watch with interest; to have as a goal) 주시(하다)

Bank CEOs set eyes on overseas markets

은행장들, 해외 시장에 눈을 돌려

29. face (= if you face or are faced with a difficult situation, it is going to affect you and you must deal with it.) 직면하다

Chaebol face restructuring

재벌, 구조 조정에 직면

30. fault (= to criticize; to say someone or something is wrong) 잘못을 비난하다

1 in 2 college students faults Roh for loss of authority

                          대학생 절반, 노 대통령이 스스로 권위를 실추시킨 실책이 있다고

31. feud (= to dispute) 내분, 분쟁, 반목

Stem cell feud goes to Constitutional Court

                                            줄기세포 분쟁, 헌법재판소로 이관돼

32. fuel (= to, increase or become stronger) 부채질하다

DJ's move fuels realignment of political parties

                                          DJ의 행보가 정당들의 개편을 부채질

33. foil (= to prevent from succeeding) 저지하다

Man's attempt to smuggle gold (is) foiled by detector

                                                    금괴 밀수 시도, 탐지기에 발각

34. grip (= control; to take control of) 장악하다, 사로잡다

Fresh wave of Choi Ji-woo fever grips Japan

                                      최지우의 새로운 한류 열풍, 일본을 사로잡아

35. gut (= to destroy by fire) 화재로 태워버리다

Fire guts chemical plant in Ulsan

                                                      울산 화학 공장에 큰 화재

36. haunt (= to cause problems for someone over a long period of time) 괴롭히다, ~에게 끊임없이 붙어다니다

Excessive-drinking culture haunts college freshmen

                                    과도한 음주 문화가 대학 신입생들을 괴롭혀

37. heist (= theft) 강탈, 절도

Three (are) held over car heist

                                                          차량 절도로 3명 구금

38. helm (= a position of full control or authority in an organization) 지배적 지위

Women take helm of major shipping firms

여성이 대형 해상 운송 회사 경영권 장악

39. hike (= an increase) 인상

Steel-price hike troubles shipbuilders

철강 가격 인상이 조선업체들에게 부담

40. hint (= to suggest something in an indirect way) 암시하다

Central bank hints at rate hike

중앙은행이 금리 인상 암시

41. ink (= to sign) 서명하다

Korea, Saudi Arabia ink IT-cooperation contract

한국과 사우디, IT 협력 계약에 서명

42. irk (= to case to be angry or annoyed) 괴롭히다

Price of new-leukemia drug irks patients

백혈병 신약 가격이 환자들을 괴롭혀

43. key (= very important) 핵심이 되는, 매우 중요한

'Aftercare service (is) key for boosting foreign investment'

'사후 서비스가 외국인 투자를 늘리는 핵심'

44. lash (= to hit with a strong force) 강타하다

Heavy downpours lash Northeast

호우, 북동 지역 강타

45. lash out (= to criticize strongly) 맹비난하다

N. Korea lashes out at Japan, demands apology, reparations

북한, 일본 맹비난하면서 사과와 배상 요구

46. laud (= to praise; to say good things about) 칭찬하다

Ex-President lauds S-N summit

전직 대통령, 남북정상회담 치하

47. launch (= to start or begin) 시작하다, 착수하다

Busan launches web site to help foreign settlement

부산시는 외국인들의 정착을 돕기 위한 웹사이트 개설

48. link (= to connect; connection) 연결하다, 연계하다

92 percent of economy (is) linked to external trade

한국 경제의 92%가 해외 무역에 연계됨

49. loom (= expected in the near feature) 임박하다

Battle looms over 50-inch TV market

50인치 TV 시장에서 경쟁 임박

50. mull (= to think carefully about; to consider) 심사숙고하다

Five nations (are) mulling pressure on North Korea: NYT

6자회담 5개국 북한에 대한 압박 고려 중: *New York Times*

51. nab (= to capture; to arrest) 체포하다

Suspected serial killer (is) nabbed

연쇄살인 용의자 체포

52. net (= to capture; to take possession of) 잡다

Police net two suspects in teacher's murder

경찰, 교사 살해자로 두 용의자 체포

53. nod (= approval) 승인

Taxi firms get nod for part-time drivers

택시 회사들은 시간제 운전사 채용을 허용 받아

54. opt (= to choose; to decide on) 선택하다

More Koreans opt for 'staycation'

더 많은 한국인들이 '집에 머무는 휴가'를 선택

staycation ☞ stay(머무르다)와 vacation(휴가)의 합성어

55. oust (= to force out of a position, competition, etc.) 축출하다

Ailing chaebol units to be ousted

부실한 재벌 회사들은 퇴출당할 것

56. pact (= an agreement) 협정

Implementation of NK–US nuclear pact still (is) uncertain

북한–미국의 핵 협정 이행은 아직도 불확실

57. plea (= a request) 호소

Public (is) lukewarm to Red Cross plea for NK aid

대한적십자사의 북한 원조 호소에 일반 시민 미온적 반응

58. pledge (= a serious promise) 다짐(하다)

Korea, Japan, China pledge to cooperate in environment area

한·중·일, 환경 분야에서 협력 다짐

59. poised (= ready; about to achieve) 준비된

Some 10 US firms (are) poised to enter North Korea

미국 기업 10곳, 북한에 진출할 준비 갖춰

60. poll (= an election) 조사, 선거

77 percent backs five–day work week: poll

77%가 주 5일 근무 제도 지지: 여론 조사

61. post (= a job or position) 직위, 자리

Cheju Governor Woo loses post for election–law violation

우근민 제주지사직 상실

62. probe (= to investigate; an investigation) 수사(하다)

Kookmin Bank faces tax probe

국민은행, 세무 조사 받아

63. prompt (= to cause) 초래하다

High temperature to prompt early bloom of cherry flowers

높은 기온으로 벚꽃 만개 빨라져

64. rage(= to burn out of control) 급속히 번지다

Fires rage on due to dry spell

건조한 날씨로 인해 산불이 급속히 번지고 있다

65. rage(= to continue with a lot of force, violence or anger) 기승을 부리다

Food-poisoning cases rage in Daegu

식중독 사건, 대구에서 기승

66. reel (= to feel very shocked or upset about something) 휘청거리다

Banks (are) reeling from economic downturn

은행들, 경기 침체로 휘청거리는 중

67. rock (= to shock; to surprise) 놀라게 하다, 충격을 주다

Earthquake from Japan rocks Korea nationwide

일본 강진으로 전국이 '흔들'

68. rout (= to defeat completely or by a large amount) 패주시키다, 무찌르다

Korea routs UAE 3-0 for 4th straight win

한국, UAE 3 대 0 격파로 4연승 행진

69. row (= quarrel; a serious disagreement) 소동, 다툼

President appeals for ending beef row

이 대통령, 쇠고기 분쟁의 종식을 호소

70. rule (= to make a decision (especially in a court or a regulating agency) 판결하다

Verbal abuse (is) ruled as cause of divorce

욕설은 이혼 사유가 된다는 판결이 내려져

71. rule out (= not to consider as a possibility) 배제하다

North Korea rules out direct talks with South

북한, 남한과 직접 대화 거부

72. sack (= to dismiss from a job) 해고하다

Over 15 percent of workers (were) sacked last year

지난해 근로자의 15%가 해고당해

73. scam (= a clever and dishonest plan for making money) 사기

Email scam targets local customers of foreign banks

이메일 사기 대상은 외국 은행의 국내 고객들

74. set (= ready; decided on) 준비된

BOK (is) set to freeze call rate

한국은행, 콜금리 동결 태세

75. shun (= to avoid someone or something) (기)피하다

Public-company employees shun promotions

공기업 직원들, 승진 기피

76. slam (= to criticize someone very strongly) 강하게 비난하다

Police (are) slammed for losing track of fake banknotes

경찰, 위조 지폐 추적에 실패해 비난 받아

77. slay (= to kill someone or something in a war or fight) 죽이다, 살해하다

Ex-con confesses to slaying of 2 women

전과자, 여성 두 명 살해 사실 털어놔

78. snag (= a problem or difficulty) 어려움, 난관

Digital-textbook plan hits snag

디지털 교과서 계획이 난관에 봉착

79. snub (= to pay no attention to; to refuse to accept something) 무시하다, 외면하다

Local drivers snub hybrid vehicles

국내 운전기사들은 하이브리드 자동차 외면

80. soar (= to rise rapidly) 치솟다, 급등(급증)하다

Overseas trips soar as economy rebounds

경제 회복으로 해외 여행 급증

81. split (= to divide or become divided) 나누다, 분리하다

Citizens (are) split over arrest of Minerva

미네르바 구속을 둘러싸고 시민들 분열

82. spook (= to frighten or become frightened) 겁주다

Disclosure of costs spooks refiners

비용 공개가 정유사들을 긴장시켜

83. stalemate (= a disagreement that can't be solved) 교착상태

Political stalemate erodes growth potential

정치적 대치 상태가 성장 잠재력 좀먹어

84. stall (= to delay or make things wait; to stop making progress) 지연시키다(지연되다)

NK nuke talks (are) stalling ahead of US election

북한 핵회담, 미국 대통령 선거 앞두고 지지부진

85. stance (= the opinions that someone has about something; position) 입장

Beijing backs Seoul's nuclear stance

중국 정부, 한국의 핵회담 입장 지지

86. stem (= to stop something from spreading or increasing) 저지하다

Red Cross Blood Center improves safety to stem blood crisis

적십자 혈액원, 혈액 위기 막을 안전 조치 개선

87. sway (= to influence or persuade) 영향력, (뒤)흔들다

Park Geun-hye's choice to sway presidential race

박근혜의 선택이 대선 경쟁의 방향추 역할

88. swindle (= a situation in which someone cheats someone in order to get money or property) 사기, 속이다
1 out of 5 N. Korean defectors (is) swindled

                                                    탈북자 5명 중 1명은 사기당해

89. thwart (= to prevent from being successful) 좌절시키다
Defector's bid to visit US (is) thwarted again

                                              귀순자 황장엽의 방미 요청 다시 좌절

90. tie (= relationship; strong connection) 관계
Korea, Russia cement ties on gas project

                                           한국, 러시아 가스 프로젝트 제휴 강화

91. tip (= to say in advance) 조언
Travelers to be given safety tips at airport

                                       해외 여행자들은 공항에서 안전 수칙 받을 예정

92. trigger (= to make something happen; to cause someone to say or do something) 유발하다
Mercury triggers premature birth

                                                       수은이 조산早産 유발

93. trim (= to cut or reduce) 삭감하다
LG, Samsung to trim overseas operations

                                           LG, 삼성, 해외 영업을 줄이기로

94. urge (= to advise someone very strongly about what action or attitude they should take) 촉구하다
Diplomats (are) urged to have salesman spirit

                                    외교관들은 세일즈맨 정신을 가지라고 촉구 받아

95. vie (= to compete with other people for something that is difficult to get) 경쟁하다

International call-service providers vie for rate cut

국제 전화 요금 인하 경쟁

96. void (= to make something no longer legal or effective) 무효의

'Will without seal is void'

'날인 없는 유언은 무효'

97. vow (= a serious promise; to make a serious promise) 다짐(하다)

Obama vows to stop nukes in N. Korea, Iran

오바마는 북한과 이란의 핵 개발을 중단시키겠다고 다짐

98. weigh (= to consider all the aspects of situation) 비중을 두다

New international school weighs academic scores most

새 국제학교는 학력에 가장 큰 비중을 둬

99. woo (= to try to persuade people to support you) 구애하다

Motors (are) all out to woo customers with new brands

신차로 고객 사로잡기 총력전

100. yield (= to produce something useful; to make a profit) 생산(하다), 산출(하다)

Korea records highest rice yields per unit area in Orient this year

한국의 금년도 단위 면적당 쌀 생산량, 동양에서 최고치 기록

>>>>> **실전 문제**

자신감을 가지고 헤드라인 읽기에 도전해 보자. 영작 실력 향상을 위해 한국어 헤드라인을 다시 영어 제목으로 바꾸는 연습도 해 보자.

1. NK airs video of heir-apparent Kim Jong-un

2. Blast kills 4 students

3. Blaze destroys 30 buildings

4. Hyundai Motor cites labor unrest for shutdown

5. Man claims ghost sighting

6. Busan police told to thwart teachers' plan to rally in city

7. Movie industry split over rating system

8. Fake policemen held after $5 million swindle

9. 27-hole golf course set to open in Pattaya

10. Teheran vows to go on with nuclear work

11. Seoul mulls aid to Haiti

12. Taiwan stems departure of experts to China

13. Battle ends in stalemate

14. Tsunami prediction spooks island voters

15. Early retirement plan for teachers hits snag

* **정답: 1.** 북한, 김정일 후계자인 김정은의 비디오 방송 **2.** 폭발로 인해 학생 4명 사망 **3.** 화재로 인해 30개 빌딩이 파괴돼 **4.** 현대자동차, 노조와 마찰로 인해 공장 폐쇄 감행 **5.** 어떤 남자가 귀신을 목격했다고 주장 **6.** 부산 경찰, 시내 교직자의 항의 집회를 저지하라고 지시받아 **7.** 등급제로 인해 영화계 분열 **8.** 가짜 경찰관이 500만 달러 사기로 구금돼 **9.** 파타야에 27홀 골프장 개장 예정 **10.** 이란이 핵무기 개발을 계속할 것이라 결의 **11.** 한국은 아이티에 원조 고려 **12.** 타이완, 전문가가 중국으로 출국하는 것을 저지 **13.** 전쟁 합의 없이 종료 **14.** 쓰나미 경보, 섬 투표자들 놀래켜 **15.** 교사 조기 퇴직 계획 난항

어처구니없는 실수로 큰 문제가 될 수 있는 헤드라인

1. make public과 make pubic: 공표하다에서 public에서 l이 빠지면 음부를 만든다는 뜻이 된다.

2. Cold war와 Cod war: 냉전과 대구 전쟁이라는 엄청난 차이가 있다.

3. Red Devil's first victory in the 2007 Asian Cup qualifier

☞ S. Korea's first victory in the 2007 Asian Cup qualifier

Red Devil은 한국팀 응원단을 지칭한다. 즉 Red Devil's first victory in the 2007 Asian Cup qualifier는 한국 응원팀이 2007년 아시안컵 예선을 통과했다는 잘못된 표현이 되어 버린다.

4. moral hazard는 도덕적 해이를 의미하고 oral hazard는 말을 함부로 하여 손해 보는 현상을 뜻한다.

5. Erectile dysfunction drugs booming

☞ Erectile dysfunction treatment drugs sell well.

발기부전(을 증진하는) 약이 잘 팔린다. 발기부전을 치료하는 약이지 발기부전이 되도록 하는 약이 잘 팔릴 리 없다.

6. altar는 영안실, 추모실의 제단을 뜻하는 것인데, 잘못 써서 alter로 하면 변경change한다는 뜻이다.

ex) Altars for 46 sailors established nationwide. 숨진 수병 46명의 제단이 전국적으로 설치되다

7. North Korea policy와 North Korean policy. 전자는 남한의 대북 정책이고, 후자는 북한 당국의 정책이라는 뜻.

8. a high won-dollar rate(고환율)는 원화가 약세가 된다weak won는 뜻.

9. securities company는 증권 회사, security company는 경호 회사.

10. inter-party dispute는 여야 간의 불협화음. intra-party dispute는 당내 계파 간의 갈등을 말한다.

공식 3

리드 읽는 법

 핵심 포인트 리드를 압축해 놓은 것이 헤드라인이고, 헤드라인을 풀어놓은 것이 리드이다. 헤드라인과 리드는 마치 악어와 악어새처럼 공생 관계에 있다.

영자신문의 기사는 논문이나 전문 서적과는 달리 전통적으로 역피라미드 reverse pyramid 방식으로, 전하려는 메시지를 중요도 순으로 전개한다. 즉 편집상 기사 뒷부분을 잘라내도 내용을 알 수 있도록 기사를 작성한다.

영자신문 구독 시 1단계로 사진 기사를 숙지하고, 2단계로 기사의 헤드라인 읽는 법을 알고, 3단계로 기사의 리드, 즉 첫 문장 읽는 법을 독파하면 영자신문 읽기에 상당히 익숙해졌다고 할 수 있다. 또한 영작은 리드를 이용하여 연습하는 것이 가장 효과적이다.

리드 작성의 10가지 공식

① 기사의 첫 리드는 30~32단어가 원칙이다.

② 기사의 제목에 들어갈 키워드를 포함한다.

③ 불필요한 사람 이름, 지명, 숫자 등은 가급적 포함하지 않는다.

④ 리드의 주어에는 관계대명사 등의 사용을 자제하고, 가능한 한 짧게 쓴다.

⑤ 스트레이트 기사는 역피라미드형으로 작성한다.

⑥ 5W's + 1H(Who, Where, When, Why, What and How) 원칙으로 작성한다.

⑦ KISS(Keep It Simple and Short)와 ABC(Accuracy, Brevity, Clarity) 원칙으로 작성한다.

⑧ 사람 위주로 기사를 전개한다. 사고 시 부상, 사망자의 수 등이 리드에 나타나야 한다.

⑨ 리드는 1형식이 가장 좋다. who, if, what, that, when 등을 길게 늘이면 지루해진다.

⑩ feature 기사와 사설, 칼럼 등은 역피라미드 방식의 스트레이트 기사 원칙과 약간 다르지만 크게 보면 같은 맥락에서 작성된다.

리드는 왜 중요한가?

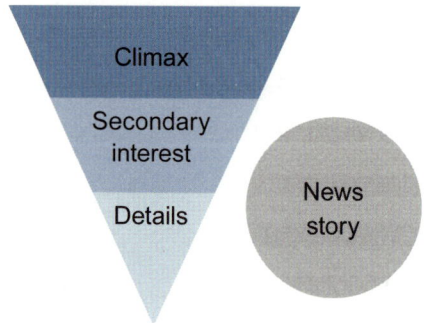

(1) 기사의 첫 문장을 숙지할 경우 기사 내용의 70%를 파악했다고 할 수 있다.
(2) 헤드라인과 리드의 연관성: 헤드라인은 리드를 요약한 것이다. 헤드라인을 보고 잘 이해가 안 될 때 리드를 보면 헤드라인의 뜻을 확실히 알 수 있다. 또한 리드를 읽고 이해가 안 될 때 헤드라인을 다시 한 번 보면 무슨 뜻인지 사전 없이도 알 수 있다.
(3) 국내 영자신문은 매일 100여 개의 내·외신 기사를 보도한다. 리드는 30~32단어가 원칙이다. 이론적으로 100여 개의 리드만 숙지하면 매일 3,000~4,000단어를 숙지할 수 있다. 대학 수능 시험 단어가 4,226단어이니 매일 기사 리드만 읽어도 수능 단어는 거의 숙지한다고 볼 수 있다. 기사 전체를 다 읽는 것이 힘들다면 하루에 10개의 리드만 읽어 보는 것도 효율적인 학습이다.

리드 작성의 10가지 공식

좋은 기사는 좋은 리드, 즉 첫 문장에서 결정 난다. 리드 작성의 공식 10가지를 잘 파악하면 영자신문을 통해 정보를 얻는 것 외에도 영어로 이메일이나 보고서를 작성하거나 대화를 나눌 때 자신이 전하려는 메시지의 포인트를 효율적으로 정리할 수 있다.

1. 기사의 첫 리드는 30~32단어가 원칙이다.

영자신문에서 독자가 지루하지 않게 메시지를 전달받는 데 30~32단어 정도가 가장 적당하다는 저널리즘 스쿨의 이론이 있다. AP 등의 기사 작성 지침서manual에서도 지적하고 있다.

ex A homosexual Filipino student is on the brink of expulsion from the Catholic University of Korea in Bucheon, Gyeonggi Province because of his sexual orientation.

……> 이 리드는 25단어로 구성되어 있어 32단어 미만의 원칙에 부합한다. 경기도 부천 소재 가톨릭대학교의 필리핀 유학생이 동성애자gay라는 이유로 퇴교당할 위험에 처해 있다는 내용이다. 이 리드만 읽어도 학생이 동성애자인 것이 무엇이 문제냐는 주장이 나올 것이고, 한국 학생은 여기에 불편함을 호소할 것이고, 우리나라 동성애자 그룹의 지지 성명이 있고, 학교 입장이 나올 것이고, 한국과 필리핀의 문화적 차이, 즉 한국에서 동성애 문화가 사회적으로 인정되고 있지 않음을 연상할 수 있다. 즉 25개 단어만 읽어도 기사의 70% 정도는 파악할 수 있는 것이다.

2. 기사의 제목에 들어갈 키워드가 포함되어야 한다.

편집자는 짧은 시간에 수많은 기사 제목을 달고 편집을 해야 하기에 기사 전체를 다 읽고 편집을 할 수가 없다. 따라서 리드에서 나오는 요지를 제목으로 단다. 이것은 기자와 편집자 사이의 신문 제작 암호인 셈이다.

ex Catholic University to expel gay Filipino

……⟩ 위 제목은 '가톨릭대학교는 동성애자를 추방하려 한다'라고 해석할 수 있다. 즉 리드에서 Catholic University가 나왔고, expel은 expulsion의 동사이며, homosexual은 gay라는 용어로 변형한 것이다. 제목은 리드의 키워드를 사용하였고 제목과 리드의 단어 반복으로 인한 지루함을 없애고 신선함을 주기 위해 on the brink of expulsion을 expel로 바꾸었다. 대학이 추방하는 대상은 대부분 학생이기에 gay Filipino에 student를 굳이 쓰지 않았다. 만약 기사에 나오는 인물이 교수였다면 gay Filipino professor 정도로 제목을 달았을 것이다. 제목을 더 짧게 단다면 University to expel gay Filipino이다.

3. 불필요한 사람 이름, 지명, 숫자 등을 포함하지 않는다.
리드는 사건의 개요만 요약하는 것으로 덜 중요한 내용을 다 포함할 수 없다. 리드에 독자가 알 필요 없는 이름, 지명, 숫자 등을 길게 나열하여 지루하게 만들어서는 안 된다.

ex A homosexual Filipino student is on the brink of expulsion from the Catholic University of Korea in Bucheon, Gyeonggi Province because of his sexual orientation.

……⟩ 동성애자 학생의 이름보다 필리핀 학생이라는 표현을 하여 독자들의 관심을 극대화하고, 당사자의 인권을 고려하였다. 또한 여기서 Bucheon이 경기도라는 것은 대부분 알기 때문에 더 짧게 쓰려면 Gyeonggi province를 삭제해도 무방하다. 외국인은 대부분 서울 정도밖에 한국의 지명을 모르기 때문에 전 세계인이 읽는 점을 감안하여 in Bucheon near Seoul로 하면 더욱 배려 있고 명확한 표현이 될 것이다. 부천이 경기도에 있다는 것은 이 기사에서 그리 중요하지 않다.

4. 리드의 주어에는 관계대명사등의 사용을 자제하고, 가능한 한 짧게 쓴다.

ex A homosexual Filipino Student

……▷ 리드 문장의 주어를 네 단어로 짧게 썼다.

5. 첫 문장인 리드는 사실을 열거하고, 두 번째 문장은 리드의 내용에 의미를 부여하여 이 기사가 왜 중요한지 해석해 준다.

독자는 기사의 첫 문단을 읽고 이 기사를 계속 읽을 것인지 다른 기사로 넘어갈 것인지를 결정한다. 그래서 두 번째 문장에서는 이 기사가 이런 이유로 중요하다는 의미를 부여하여 독자의 관심을 높인다.

ex Fellow students and residents at the school's male dormitory had complained to the school about the 24-year-old graduate student, who has been enrolled there since September. Students claimed they were uncomfortable around him, and even accused him of using the ladies' bathroom.

……▷ 이 문장은 리드에 의미를 부여하고 독자에게 좀 더 자세한 설명을 해줌으로써 긴장도를 높여 독자가 계속 집중하도록 한다. 이 학생이 24세이고, 대학원생이고, 한국 학생과 같이 기숙사 생활을 하고, 9월에 입학했다는 사실을 알려준다. 추방하려는 이유는 이 학생이 남자 기숙사에서 동성애 행태를 보여 다른 학생들이 불편을 겪었고, 여자 화장실을 쓴다는 주장까지 나오고 있기 때문이다. 다만 이것은 한국 학생의 주장으로 다음 문장에서는 이 유학생의 입장을 설명하는 내용이 나올 것을 암시한다.

6. 스트레이트 기사는 역피라미드형으로 작성한다. 즉 세 번째 문장부터는 첫 번째 문장인 리드의 내용을 설명하는 내용으로 전개한다.

ex In an interview with The Korea Times, the Filipino student vehemently denied those claims. He declined to have his name published for fear of negative repercussions from the school.

……> 다시 이 기사를 정리하면, 리드에는 동성애자 필리핀 학생 추방 위기, 두 번째 문장은 한국 학생의 불만 주장, 세 번째 문장에서는 필리핀 학생의 반박이 나온다. 이 유학생은 모든 한국 학생의 주장을 강력하게 부정했으며 학교 내에서의 파장을 고려하여 본인 이름이 알려지는 것을 원하지 않았다는 내용이다. 또한 in an interview with The Korea Times를 씀으로써 〈코리아타임스〉가 직접 취재했고 특종이라는 암시를 하고 있다.

7. 5W's + 1H 원칙(Who, Where, When, Why, What and How)으로 작성한다.

어느 기사나 누가who, 어디서where, 언제when, 왜why, 무엇을what 어떻게how가 들어가야 한다. 이는 이메일, 보고서 또한 일상 대화에서도 중요한 포인트이다.

이 기사에서는 5W + 1H 원칙이 충실히 지켜지고 있다. 누가who는 가톨릭대학교나 a homosexual Filipino student이고, 어디서where는 the Catholic University of Korea in Bucheon, Gyeonggi Province, 언제when는 on the brink of expulsion 곧 추방에 직면해서라고 나타나 있고, 왜why는 because of his sexual orientation 성적인 성향 즉 gay라는 이유로, 무엇을what은 gay student이다. 또한 어떻게how는 추방expulsion 형태로 나타내고 있다.

8. KISS(Keep It Simple and Short)와 ABC(Accuracy, Brevity, Clarity) 원칙으로 작성한다.

리드는 간결하고simple 짧게short 작성하고, ABC(Accuracy, Brevity and Clarity), 정확accuracy하고, 간단명료brevity하며 내용이 추상적이지 않고 명확clarity해야 한다. 이 원칙은 이메일, 논문, 대화에서도 적용된다. 이메일이 추상적이고, 내용이 길고, 정확도가 떨어지면 상대방이 지루해 하고 무슨 메시지를 받았는지 기억하지 못한다.

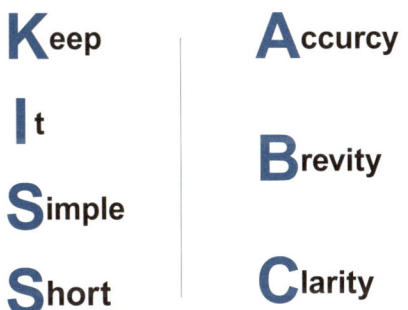

이 기사는 KISS와 ABC의 원칙이 비교적 잘 지켜졌다. 만약 (1) A 24-year-old Filipino graduate student whose identity was not made public을 주어로 표현했다면 리드에 너무 많은 내용을 포함하여 독자가 기사 요지를 파악하기가 어려웠을 것이며, (2) because of his sexual orientation을 as Korean students accused him of using a ladies' bathroom 등으로 썼다면 요지의 명확도가 떨어졌을 것이다.

9. 사람 위주로 기사를 전개한다. 즉 사고 시 몇 명이 부상·사망했는지가 리드에 나타나야 한다.

기사의 중심은 사람에 관련된 이야기이다. 따라서 사람이 어떤 행동을 했고, 어떤 발언을 했고, 어떤 영향을 받았는지가 기사 전체의 흐름을 지배해야 한다.

이 기사에서 the Catholic University of Korea in Bucheon, Gyeonggi Province is to expel a Filipino gay student라고 해도 틀리진 않지만 사람 위주로 기사를 전개하기 위해 A Filipino homosexual student로 쓰이고 있다.

10. 리드에서는 1형식이 가장 좋다. who, if, what, that, when 등을 길게 늘이면 지루해진다.

ex A Filipino homosexual student who enrolled in Catholic University of Korea in Bucheon, Gyeonggi Province, faces expulsion because his sexual orientation is unclear.

……➤ 여기서 who를 사용하고 because of보다 because라는 문장을 쓰면 기사가 길고 지루해진다. 주어는 한두 단어면 완벽하다.

feature 기사와 사설, 칼럼 등은 역피라미드 방식의 스트레이트 기사 원칙과 좀 다르나 크게 보면 같은 맥락에서 작성된다. 논설과 칼럼, 에세이 읽는 법은 chapter 7, 8에서 다룰 것이다.

리드 작성의 10가지 공식을 지키지 않은 예시

ex01 The Korean Bar Association, which has played a central role in legal circles in the country, has reached the 10,000-member level Monday.

한국의 법조계에서 중심적인 역할을 한 대한변호사협회의 회원 수가 월요일 1만 명을 넘었다.

수정 Members of the Korea Bar Association reached 10,000 Monday.

……➤ 리드는 1형식이 좋다. 리드에 불필요한 which 등이 나오면 눈에 거슬린다eye-sore. 또한 변호사협회가 한국 법조계에서 중심적인 역할을 한다는 것은(played a central role in legal circles in the country) 상식적인 이야기다. 리드에 이런 일반적인 내용은 쓸 필요가 없다.

ex02 The number of lawyers exceeded 10,000 this year, escalating the competition for legal services.

변호사 수가 1만 명을 넘어서 변호사 간에 경쟁이 심화되고 있다.

수정 Lawyers face escalating competition as their number exceeded 10,000 this month.

……➤ 변호사 간에 경쟁이 심화되었다. 그 이유는 이 달에 변호사 수가 1만 명이 늘었기 때문이다. 여기서 escalating the competition for legal service의 주어는 the number of lawyers인지 1만 명인지 불분명하다. 여기서는 앞 문장 전체를 의미하고 있는 것으로 이해할 수 있다. ~ing가 들어가는 분사구

는 가능하면 사용을 자제하고 문장의 주어와 일치하도록 사용해야 한다. 이는 독자에게 주어를 찾아보라고 지시하는 것이나 마찬가지이기 때문이다.

ex03 The manner in which questions are prepared for the College Scholastic Ability Test is to change from 2008.

대학 수능 시험 출제 방식이 2008년부터 바뀐다.

수정 Format for the College Scholastic Ability Test is to change from 2008.

……> 주어로 단어 13개가 사용되고 있다. 기사에 which 등을 불필요하게 포함하는 것을 자제해야 한다. 영어에 비해 한국어는 은유적이고 추상적이어서 직역을 하면 이런 현상이 생긴다.

ex04 Defense Minister Yoon Kwang-ung Friday urged the Ministry of Environment to loosen its environment standard for US bases here that are to be returned to South Korea for the "smooth process" of the U.S. base relocation.

금요일 윤광웅 국방장관은 한국으로 이전될 예정인 미군 기지 부지에 대한 환경 기준을 환경부에서 바꿔주도록 촉구했다. 이는 미군 기지 반환을 촉진하기 위해 필요하다고 했다.

수정 Defense Minister Yoon Kwang-ung wants the loosening of the environmental standard for US bases to facilitate their relocation to South Korea.

……> 국방부나 환경부나 같은 정부 부처를 모두 번역하지 않아도 된다. to be returned, to South Korea와 for the "smooth process" of the U.S. base relocation은 중복된 표현이다. 한국어로 쓰인 보도 자료를 영문 기사로 쓸 땐 영어적 사고가 필요하다. 즉 KISS(Keep It Simple and Short)에 충실해야 한다.

ex05 **President Lee Myung-bak is agonizing over four or five candidates for the next prime minister before making his final choice late this week.**

이명박 대통령은 이번 주말 최종 선정 전에 4~5명의 국무총리 후보를 두고 상당히 고심하고 있다.

수정 President Lee Myung-bak is reviewing four or five candidates for picking the new prime minister this week.

……→ agonizing over라는 표현은 꼭 기사에 쓸 필요가 없다. 대통령이 고심하는 걸 기자가 봤을 리도 없고, 독자에게 아무런 정보도 주지 않는다. 독자는 누가 후보인지를 알고 싶어 한다. 다른 정보가 없으면 President Lee Myung-bak is to name the new prime minister this week라고 쓰는 것이 더 기사에 가깝다. 이는 ABC(Accuracy, Brevity and Clarity) 중 기사의 명확성 clarity이 부족한 추상적인 리드이다. 한국어 보도자료나 연합뉴스 기사를 아무 생각 없이 번역하다 보면 이런 현상이 나온다.

ex06 **Controversy over rezoning Seoul's school districts has erupted again, with the government and the governing Uri Party discussing whether to integrate some of the districts as part of measures to curb rising apartment prices in southern Seoul.**

서울의 학군 재조정 시비가 다시 일고 있다. 정부와 여당은 강남의 아파트 투기 예방의 한 방편으로 서울시 일부 구의 학군을 조정을 할 것인가를 논의하고 있다.

수정 The governing camp began to discuss ways of integrating some of the Seoul's school districts as part of measures to curb rising apartment prices in southern Seoul.

……→ 모든 기사는 논란의 여지가 있다. 즉 controversial하다는 말은 divided만 써도 알 수 있다. 여기서 글의 명확성이 떨어진다. short and simple 원칙으로 접근해 보면 the government and the governing Uri Party라는 내용을 총체적으로 the governing camp로 표현하면 7단어를 3단어로 줄일 수 있다. whether to integrate some of school districts를 ways of integrating이라고

쓰면 더욱 문장을 매끄럽게 할 수 있다. 수정문은 단어 수가 30% 정도 줄어들어 더욱 단순 명료해졌다.

ex07 Seoul Monday made clear that it would minimize designation of countries, with which Korea has signed double taxation avoidance treaties, that are abused as refuges for avoiding tax by foreign investment fund.

월요일, 한국 정부는 외국계 투자 펀드가 조세 회피 지역으로 자주 사용하는 국가와 이중과세방지협정을 최대한 줄일 것을 확실히 했다.

수정 Korea will refrain from signing double taxation avoidance treaties as many foreign hedge funds exploit loopholes in tax havens.

……> 리드가 32단어를 훨씬 넘고 있다. 문장에 with, which 등이 들어가면 독자의 피로도가 높아진다.

ex08 With a series of tax probes targeting foreign companies and the government taking measures to levy tax on foreign funds, some have related them with anti-foreign sentiment and showed concern that it may drive out foreign direct investment.

국세청의 외국 기업에 대한 일련의 집중적인 세무 사찰과 정부가 외국 펀드에 대해 과세하는 방침을 정하자, 일부 인사는 이는 외국인에 대한 반감이 일어난 것을 반영하고 있다고 지적하면서 외국인 직접 투자 철수를 촉발할 수 있다고 우려를 표명했다.

수정 Concerns are growing that a series of recent tax audit on foreign firms and funds may fan anti-foreign sentiment and scare away foreign investors.

……> 직역을 하면 문장이 길어지고 불필요한 표현이 늘어난다. 독자가 기사를 읽다가 몇 번을 다시 처음으로 돌아가 읽어야 이해할 수 있다. 외국 기업을 정부가 집중 조사한다는 발언도 굉장히 주관적이고 증거가 없다. 또한 foreign direct investment와 foreign portfolio investment의 차이를 명확히

인식해야 한다. 외국인 직접 투자는 국내 지분 참여나 공장이나 사업체의 신설, 혹은 기존 사업체에 투자를 의미하고 portfolio investment는 주식이나 채권, 파생 상품에 투자하는 것으로 지분 전체나 일부를 취득하여 경영권에 참여하지 않는 투자를 의미한다.

ex09 Korea vowed Monday to contribute more financial resources and tailored technical assistance to help poor nations get out of the 'aid trap.'

월요일, 한국 정부는 대외 금융 원조를 늘리고 빈곤 국가를 각국의 실정에 맞추어 지원함으로써 이들 원조 수혜국이 원조 함정에 빠지지 않도록 할 것을 대외에 천명했다.

수정 Korea vowed Monday to expand loans and technical assistance, rather than food and materials, to help poor countries get out of the 'aid trap.'

……▸ contribute라면 누구에게 주는지가 명시되어야 한다. 그리고 aid trap이라는 용어가 리드의 키워드로 부각되려면 원조 수혜국에 먹고 입는 것만 주는 관행을 설명해 주어야 한다. 이 기사는 목표와 대상이 불분명하여 기사의 기본 원칙인 간결성과 명확성이 떨어진다.

aid trap: 원조 수혜국이 계속 지원만 받아 홀로서기를 못하는 경우 사용되는 용어.

ex10 Five Somali pirates that have been brought to Gimhae partly admitted their involvement in the hijacking of the 115,000-ton Samho Jewelry in the Arabian Sea on Jan. 15.

김해로 송환된 소말리아 해적 다섯 명이 지난 1월 15일 아라비안 해역에서 11,000톤급 삼호주얼리호를 납치한 것을 부분적으로 인정했다.

수정 Five Somalians partly admitted their involvement in the hijacking of the 11,5000-ton Samho Jewelry in the Arabian Sea on Jan. 15 during an investigation in Gimhae Sunday.

……▸ 주어로 Five Somali pirates와 hijacking을 중복 사용하고 있다. 또한

주어가 Five Somali pirates that have been brought to Gimhae로 9단어나 된다. 수정한 문장에서는 Five Somalians 두 단어로 짧게 하였다. 대신 '김해에서 조사 도중'이라는 표현을 써서 벌써 한국에 압송되었다는 사실을 암시했다. 날짜는 표기가 안 되어 Sunday로 표시하였다.

파워포인트 영문 제안서 작성은 헤드라인 작성 방법과 동일

TOEIC 등을 고득점하고 입사한 신입사원이라도 외국 바이어를 위한 프레젠테이션용 파워포인트를 작성해 보라고 하면 잠을 못 자고 고민하는 경우가 허다하다. 사실 영문 파워포인트 프레젠테이션은 작성 요령만 알고 한두 번 해 보면 일도 아니다.

먼저 프레젠테이션은 간결하고 명확한 내용으로 구성하는 것이 핵심이다. 발표자 입장에서는 말하고 싶은 것이 많다. 이것도 중요한 것 같고, 저것도 중요한 것 같지만 청중은 간결하고 명확한 내용을 기대한다. 청중의 입장에서 가장 중요하게 생각되는 핵심 내용 몇 가지만 선택하여 논리적으로 전개하는 것이 중요하다. 신문 기사 제목과 리드 작성법의 기본을 숙지하고, 사전을 잘 사용하면 회사에서 영문 파워포인트 프레젠테이션의 귀재로 소문날 수가 있다.

좋은 영문 파워포인트 제안서를 만드는 첫 번째 원칙은 제목과 단문의 소개 글로 구성하는 것이다. 신문의 헤드라인, 리드 정도의 짧은 영문을 써야 상대방에게 메시지가 확실히 전달된다. 한 주제당 20단어도 길다. 여기에 which, if, that, but 등 관계대명사를 사용하면 의미가 퇴색된다. 그래서 효과적인 키워드 선정이 핵심이다.

일단 자신이 발표할 내용을 국문으로 간단하게 작성한다. 이때 전달할 내용을 최대한 간결하게 압축한 문구로 표현한다. 이 책의 공식 2 헤드라인 읽는 법에서 익힌 내용을 토대로 발표자 본인이 헤드라인을 직접 작성한다고 생각해 보자. 이미 헤드라인 읽는 공식을 통해 시제에 대한 개념까지 터득했으므로 실전에 충분히 응용할 수가 있다.

파워포인트 작성이 어려운 사람은 다시 한 번 이 책의 헤드라인, 리드 작성 부분을 연구해 보자. 파워포인트는 신문보다 더 짧게 써야 효과적이다. 파워포인트 작성 방법은 기술이지 능력이 아니다.

아래 (3)항에서는 To generate 51 percent of revenue from exports 등으로 to를 사용했다. 이는 We, our company, will generate 51 percent of revenue from exports 라는 뜻으로 신문 제목에서 미래형을 to로 쓰는 것과 똑같은 이치이다. 이 제안서의 제목이 Rainbow Semiconductor Inc.이기 때문에, we 혹은 our company라는 단어도 모두 알 수 있기 때문에 삭제가 가능하다.

레인보우 반도체 장비 회사(Rainbow Semiconductor Inc.)

(1) 회사 연혁(company introduction):
▶ 설립(establishment): Founded in 1950 in Seoul
▶ 주주 구성(composition of shareholders): Koreans: 77%, foreigners 23%
▶ 매출(sales): 500 billion won

(2) 상품 구성(products)
반도체 장비(semiconductor equipment): 51%, 소프트웨어 프로그램(software program): 37% , 기타(others): 12%

(3) 회사 전략(corporate strategy)
▶ 수출 51% 이상(to generate 51 percent of revenue from exports)
▶ 반도체 장비 및 관련 소프트웨어 생산에만 집중(to focus on semiconductor equipment and related softwares as core competence)
▶ 회사 수익의 1%를 다문화 사회에 기부(to recycle 1 percent of income for helping the multicultural society).
▶ 종업원의 남녀 차별 금지(to pursue affirmative action in promotion, salary and other personnel policy)

(4) 회사 비전(corporate vision)
▶ 매 3년마다 회사 매출 두 배로(to double sales in every three years)
▶ 세계 반도체 장비 50위 안에 2025년까지 진입(to become one of the world's top 50 semiconductor makers by 2025), 현재 세계 랭킹 77위(Current global ranking at 77th)

이런 요지의 제안서를 만들고, 파워포인트 프로그램에 들어가서 위 내용을 페이지별로 넣으면 된다.

Rainbow Semiconductor Inc.

Company Introduction

- Establishment: Founded in 1950 in Seoul
- Composition of shareholders: Koreans: 77%, foreigners 23%
- Sales: 500 billion won

Products

- Semiconductor equipment 51%,
- Software program: 37%,
- Others: 12%

Corporate Strategy

- To generate 51 percent of revenue from exports
- To focus on semiconductor equipment and related softwares as core competence
- To recycle 1 percent of income for promoting the multicultural society
- To pursue affirmative action in promotion, salary and other personnel policy

Corporate Vision

- To double sales in every three years
- To become one of the world's top 50 semiconductor makers by 2025. Current global ranking at 77th

공식 4

짧은 기사 읽는 법

핵심 포인트 짧은 기사를 시작으로 본격적으로 긴 기사를 읽을 수 있는 능력을 기르자. 모든 기사를 다 읽으려고 하지 말고 관심 있는 기사에 집중한다.

헤드라인과 리드의 긴밀한 연관성을 이해한 뒤에는 본격적으로 기사 읽기의 호흡을 늘려가야 한다. 우선 흥미를 느끼는 주제를 선정해야 한다. 배경도 모르는 기사를 붙잡고 고생하다가 좌절할 수 있다. 처음 기사를 읽기 시작한 때는 리드보다 조금 긴 것을 선택한다.

리드 이후 각 단락이 전개되는 과정에서 앞에서 나온 주요 표현이나 용어들이 재등장하기 때문에 설령 낯선 표현이 나오더라도 당황하지 말고 이들 표현이 앞에서 나온 어떤 단어들을 지칭하고 있는 것인지 면밀하게 살펴본다. 주로 같은 표현이 다른 어휘로 바뀌어 나타나거나 대명사 또는 the가 붙은 새로운 표현 등으로 모습을 달리하여 나타난다. 이것이 영자신문 읽기에서 가장 중요한 포인트라고 할 수 있다. 이런 전개 방식만 파악하고 있으면 기사 읽기의 속도가 몰라보게 빨라지므로 짧은 기사를 시작으로 기사 읽기의 양을 점점 늘려가다 보면 자신감 또한 커질 것이다.

짧은 기사 읽기 10가지 공식

1. 스트레이트 기사는 짧은 기사건 긴 기사건 다섯 단락 원칙 five-paragraph formula하에 작성된다. 첫 번째 단락은 리드로 전개될 기사의 개요를 쓴다. 두 번째 단락은 리드를 부연 설명한다. 세 번째 단락은 첫 번째, 두 번째 단락에 대한 신뢰를 높이기 위해 관련 인사, 전문가의 인용을 한다. 네 번째 단락은 공구의 너트 nut같이 기사의 상징적 의미를 큰 맥락에서 이해시키는 내용을 포함한다. 다섯 번째 단락부터는 기타 주요 내용을 중요 순서(역피라미드 방식)로 부연 설명한다.
2. 스트레이트 기사가 아닌 feature 기사는 공식 1의 원칙에 구애 받지 않는다.
3. 헤드라인은 리드를 압축한 것이고 리드는 헤드라인을 풀어 쓴 것이다.
4. 리드에 5W's + 1H 원칙이 지켜졌나 확인한다.
5. 주어는 가능한 한 짧게 쓴다. 짧게 쓴 주어의 함축적인 의미를 분석해 본다.
6. 정관사 및 대명사가 지칭하는 것이 무엇인지 파악하도록 노력한다. 글의 흐름을 파악하는 데 핵심 요소이다.
7. 국문 신문 또는 뉴스 방송을 함께 접하는 습관을 들여라. 뉴스에 대한 배경을 쉽고 빠르게 알 수 있다.
8. 읽은 기사를 그대로 베껴 써본다. 창조는 모방에서 나온다.
9. 반복 기사화될 가능성 있는 것을 놓치지 않는다. 기사 자체가 반복 학습을 시켜 주기 때문이다.
10. 기사를 읽는 도중에 발견한 좋은 표현들은 따로 정리해 둔다.

스트레이트 기사의 다섯 단락 원칙

이제 스트레이트 기사의 표본이라고 할 수 있을 만큼 원칙에 입각하여 잘 작성된 기사를 통해 짧은 기사를 읽는 공식에 대해 구체적으로 알아보자. 스트레이트 기사에서는 다섯 단락 원칙을 중심으로 기사를 작성하기 때문에 이것만 알고 있으면 내용을 이해하기가 매우 쉬워진다.

공식 1 스트레이트 기사는 짧은 기사건 긴 기사건 다섯 단락 원칙하에 작성된다. 즉 기사의 첫 단락은 리드이며,

> The possible heirs of Egypt's uprising took to the streets Monday for pro-democracy movement in different corners of the Middle East.
> 이집트의 민중 봉기에 영향을 받은 다른 아랍인들이(The possible heirs of Egypt's uprising) 월요일 중동의 여러 나라에서(in different corners of the Middle East) 민주화 운동을 위해(for pro-democracy movement) 거리로 몰려나왔다(took to the streets).

두 번째 단락은 리드를 부연 설명한다.

> Iran's beleaguered opposition stormed back to central Tehran and came under a tear gas attack by police. Demonstrators faced rubber bullets and birdshot to demand more freedoms in the relatively wealthy Bahrain. And protesters pressed for the ouster of the ruler in poverty-drained Yemen.
> 이란의 사면초가에 몰린 야권은(Iran's beleaguered opposition) 테헤란 도심으로 돌아와 기습 시위하면서(stormed back to central Tehran and) 경찰들의 최루탄 공격을 받았다(came under a tear gas attack by police). 비교적 부유한 바레인에서는(in the relatively wealthy Bahrain) 더 많은 자유를 요구하는(to demand more freedoms) 시위대가

(Demonstrators) 고무탄과 산탄총에 맞섰다(faced rubber bullets and birdshot). 또 빈곤에 찌든 예멘에서는(in poverty-drained Yemen) 시위대들이 대통령을 추방하라고(for the ouster of the ruler) 압박을 가했다(pressed).

세 번째 단락은 첫 번째, 두 번째 단락에 대한 신뢰를 높이기 위해 전문가나 현장 인물의 코멘트를 인용한다.

"This isn't a one-size-fits-all thing," said Mustafa Alani, a regional analyst at the Gulf Research Center in Dubai. "Each place will interpret the fallout from Egypt in its own way and in its own context."
두바이 소재 걸프리서치센터의 무스타파 알라니 안보 전문가는(Mustafa Alani, a regional analyst at the Gulf Research Center in Dubai) "이것은 전 아랍권에 통용되는 사건이 아니다(This isn't a one-size-fits-all thing)"라면서 "각 나라는(Each place) 이집트 사태의 후유증을(the fallout from Egypt) 각자의 방식과 맥락으로(in its own way and in its own context) 해석할 것(will interpret)"이라고 말했다(said).

네 번째 단락은 공구의 너트같이 이 기사의 의미를 큰 맥락에서 이해시키는 내용을 포함한다.

The protests – all with critical interests for Washington – offer an important lesson about how groups across Middle East are absorbing the message from Cairo and tailoring it to their own aspirations.
미국의 지대한 관심사인(all with critical interests for Washington) 중동 지역의 이러한 시위들은(The protests) 전 중동 지역의 각 단체들이(groups across Middle East) 이집트 사태의 메시지를(the message from Cairo) 어떻게(how) 흡수하고(are absorbing) 그것을(it) 자신들의 열망에(to their own aspirations) 어떻게 짜맞추는가에(tailoring) 대한(about) 중요한 교훈을 제공하고 있다(offer an important lesson).

짧은 기사 읽는 법 117

다섯 번째 단락부터는 기타 주요 내용을 중요 순서(역피라미드 방식)대로 부연 설명한다.

공식 3 헤드라인은 리드를 압축한 것이고 리드는 헤드라인을 풀어 쓴 것이다.

> 헤드라인: Egyptian uprising sparks protest in other Arab countries
> 이집트 봉기 아랍권 국가들의 시위를 불 붙여
>
> 리드: The possible heirs of Egypt's uprising took to the streets Monday in different corners of the Middle East.
> 이집트의 민중 봉기에 영향을 받은 다른 아랍인들이 월요일 중동의 여러 나라에서 거리로 몰려나왔다.

……〉 여기서 보면 리드와 리드의 상관관계가 확연히 드러난다. 즉 헤드라인의 Egyptian uprising이 리드에서는 Egypt's uprising으로 변형되고, in other Arab countries의 헤드라인이 리드에서는 in different corners of the Middle East로 변형되고 있다. 또한 헤드라인의 sparks protest를 the possible heirs took to the streets로 풀어 쓰고 있다.

공식 4 리드에 5W's + 1H 원칙이 지켜졌나 확인한다.

> The possible heirs of Egypt's uprising took to the streets Monday for pro-democracy movement in different corners of the Middle East.
> who: The possible heirs(민중 봉기에 영향을 받은 다른 아랍인들이)
> where: in different corners of the Middle East(중동의 여러 나라에서)
> what: for pro-democracy movement(민주화 운동을 위해)
> when: Monday(월요일)
> why: Egypt's uprising(이집트의 민중 봉기에 영향을 받아)
> how: took to the streets(거리로 몰려나왔다)

공식 5 주어는 최대한 짧게 쓴다. 짧게 쓴 주어의 함축적 의미를 분석해 본다.

The possible heirs of Egypt's uprising이 주어인데, '이집트 민중 봉기의 가능성 있는 후계자'라고 해석하면 이해하기가 힘들다. 좀 더 생각을 해보면 '이집트의 민중 봉기에 영향을 받은 다른 아랍인들'로 해석할 수 있다. 주어를 되도록 짧게 쓰려고 노력한 흔적이다. 즉 Iranians, Yemenites, Bahrainis took to the streets apparently encouraged by Egyptians' uprising이라는 의미를 함축하여 짧게 쓰고 두 번째 단락에서 구체적으로 적시하고 있다.

공식 6 정관사 및 대명사가 지칭하는 것이 무엇인지 파악한다. 글의 흐름을 알 수 있는 핵심 요소이기 때문이다.

세 번째 단락의 This는 앞서 나온 Egypt's uprising을 대용하고 있다. 마찬가지로 또한 its는 each place 등을 지칭하고 있다. 네 번째 단락의 주어인 The protests는 여타 아랍 국가에서 일어난 uprising을 의미하는 것이다.

그러나 공식 2에서 제시한 바와 같이 스트레이트가 아닌 feature 기사는 공식 1에서 제시된 원칙에 구애 받지 않고 전개되는 경우도 많이 있다. 다음에 나오는 feature 기사들은 스트레이트 기사와 그 차이점이 확연히 구분된다.

국적 있는 신문

다음의 '신바람,' '국화,' '정' 등의 예시 기사는 오직 〈코리아 타임스〉 등 한국에서 발행되는 영자신문에서만 볼 수 있는 기사이다. *New York Times*나 *USA Today*를 봐도 이런 한국에 관한 기사는 찾아볼 수가 없다. 이런 기사를 통해서 한국인의 문화, 정서, 정신 등을 영어로 이해할 수가 있다.

아래 기사는 Shinpparam이라는 단어로 기사의 리드가 시작되고 있다. Shinpparam이 무엇인지 모르는 독자들을 위해 바로 다음에 신바람이 신선한 바람refreshing wind을 의미한다는 것을 서술해 준다. 이를 전달한 뒤로는 표현을 짧게 하기 위해 the wind 또는 this wind라는 표현을 신바람을 대용해서 쓰고 있다. 영어는 경제성의 원칙에 따라 가급적 짧은 언어로 의사 표현하는 것을 강조한다.

결국 짧은 기사 읽기에서 가장 핵심적으로 알아둘 것은 앞서 나온 표현을 다른 단어로 지칭하거나 대용하는 패턴이다. 이는 대명사 또는 정관사 the가 붙은 명사의 형태, 또는 보다 간결하게 축약된 표현으로 변형되어 나타난다.

What influenced Koreans?

Shinpparam culture

한국인에게 영향을 준 정신은 무엇인가?

신바람 문화

Shinpparam, literally refreshing wind, is likened to a breeze coming from the valley in the mountains.

문자 그대로 상큼한 바람을 말하는 신바람은(Shinpparam, literally refreshing wind) 산속의 계곡에서 불어오는(coming from the valley in the mountains) 바람으로 비유된다(is likened to a breeze).

When the wind blows, Koreans hum to themselves. They feel joy and a willingness to work. Koreans have vivid memories of feeling fresh and excited when they feel the wind around their face.

신바람이 나면(When the wind blows) 한국인은 흥겨워 콧노래를 부른다(Koreans hum to themselves). 또한 기쁨과 일할 의욕을 느낀다(They feel joy and a willingness to work). 한국인이라면 이 신바람이 계곡에서 불어와 얼굴에 스칠 때의(when they feel the wind around their face) 상큼한 느낌을 생생하게 갖고 있다(have vivid memories of feeling fresh and excited).

Under this mood, workers are ready to work and help others. This is called the cheer-up culture. Korean writer Chung Kyung-mo described the culture as the symbolic subconsciousness of the Koreans. In this wind, they dance joyfully, are ready to do anything assigned. This culture had also played a key role in rallying people for national development.

이러한 분위기 아래(Under this mood), 근로자들은 일을 하고 다른 사람들을 도울 준비를 한다(are ready to work and help others). 이것은 '힘내' 문화라고(cheer-up culture) 불린다(is called). 국내 작가인 정경모 씨는 이러한 문화를(the culture) 한국인의 상징적인 잠재의식으로(as the symbolic subconsciousness of the Koreans) 묘사했다(described). 이 신바람으로(In this wind), 한국인들은 즐겁게 춤추고(dance joyfully), 주어진 어떤 일도 할 준비가 된다(are ready to do anything assigned). 이 신바람 문화는(This culture) 또한 국가 발전을 위해(for national development) 사람들을 결집시키는(in rallying people) 중요한 역할을 했다(played a key role).

* 주: 신바람론이 박정희·전두환 대통령 시절 국민들에게 할 수 있다는 분위기를 고양시키기 위해 한국 정신 문화 학자를 통해 은밀히 만들어 낸 권위주의 시절의 인위적인 문화라는 주장이 있다.

다음의 짧은 기사를 통해 좀 더 알아보자. 기사의 제목이 국화national flower이므로 이에 대한 내용이 나올 것을 미리 짐작할 수 있다.

다음 각 단락에서 같은 뜻을 지닌 어휘들이 내용이 전개되는 과정에서 어떻게 다르게 쓰이는지를 눈여겨보자. 처음 언급했던 표현과 유사하지만 다른 형태로 자연스럽게 달라지는 것이 특징이므로 이를 반드시 잘 익혀두어야 한다. 이것은 작게는 각 단락의 문맥을 파악하고, 크게는 전체 기사의 대의를 파악하는 방법으로 읽기 능력을 향상시키는 키포인트이다.

National flower
국화

One of the greatest strengths of Koreans was their ability to maintain independence as a unified single nation on the peninsula for 1,300 years — from the era of the unified Shilla Kingdom until the Japanese occupation in 1910.

한국인의 위대한 장점 중에 하나는(One of the greatest strengths of Koreans) 신라 시대부터 일제강점기까지 1,300여 년에 걸쳐(for 1,300 years — from the era of the unified Shilla Kingdom until the Japanese occupation in 1910) 한반도의 단일 민족으로(as a unified single nation on the peninsula) 지내왔다는 점이다(was their ability to maintain independence).

Even under foreign influence, Koreans preserved their identity. Despite the overwhelming dominance of Chinese civilization, Koreans retained the unique characteristics of their culture. They kept a distinct lifestyle in such things as clothing, food, language and shelter.

외세의 지배하에 있을 때도(Even under foreign influence) 한국인은 국민적 정체성을 잃지 않았다(Koreans preserved their identity). 중국 문화의 영향하에서도(Despite the overwhelming dominance of Chinese civilization) 한국인은 흡수되거나 동화되지 않고 독특한 국민적 특성을 지켜 왔다(Koreans retained the unique characteristics of their culture). 예를 들면 의식주와 언어 측면에서(in such things as clothing, food, language and shelter) 독특함을 지켜왔다(kept a distinct lifestyle).

Former President Kim Dae-jung referred to this in his book "Prison Writings." He noted that people sometimes try to link this longevity to the national flower, called Mugunghwa. The name is literally translated into infinite flower. The flower is quite prolific with many buds breaking out in summer.

김대중 전 대통령은(Former President Kim Dae-jung) 《감옥 일기》라는 책에서(in his book "Prison Writings") 한국의 장수는 무궁화라는 국화와 관련 있다고(to link this longevity to the national flower) 역설했다(noted). 무궁화는(The name) '끝없이 지지 않는 꽃'이라고 번역된다(is literally translated into infinite flower). 무궁화는(The flower) 여름에 많은 꽃봉오리를 내면서 자라는 끈기가 있다(is quite prolific with many buds breaking out in summer).

At the same time, Koreans have proven themselves to be quite capable of assimilating others. In rural villages, southeast Asian women became Koreans after marriage to local men. The government has been active in promoting multicultural society.

동시에(At the same time) 한국인은 주변과 동화하는 장점도 있다(have proven themselves to be quite capable of assimilating others). 지금의 농촌을 보면(In rural villages) 많은 동남아시아 처녀가(southeast Asian women) 농촌 총각과 결혼을 하고 있다(became Koreans after marriage to local men). 정부는(The government) 다문화 사회 장려 정책을 쓰고 있다(has been active in promoting multicultural society).

Although foreigners already account for 2 percent of the total population, there is no racial tension or anti-immigration sentiment. Many foreigners agree that they can walk the streets at night without worrying about being attacked.

외국인이 국민의 2% 정도를 차지하고 있으나(Although foreigners already account for 2 percent of the total population) 아직까지 인종 간의 갈등이나 반이민 정서가 일어나지 않고 있다(there is no racial tension or anti-immigration sentiment). 많은 외국인이(Many foreigners) 한국은 밤에 길가를 걸어가도 범죄가 없는 안전지대라고 한다(can walk the streets at night without worrying about being attacked).

Anti-foreign sentiment is strong when Koreans feel their pride is hurt. But the same Koreans show magnanimity for foreigners from the developing Asian countries. There have been cases of harsh treatment by Koreans of foreign workers but Koreans generally harbor no hostile attitude toward foreigners.

한국인이 반외국인 정서를 보일 때는(Anti-foreign sentiment is strong) 자신의 자존심이 상했을 때다(when Koreans feel their pride is hurt). 그러나 외국인에 대한 관대함이(magnanimity for foreigners) 한국인의 기본적인 정서이다. 물론 외국인 노동자를 가혹하게 대하는 경우도 있지만(There have been cases of harsh treatment by Koreans of foreign workers) 한국인은 기본적으로 외국인에게 적대감을 가지고 있지 않다(but Koreans generally harbor no hostile attitude toward foreigners).

다음은 태극기에 대한 짧은 기사이다. 국기national flag가 주제이므로 이 표현이 내용 어딘가에서 변형되어 나올 것이라는 걸 미리 예측할 수 있다.

기사의 첫 단락을 보면 우리나라의 국기가 한국인의 이미지를 상징적으로 나타낸다고 말하고 있다. 이러한 글의 색채가 기사 곳곳에서 비슷한 어휘로 그 모습을 드러낸다.

National flag

태극기

The Korean national flag is typical of the image, spirit and way of thinking of Koreans. Koreans have been called the "white-clothed people" from ancient times.

한국의 국기(태극기)는(The Korean national flag) 한국민의 이미지, 정신, 그리고 사고방식을(of the image, spirit and way of thinking of Koreans) 상징적으로 나타낸다(is typical). 태곳적부터(from ancient times) 한국인은 하얀 옷을 입는 백의민족이라 했다(Koreans have been called the "white-clothed people").

The national flag's white background reflects ancient Koreans' penchant for white. White symbolizes the cleanliness of the people. The national flag was a symbolic rallying point for resistance during the Japanese colonial rule. It symbolizes the fact that Koreans have never invaded the other countries and that Koreans have never bowed to foreign invasion.

태극기의 바탕은 하얀색이며(The national flag's white background), 고대 한국인의 하얀색에 대한 애정을 표현한다(reflects ancient Koreans' penchant for white). 즉 백색은 한국민의 순결함, 깨끗함을 상징한다(White symbolizes the cleanliness of the people). 일제강점기에(during the Japanese colonial rule) 태극기는(The national flag) 한국인의 반식민지 저항 운동의 상징적인 집결 포인트가 되었다(was a symbolic rallying point for resistance). 태극기(백색)는 한국이 다른 국가를 침략한 적이 없고(Koreans have never invaded the other countries) 외세의 침략에 굴복하지 않았음을(Koreans have never bowed to foreign invasion) 상징한다(symbolizes).

아래 한恨 기사에서는 첫 리드의 Han이 나온 뒤 바로 그 뜻을 설명해 주지 않았다. 다음 문장이 시작되면서 그 의미가 쓰라림, 비통함을 나타내며 희망 없는 자기 체념(lingering bitterness, hopeless self-resignation)이라고 전달하고 있다.

"Han"
'한'

"Han" is not easy to translate into English. It refers to lingering bitterness, hopeless self-resignation.

'한'은 영어로 번역하기 힘든(is not easy to translate into English) 뉘앙스가 있다. 쓰라림, 비통함을(lingering bitterness) 나타내기도 하고 희망 없는 자기 체념을(hopeless self-resignation) 나타내기도 한다(refers to).

This culture prevailed when Korea was under foreign occupation. Koreans yearned for the day when they were freed from the yoke of Japanese colonial rule. Similarly, Koreans also lived under the influence of "Han" during the authoritarian regimes of Park Chung-hee and Chun Doo-hwan when their freedom was suppressed.

이런 체념 문화는(This culture) 외세의 지배하에 생긴 것이다(prevailed when Korea was under foreign occupation). 한국인은 일제강점기에 식민지 시대가 종료되는 날을 기다렸고(yearned for the day when they were freed from the yoke of Japanese colonial rule), 독재 정권 시절(during the authoritarian regimes) 자유를 억압당했을 때도(when their freedom was suppressed) '한'의 영향 아래(under the influence of "Han") 이런 사고에 젖어 있었다(also lived).

Korean shamanism and the "Pansori" style of singing are filled with "Han". This culture is the emotional opposite of "Shinpparam."

한국의 샤머니즘 그리고 '판소리'에도(Korean shamanism and the Pansori style of singing) '한'의 정신이 엿보인다(are filled with Han). 이 사고는(This culture) '신바람' 문화에 반대되는 감성적 의식 구조이다(is the emotional opposite of Shinpparam).

다음은 정情에 관한 기사이다. 앞서 다루었던 내용과 같은 방법으로 어휘 변환 과정을 살펴보면서 기사의 흐름을 포착해 나갈 수 있다. 이 기사 역시 '신바람 문화' 기사와 마찬가지로 Jeong culture 다음에 그것이 무엇을 뜻하는지 서술적 부연 설명이 바로 나온다. 또한 정을 묘사하는 비슷한 표현들이 많이 나오고 있다. 다시 한 번 눈여겨보면서 단락이 전개되는 과정에서 시야를 넓혀보기 바란다.

"Jeong"
'정'

For better or worse, the missionaries Korea sends around the world are a true product of the "Jeong" culture — kindhearted, sentimental and hoping to help those less fortunate.

긍정적이건 부정적이건(For better or worse) 한국의 목회자가 세계에서 선교 활동을 하는 것은(the missionaries Korea sends around the world) '정' 문화의 발현이다(are a true product of the "Jeong" culture). 즉 이 문화는 친절하고, 감성적이고, 운이 덜 좋은 사람을 도와주는 감성이다(kindhearted, sentimental and hoping to help those less fortunate).

The Korean word is also difficult to translate in English. It is understood as affection. It is sometimes illogical, irrational and embarrassing to

Westerners as its giver is one-sided without expecting anything.
정을 영어로 표현하기는 상당히 어렵다(is difficult to translate in English). 정이라는 게 비논리적이고, 비이성적이기에(illogical, irrational) 가끔 서양 사람들에게는 당황스럽기도 하다 (embarrassing to Westerners). 정은 상대방에게 무엇인가를 기대하지 않고 주는 감성이다 (its giver is one-sided without expecting anything).

It is quite different from love. The sentiment is shared among peers, is given from seniors to juniors, from parents to children.
사랑과 정의 의미에는 굉장히 큰 차이점이 있다(It is quite different from love). 정은(The sentiment) 동료 간에(among peers), 상사가 부하 직원에게(from seniors to juniors) 그리고 부모가 자식에게(from parents to children) 주는 감성이다.

Old Koreans are imbued with "Han" and "Jeong" cultures. These subconscious sentiments prevailed when Koreans lived in poverty, under foreign occupation and authoritarian regimes.
고대 한국의 문화는(Old Koreans) '한'과 '정'의 정서로 가득 차 있다(are imbued with "Han" and "Jeong" cultures). 잠재의식 속에 상존하는 이 감정은(These subconscious sentiments) 한국이 가난하게 살 때(when Koreans lived in poverty), 외세의 침범하에 또한 독재 정권하에 살 때(under foreign occupation and authoritarian regimes) 더욱 두드러졌다(prevailed).

짧은 기사 읽기의 마지막으로 홍익인간弘益人間에 대해 살펴보자. 이 기사에서 유사한 표현들을 각각 어떻게 연결시켰는지 스스로 찾아보자.

"Hongik Ingan" (Humanitarianism)
'홍익인간'

This Korean word — "Hongik Ingan" — means benefiting mankind or humanitarianism.

'홍익인간'은(This Korean word — "Hongik Ingan") 널리 인간을 이롭게 한다는 우리말이다(means benefiting mankind or humanitarianism).

This was the founding principle of ancient Korea and is the national motto.

이 정신은(This) 고대 한국의 건국 이념이었고(was the founding principle of ancient Korea) 현재도 국가의 모토이다(is the national motto).

Over the past six decades, the country has adopted an inward survival strategy.

지난 60년간(Over the past six decades) 한국은 혼자 살기에 정신이 없었던 내부 생존 전략을 써왔다(the country has adopted an inward survival strategy).

President Lee Myung-bak initiated a campaign to return the benefit Korea received to the developing countries.

이명박 대통령은(President Lee Myung-bak) 한국이 그동안 선진국으로부터 받은 이익을 이제 돌려줄 때가 되었다며(to return the benefit Korea received to the developing countries) 해외 원조 프로그램을 시작했다(initiated a campaign).

Korea joined the OECD donor country club and created a Korean version of the U.S. Peace Corps.

또한 한국은 OECD 해외공여국위원회에 가입했으며(joined the OECD donor country club) 미국의 Peace Corps와 같은 역할을 하는 해외봉사단을 창설했다(created a Korean version of the U.S. Peace Corps).

This is in line with the nation's economic power. This is Korea's commitment to promoting humanitarianism for the welfare of the mankind, especially those in the developing countries or non-G-20 countries.
이는 인류를, 특히 비G20 국가를 발전시키고(especially those in the developing countries or non-G-20 countries), 널리 이롭게 한다는 홍익인간의 개념과 같다(Korea's commitment to promoting humanitarianism for the welfare of the mankind).

중복 단어를 피한 예시

영문 기사를 작성하는 데 있어서 가장 중요한 기술 중 하나는 같은 단어 사용을 가급적 피해 글을 쓰는 것이다. 이것은 좋은 글을 쓰는 데 있어서 필수적으로 갖추어야 하는 매우 중요한 기술이다.

좋은 글은 표현이 신선하며 내용이 지루하지 않아야 한다. 군더더기가 없이 짧고 메시지가 강해야 독자들의 시선을 끌 수 있다. 이런 점에서 기사를 읽을 때 같은 단어를 어떠한 방식으로 다양하게 바꿔 쓰는지를 익혀두면 다양한 어휘력과 풍부한 표현력을 구사할 수 있다. 기사를 읽을 때에는 헤드라인에 따른 해당 기사의 핵심 메시지를 중심으로 다르게 나타나는 표현 양상에 주의를 기울이면 중복 단어 사용을 피할 수 있는 안목을 키울 수 있다.

다음 기사에서 살펴볼 중복 단어 배제의 예는 investigate(조사하다)와 prosecution(검찰)이다. 기사의 헤드라인을 Investigation opens over stem cell treatments라고 달았는데 수사(investigation)가 시작되었다(open)는 표

현을 (1) launched an investigation into (2) the probe ~ reviewed (3) Prosecutors ~ to determine 등으로 반복되지 않게 썼다. 또한 리드의 주어 The prosecution을 세 번째 단락에 가서는 prosecutors로 써서 변화를 주었다.

Investigation opens over stem cell treatments

줄기 세포 치료를 둘러싼 수사 착수

By Kim Tae-jong

The prosecution said Thursday it had (1) <u>launched an investigation</u> into allegations that RNL Bio, a biotechnology firm, and five of its partner clinics have been engaged in the illegal manufacturing of stem cell treatments and administering them to patients.

검찰은(The prosecution) 목요일 생명공학 회사인 RNL Bio와 다섯 개의 협력 클리닉이 불법 줄기세포 제조에 개입하여(have been engaged in the illegal manufacturing of stem cell treatments) 환자에게 시술했다는(administering them to patients) 주장에 대해 수사에 착수했다(launched an investigation into allegations).

(2) <u>The probe</u> came following a complaint filed by the Ministry of Health and Welfare, which reviewed the company's practices in cooperation with the Korea Food and Drug Administration (KFDA).

이 수사는(The probe) 보건복지부가 제출한 고소에(following a complaint filed by the Ministry of Health and Welfare) 따른 것인데(came), 검찰은 식품의약품안전청과 협력하여(in cooperation with the Korea Food and Drug Administration (KFDA)) 이 회사의 실태를 검토했다(reviewed the company's practices).

(3) <u>Prosecutors plan to determine</u> whether stem cell treatments are in the category of medicines defined by the authorities before taking any legal action. Any company seeking to sell medication must receive approval from the KFDA after conducting clinical tests.

검찰은(Prosecutors) 어떤 법적인 조치가 발효되기 이전에(before taking any legal action) 줄기세포 치료가 당국이 제정한 의료 범위에 속하는지에 대해(whether stem cell treatments are in the category of medicines defined by the authorities) 검토할 예정이다(plan to determine). 줄기세포 치료를 원하는 회사는(Any company seeking to sell medication) 임상 실험을 시행한 후(after conducting clinical tests) 식약청의 승인을 받아야만 한다 (must receive approval from the KFDA).

다음 기사는 사형제와 폐지라는 단어를 제외하면 다른 단어는 별로 쓰게 없다. 폐지라는 단어를 (1) abolishment, (2) scrapping, (3) phaseout, (4) discard, (5) elimination이라는 단어로 다양하게 사용한 점이 눈에 띈다. 또한 사형 제도를 (a) capital punishment, (b) against the system, (c) death penalty 등으로 각 문장마다 변화를 주었다.

Campaign starts to scrap death penalty

사형제 폐지를 위한 캠페인을 시작하다

Religious, human rights and civic groups Tuesday called for the government's (1) <u>abolishment</u> of (a) <u>capital punishment</u> and its signing a global treaty (b) <u>against the system</u>.

종교, 인권, 민간 단체는(Religious, human rights and civic groups) 화요일, 사형 제도를 철폐하고(abolishment of capital punishment), 사형제 철폐에 대한 국제 협약에 가입해야 한다고(its signing a global treaty against the system) 정부에 촉구했다(called for).

"The adoption of such a resolution by the United Nation High Commission for Human Rights would be an important milestone toward (2) the scrapping of the (c) death penalty," the Association for the (3) Phaseout of the Death Penalty, said.

"유엔 인권고등법무관실의 사형제 폐지에 대한 결의는(The adoption of such a resolution by the United Nation High Commission for Human Rights) 사형제 폐지에 대한 중요한 이정표를 제시했다"고(would be an important milestone toward the scrapping of the death penalty) 사형제 폐지를 위한 단체가 말했다(the Association for the Phaseout of the Death Penalty, said).

A total of 131 countries legally or practically (4) discarded the system.

현재 131개 국가가(A total of 131 countries) 법적으로나 실제적으로 사형제를 폐지했다(legally or practically (4) discarded the system).

(5) The elimination bill has been supported by 175 lawmakers and is pending at the National Assembly for approval.

사형제 폐지에 대한 국회 법안은(The elimination bill) 국회의원 175명의 지지를 받고 있고(has been supported by 175 lawmakers), 현재 국회 통과를 위해 계류 중이다(is pending at the National Assembly for approval).

다음 기사에서 보면 같은 의미의 식당을 여섯 가지로 변화시켜 표현하고 있다. (1) restaurant, (2) the newcomer, (3) another competitor, (4) the New York venture, (5) the new eatery, (6) the established businesses, (7) Korean bistro.

또한 한식의 세계화를 (a) globalize Korean cuisine, (b) promote "hansik," or Korean food, (c) "hansik" globalization, (d) globalizing "hansik," (e) to boost the general perception of hansik in the U.S.로 다양

하게 표현하였다. 음식점 주인을 (aa) restaurateurs, (bb) business owners, (cc) owner 등으로 사용한 점도 눈에 띈다.

이 기사는 음식점 주인의 반응을 맛으로 표현하여 기사의 풍미flavor를 높였다. 즉 a key item on its growing list of ingredients(한식의 세계화에 필요한 많은 음식 재료 중에 주요 재료다)를 쓰고, Not too tasty(별로 달갑지 않게 생각한다)를 '별로 맛없어 한다'로 쓴 표현을 눈여겨봐야 한다. 또한 많은 단어를 쓰지 않고도 강력한 메시지를 전달한다. 여러 음식점 주인의 말을 직접 인용해서 현장감을 더하기도 한다.

중복 단어 사용을 배제한다는 개념은 영문 기사를 읽는 독자로서는 기사를 보는 안목을 넓힐 수 있고, 동시에 영문을 작성할 때 글의 세련미를 더하는 기법을 익힐 수 있어 그 의미가 매우 크다.

'Too many Korean restaurants in NY'
Negative reactions to Seoul's Manhattan restaurant plan

'뉴욕에 한식당이 너무 많다'

한국 정부가 맨해튼에 국영 한식점을 차리려는 것에 부정적인 반응이 많다

By Jane Han

NEW YORK — The Korean government plans to open a mega (1) restaurant in downtown Manhattan next year, a key item on its growing list of ingredients to (a) globalize Korean cuisine. But how does the plan sound to existing (aa) restaurateurs? Not too tasty.

한국 정부는(The Korean government) 내년에 뉴욕 중심부 맨해튼에(in downtown Manhattan next year) 대규모 직영 한식점을 열려고 한다(plans to open a mega restaurant). 이것은 한식의 국제화에 필요한 많은 요인 중(on its growing list of ingredients to globalizing Korean cuisine) 중요한 한 아이템이다(a key item). 그러나 이런 국영 한식점을 열려는 계획이(the plan) 현재 민간 한국 음식점 주인에게는 어떻게 비춰질까(sound to existing restaurateurs)? 그렇게 달갑지는 않다(Not too tasty).

For many (bb) business owners, (2) the newcomer is seen as just (3) another competitor — only a lot bigger in size and scale.

많은 기존 한식당 주인들에게는(For many business owners) 새로운 국영 한식당은(the newcomer) 또 하나의 경쟁자일 뿐이다(is seen as just another competitor). 규모나 스케일 면에서 더 클 뿐이다(only a lot bigger in size and scale).

The government announced last month that it will invest 5 billion won ($4.4 million) to launch a 330-square-meter flagship Korean restaurant in Manhattan with up to 150 seats.

정부는(The government) 지난 달(last month) 330평의 150명을 수용할 수 있는 맨해튼 내 한인 식당을 개점하기 위해(to launch a 330-square-meter flagship Korean restaurant in Manhattan with up to 150 seats) 최고 50억 원(440만 달러)을 투자할 것이라고(will invest 5 billion won ($4.4 million)) 발표했다(announced).

If (4) the New York venture turns out successful, the Korean government plans to kick off a series of overseas restaurants as part of its efforts to (b) promote "hansik," or Korean food.

만약에 이 뉴욕 벤처 프로젝트가 성공하면(turns out successful), 정부는 한식 국제화의 일환으로(as part of its efforts to promote "hansik," or Korean food) 전세계에 많은 한식당을 열 계획이다(plans to kick off a series of overseas restaurants).

"We'll put significant emphasis on the flagship restaurant as it is highlighted as a central measure of our (c) "hansik" globalization plan next year," said an official of the Ministry of Food, Agriculture, Forestry and Fisheries.

농림수산식품부의 한 관계자는(an official of the Ministry of Food, Agriculture, Forestry and Fisheries) 이 주력 한식당에(on the flagship restaurant) 상당히 의미를 둔다고(will put significant emphasis) 얘기한다. 내년 한식 국제화 계획의 아주 중요한 대책 중 하나이기 (as a central measure of our hansik globalization plan next year) 때문이다.

(5) The new eatery will be an addition to the existing 20-some Korean restaurants in Manhattan, where names such as New York Kom Tang, Kang Suh Restaurant and KumGangSan have been around since the 1980s.

이 식당은(The new eatery) 현재 맨해튼에 있는 기존 20여 개의 한식당에 새롭게 추가되는 것이다(will be an addition to the existing 20-some Korean restaurants in Manhattan). 이 기존 식당들의 이름은 뉴욕곰탕, 강서면옥, 금강산 등인데, 이들은 1980년대부터 운영되어 왔다(have been around since the 1980s).

"There are already too many restaurants that have similar offerings," said Kim Yu-bong, (cc) owner of New York Kom Tang. "Hansik won't be globalized just because the government gets its hands on the restaurant business. What about all the existing restaurants? What have we been doing?"

뉴욕곰탕 주인 김유봉 씨는 "같은 종류의 한식당이 지금도 너무 많다(There are already too many restaurants that have similar offerings). 한식의 세계화는 정부가 한식당 사업을 한다고 되는 것이 아니다"라고 말하고(Hansik won't be globalized just because the government gets its hands on the restaurant business). "기존 식당으로 (한식의 세계화를) 하면 어떨까?(What about all the existing restaurants?) 현재 식당들은 영업이 잘되나?"(What have we been doing?) 등의 문제점을 제기한다.

He said more support should be given to (6) the established businesses since they're already familiar with the market and industry.

그는 "정부가 기존 식당에 대해 더 지원을 하면 (한식의 세계화가 더 잘) 된다(more support should be given to the established businesses). 이들은 시장과 업계 내용을 잘 알고 있기 때문이다"라고 말한다(since they're already familiar with the market and industry).

"I welcome the fact that the Korean government is channeling so much effort into (d) globalizing "hansik," but it should first direct its attention to the forerunning businesses and seeks ways to improve and help them," said another owner of a long-standing (7) Korean bistro in Manhattan, who didn't want to be named.

"나는 한국 정부가 한식의 세계화를 위해 많은 노력을 기울이는 것은(so much effort into globalizing hansik) 환영한다(welcome). 그러나 이런 노력이 현재 영업 중인 기존 업체에 집중되어야 하고(should first direct its attention to the forerunning businesses), 더 활성화할 수 있는 방법을 찾아야 한다(seeks ways to improve and help them)"고 신분을 밝히기를 꺼린(who didn't want to be named) 맨해튼에서 오랫동안 식당을 운영해 온 식당 주인은 말했다(said another owner of a long-standing Korean bistro in Manhattan).

"We've been around for more than 20 years. Does the government think we haven't tried all kinds of measures?" she added. "The New York restaurant scene is a fierce market to break into."

"우리는 20년 이상 영업을 해왔다(We've been around for more than 20 years). 우리가 (영업 신장, 한식 세계화를 위해) 할 수 있는 것은 다하지 않았겠느냐"고(Does the government think we haven't tried all kinds of measures?) 그녀는 반문한다. 또 뉴욕 식당가는(The New York restaurant scene) 뚫고 들어가기에는 경쟁이 너무 심하다고(a fierce market to break into) 말했다.

A majority of restaurateurs echoed the need for support and interest in the existing businesses, but some acknowledged that a governmental effort would (e) boost the general perception of Korean food in the U.S.
많은 음식점 주인들은(A majority of restaurateurs) 기존 식당에(in the existing businesses) 정부가 지원을 해야 한다는 주장을(the need for support and interest) 반복했다(echoed). 그러나 일부는(but some) 정부의 노력이(a governmental effort) 미국 내에서(in the U.S.) 한식의 일반적인 인식에 상당히 긍정적으로 작용할 것으로 기대한다(would boost the general perception of Korean food).

"If the government builds a luxurious bistro at a completely new level, it's probably going to help the image of hansik," said Lee Hee-sook, owner of BCD Tofu House. "It's going to be effective marketing for us minus the cost"
BCD 두부 음식점 주인 이희숙 씨는 "만약 정부가(If the government) 새로운 차원의 고급 음식점을 만들면(builds a luxurious bistro at a completely new level), 아마도 이것 자체가 한식에 대한 이미지를 제고시킬 것"이라(it's probably going to help the image of hansik)며 "우리에게는 돈 안 드는 효과적인 마케팅(effective marketing)이라고 본다"고 말했다.

중복 단어 사용을 배제하기 위한 연습

다음에 나오는 100개의 list는 〈코리아 타임스〉 2011년 1월 15일자에 나온 주요 단어의 비슷한 말을 정리한 것이다. 앞은 신문에 나온 단어이고 뒤에는 같은 뜻의 단어이다. 같은 뜻의 단어는 무엇인지 연상해 보고, 나만의 사전에 정리해 보자. 이런 습관을 들이면 passive words(알고 있으나 사용을 못하는 단어)를 active words(일상 생활에서 쉽게 툭툭 나오는 단어)로 만들 수 있다.

● 2011년 1월 15일자에 실린 단어와 자주 사용되는 다른 표현

번호	뜻	사용된 단어	정리한 동의어
1	포격	shelling	= bombing
2	북방 한계선	Northern Limit Line (NLL)	= northern maritime border
3	다시 돌아오다, 회담에 다시 참여하다	return to	= rejoin
4	재개	resumption	= restart, reopen
5	거절	rejection	= dismiss, snub
6	도발	provocation	= military attack, offense
7	완화하다	ease	= ratchet down
8	책임지다	account for	= take responsibility
9	강화하다	strengthen	= bolster, beef up, augment
10	정지해 있다, 교착상태에 있다	be at a standstill	= be in dormancy
11	비준	ratification	= approval, endorse
12	강한 동맹	staunch ally	= strong ally
13	생산적 대화	productive talks	= fruitful talks
14	발언	statement	= remark, comment
15	부동산	real estate	= property
16	경제 회복	economic recovery	= economy back to growth trajectory
17	금융 위기	financial crisis	= financial turmoil
18	생기다, 나타나다	emerge	= sprout up
19	생활 필수품	daily necessities	= daily essentials
20	작년 동기 대비	year–on–year	= compared with the same period of last year
21	동기	same period	= like period, corresponding period

22	물가 인상	price hike	= price increase, price raise, the raise in price, uptick in price
23	이런 상황	under the situation	= in this climate, under the circumstances
24	경기 하강	economic slowdown	= economic downturn, economic sluggishness
25	국민 총생산	gross national product	= GNP
26	고소하다	sue	= take legal action, litigation, bring someone to the court
27	명예 훼손	libel	= defamation
28	근거 없는 주장	groundless allegation	= rumor, the false claim
29	뿌리 뽑다	root out	= uproot, eliminate, get rid of, eradicate
30	조사하다	check	= look into, investigate, probe, examine
31	동료	colleague	= friends, associates
32	지명	nomination	= appointment, naming
33	갈등	rift	= feud
34	특혜를 받다	receive	= get preferential treatment, get favor
35	어려움	ordeals	= difficulties, sufferings
36	~에 집중, 헌신	devotion to	= dedication to
37	부정적 영향	negative influence	= negative fallout, negative impact
38	문제점이 있다, 의심스럽다, 미심쩍다	under question	= questionable, doubtful, skeptical
39	비난	accusation	= criticism, blame
40	서약, 약속	pledge	= commitment
41	세 배 증가(하다)	triple	= treble
42	~에 책임이 있다	be responsible for	= be accountable for, be answerable to

43	장애물	obstacle	= hindrance, block, impediment
44	고용하다	recruit	= hire
45	참가하다	participate in	= attend
46	줄이다	reduce	= slash, cut, trim
47	필요	need	= necessity
48	~에 지휘 받다	be subordinate to	= under the control of, under the supervision of, under the leadership of
49	계속적인	consecutive	= straight
50	전자 기기	electronic products	= electronic gadgets, electronic goods, electronic devices, digital devices
51	되돌려 보내다	send back	= turn over, repatriate, expel, deport
52	획득	acquire	= obtain
53	위반	violation	= breaking, trespassing
54	관심을 안 보이다	show little interest in	= turn a blind eye to, disinterested in
55	우후죽순처럼 생겨나다	mushroom	= increase suddenly and rapidly
56	무허가의	uncertified	= unlicensed, illegal, unauthorized
57	초보자	beginner	= starter, freshman, novice, amateur
58	외국인 노동자	migrant worker	= foreign worker, non-Korean worker, guest worker
59	눈을 찌푸리다	raise eyebrows	= be frowned upon
60	암시하다	hint at	= insinuate
61	이해하다	understand	= comprehend, get the picture
62	구제역	foot-and-mouth disease	= the contagious disease for four-legged animals
63	백신 접종하다	carry out vaccination	= vaccinate against

64	비상 대책	emergency measure	= emergency program, emergency action
65	뇌물	bribery	= kickback
66	~에 연루되다	be implicated in	= be entangled in, be involved in, be connected to, be linked to
67	개각	Cabinet reshuffle	= Cabinet shuffle, change of Cabinet lineup, replace Cabinet members
68	각료직	ministerial post	= Cabinet post, ministerial portfolio, Cabinet portfolio
69	활성화하다	energize	= revitalize, activate, stimulate
70	신구 조화	good balance of old and young	= good mix of old and young
71	소환하다	summon	= call in for questioning, call in for interrogation
72	안장되다	be laid to rest	= be buried, be interred
73	치료하다	cure	= heal
74	의구심	doubt	= suspicion, skepticism
75	가슴이 찢어질 정도의 슬픔	heart-breaking grief	= wrenching grief
76	관	coffin	= casket
77	여야 논쟁	partisan bickering	= partisan squabbling, inter-party dispute
78	~에 부응하다	meet	= live up to expectation
79	홍수	flooding	= downpour, severe(heavy) rainfall
80	부정부패 사건 재판	corruption trial	= trial for bribery-taking
81	수정하다	revise	= modify, change
82	재판	trial	= court proceeding
83	~이유로	because of	= due to, on the grounds of
84	사법부	judicial authorities	= the judiciary

#	한국어	영어	동의어
85	피하다	dodge	= evade
86	추진하다	press ahead with	= push for, push ahead with, seek to
87	제약회사	drug makers	= pharmaceutical companies
88	넘치다	exceed	= surpass
89	점진적 도입	phase in	= introduce on a step by step basis
90	떨어지다	fall	= slip, nosedive, decline
91	적	enemy	= adversary, foe, opponent
92	조작된, 사기성의	fraudulent	= fake, fabricated, concocted
93	옹호하다	advocate	= take a public stand on, campaign for, speak for
94	밝히다	unveil	= disclose, make public, reveal
95	폐지하다	abolish	= scrap
96	파면	firing	= dismissal, forced layoff, sacking
97	연금 지급	pension payout	= pension payment
98	발견하다	discover	= detect, found, uncover
99	가능하다	possible	= affordable, within one's reach, manageable
100	변경	change	= modification, rectification

잘못 사용되는 영어 표현

● Syndrome(신드롬)

김연아 신드롬, 박지성 신드롬, 소녀시대 신드롬, 한류 신드롬 등 모든 사회 현상에 대해 신드롬이라는 표현이 아무 생각 없이 남용되고 있다. Girls' Generation Syndrome이라는 말을 들으면 외국인들은 소녀시대가 무슨 병이 들거나, 스캔들에 말려들었나 하는 의문을 가질 것이다. sydrome은 부정적인 경향negative trend, 또는 상황situation을 지칭한다. mad cow syndrome같이 병적인 상황을 나타내는 표현에 syndrome을 사용한다. 김연아 신드롬이 아니라 김연아 Phenomenon이나 Fever가 정확한 표현이다.

● pro(프로)와 percentage(퍼센티지)

방송을 보면 한국 경제가 5프로 혹은 5퍼센티지 성장했다는 말을 들을 수 있다. 미국인에게 이런 말을 하면 못 알아듣는다. 정확히 말하면 percent이다. percent와 percentage의 차이도 알아야 한다. 한국 경제가 5 percent에서 7 percent로 성장했다면, 이는 2 percentage points가 더 성장한 것이다. 2 percent 더 성장했다 하면 5.01 percent 성장한 것이다.

● spurn(콧방귀 뀌다)과 sperm(정액)

데드라인 직전에 숨 가쁘게 기사를 쓰다 보면 비슷한 단어를 실수로 잘못 써서 뜻을 이상하게 만들어 버릴 수 있다. 예를 들어 North Korea spurns Seoul's proposal는 '북한이 서울의 제안에 콧방귀 뀌었다'라는 제목인데, spurn을 잘못 써서 sperm이라고 하면 North Korea sperms Seoul's proposal, 즉 북한이 남한의 제안에 정액(?)을 뿌렸다는 경악스런 내용이 된다. 신문 제작 과정 중의 실수로 그칠 수도 있지만, 만약 이런 내용이 잘못 나가면 해외 토픽감이 되는 기사다. 이런 단어는 많다. 예를 들면 벽화는 mural인데, moral로 쓰면 도덕적인이라는 뜻이 된다. couple은 쌍쌍을 얘기하는데, couples로 잘못 쓰면 몇 쌍의 남녀라는 내용이 된다.

- 한국어가 명사화되어 표현될 경우는

(1) 복수일 경우도 s를 쓰지 않는다. chaebols (X)

(2) 소문자로 쓴다. hallyu

(3) double quote를 한다. "hallyu"

- aria: 한 가수가 부르는 오페라 노래. opera aria라 하지 않는다.
- biannual, biennial: biannual은 1년에 두 번. biennial은 2년마다 열리는 것.
- 소년은 boy로 쓰지 young boy로 쓰지 않는다.
- Cabinet: 내각은 항상 대문자로 쓴다.
- Hawaiians는 하와이 원주민, Hawaii residents는 하와이 거주자
- 여성 표시는 woman을 사용하고, lady는 잘 쓰지 않는다.
- headquarter는 일반적으로 동사로 사용하지 않는다.
- salary는 정규직 임금, wage는 시간당 임금을 뜻한다.

공식 5

긴 기사 읽는 법

긴 기사 읽기를 통해 장문 독해의 노하우를 익혀라.

지금까지 사진 기사, 헤드라인, 리드, 짧은 기사 읽기 등 점진적인 과정을 거치며 영자신문 읽는 법을 익혀 왔다. 이 과정을 단계적으로 밟아 온 이유는 본격적인 긴 기사 읽기에 도전하기 전에 영어의 기초 체력을 강하게 만들기 위함이었다. 이 장에서는 정치, 경제, 사회, 금융 등 영자신문 각 면의 주요 메커니즘에 대해 알아본다.

긴 기사 읽기 10가지 공식

1. 모든 기사를 다 읽으려 하지 마라. 관심 있는 기사만 집중적으로 여러 번 읽어 본다. 국문 신문 보듯이 영자신문을 읽어야 한다. 대부분 입문자는 영자신문이 집에 배달되면 다 읽어야 한다는 강박관념을 갖는다. 그러다가 며칠 안 본 신문이 쌓이면 스트레스가 밀려온다. 이런 부담감을 버리고 영자신문도 국문 신문처럼 오늘 보고 싶은 것만 보고 버린다. 좋은 기사가 있으면 오려두는 clipping 것도 좋은 습관이다.

2. 한 기사를 처음부터 끝까지 전부 읽으려 하지 마라. 내용이 파악되면 중간에 다른 기사로 넘어갈 수 있다.

3. TV나 인터넷을 통해 알고 있는 정보와 영어로 쓴 기사의 차이점을 이해한다.

4. 헤드라인과 리드의 상관관계를 분석한다. 헤드라인에 모르는 단어가 나오면 리드를 읽어 보고 단어의 뜻을 유추한다. 헤드라인은 리드를 압축한 것이고, 리드는 헤드라인을 풀어놓은 것이다.

5. 기사는 역피라미드 방식으로 전개된다. 즉 기사에서 중요한 내용이 먼저 나온다. 기사를 읽다가 잘 이해가 안 가면 앞 문장을 다시 읽어 본다.

6. 모르는 단어는 사전을 찾지 않고 추론해 본다. 무슨 뜻인지만 알면 사전을 찾을 필요가 없다. 다음날 같은 단어가 다시 나온다.

7. 리드에 5W's + 1H 원칙이 지켜졌나 확인해 본다.

8. 꼭 필요한 영어 표현은 스마트폰 메모장 등에 정리하는 습관을 갖는다.

9. 크게 한번 읽어 본다. 더 나아가 본인이 읽은 것을 녹음해서 다시 한번 들어 본다.

10. 친구와 특정 기사를 함께 읽고 이메일이나 대화로 토론을 해 본다. 원어민 친구와도 같은 기사를 읽고 이야기해 보고, 발음 교정도 해 본다.

정치 기사 읽는 법

정치는 우리 사회 현상을 반영하는 살아 있는 움직임이다. 국회에서 싸우는 모습만 보면 식상하기 쉽지만 사실 여당과 야당은 격렬한 찬반 논쟁을 통해 결론을 도출하라고 유권자가 뽑아준 것이다. 국회에서 논쟁이 없다면 국회와 대의 정치의 의미가 없다. 정치 기사를 읽을 때, 왜 여야가 반대 의견으로 격돌하는지를 깊이 생각해 보면 더욱 흥미가 생긴다. 민주주의는 입법, 사법, 행정, 3각 축의 독립을 핵심으로 하고 있다. 이 세 그룹은 자기 그룹의 독립성을 지키면서 권한을 높이려고 항상 토론하고 때론 격렬하게 논쟁한다. 물론 문제점도 있다. 그러나 이 문제점을 극복하고 논쟁의 과정을 유심히 살펴보면 우리 사회의 현상을 그대로 반영하고 있음을 알 수 있다.

정치 기사는 영어 공부에 도움이 될 뿐 아니라 찬반 논리를 분석하는 데에도 좋은 교재이다. 요즘 정치 기자들은 국회에서의 토론이나 입법을 대결하는 현상만 기술해서 정치에 대한 국민의 혐오감만 부추기는 것 같아 안타깝다. 이 때문에 접근해서 독자가 정치면을 외면하지 않나 본다. 우리 사회의 모든 현상은 정치적 논쟁을 거쳐 수렴되는 과정임을 이해하면 정치면을 왜 읽어야 하는지 명확해진다. 또한 정치면의 용어는 예상 외로 제한되어 있어 습득이 가장 빠르고, 단기간에 성취감을 느낄 수 있다.

♠ 기사 미리 보기

Point 01 기사 제목에 quote가 들어갔다. 즉 어떤 발표 자료를 인용했다는 것이다. 'Reading styles have effect on leadership styles'(독서 습관이 지도자의 스타일에 영향을 준다)이라는 연구 논문 발표.

Point 02 epic tomes(장문의 대하소설)

Point 03 기사에 형용사를 대비하여 사용했다. 이명박 대통령을 **pragmatic reader**(실용적인 독서가), 노무현 대통령을 **insatiable reader**(호기심이 많은, 지칠 줄 모르는, 열정적인 독서가), 김대중 대통령을 **avid reader**(열성적인 독서가), **thorough**

reader(처음부터 끝까지 읽는 독서가)로 분류했고, 적재적소에 대통령의 이미지에 맞는 형용사를 사용했다. 기사 작성에서 형용사를 잘못 사용하면 내용이 주관적이 될 수도 있다. 형용사는 기사의 의미를 더 확실히 할 때 사용하고, 장식용이나 주관적인 해석을 야기할 수 있을 경우는 가능한 쓰지 않는다.

Point 04 is knowledgable about(무엇에 대해 박식하다)

Point 05 리드는 현직 대통령부터 과거의 대통령 순으로 배열하였으며, 리드와 제목의 중복을 피하기 위해 기사 작성에 고심했다.

Point 06 jargon-ridden(전문 용어가 많은), rumor-ridden(루머가 난무하는)

Point 07 future studies(미래학), futurology라는 단어가 어려울 수도 있으니 쉽게 future studies로 풀어 써서 독자가 되도록 사전을 찾아보지 않도록 배려한 점이 돋보인다.

Point 08 practical knowledge(실용 지식)와 adolescent years(청소년기)

Point 09 predecessor(전임자) 반대는 successor(후임자)

Point 10 Choi Jin, a presidential leadership expert who analyzed the reading styles of incumbent President Lee and his seven predecessors in the newly released book entitled "Reading Styles of Eight Presidents," argued that how the presidents spent their adolescent years and their reading styles have shaped their leadership styles later. 이 문장은 같은 내용을 반복하여 지루한 감이 있으니, who analyzed the reading styles of incumbent President Lee and his seven predecessors in the newly released book을 삭제해도 무방하다. 즉 Choi Jin, a presidential leadership expert and an author of a book titled Reading Styles of Eight Presidents, argued that how the presidents spent their adolescent years and their reading styles, have shaped their leadership styles later로 바꾸는 게 훨씬 세련된 표현이다. 기사는 30단어를 넘으면 독자에게 지루함을 준다. 가능한 한 KISS(Keep It Simple and Short) 전략이 바람직하다.

'Reading styles have effect on leadership styles'
'독서 습관이 대통령의 지도자 스타일에 영향을 준다'

By Kang Hyun-kyung

President Lee Myung-bak is a pragmatic reader who reads fast and prefers business-related books, particularly those written by Jack Welch and Peter Drucker, to fictions or epic tomes.
이명박 대통령은 책을 빨리 읽고(reads fast) 소설(fictions)이나 대하소설(epic tomes)보다 잭 웰치나 피터 드러커가 쓴 경영학 서적(business-related books)을 읽는 것을 선호하는 (prefers) 실용적인 독서가(pragmatic reader)이다.

His predecessor the late President Roh Moo-hyun was an insatiable reader who liked books across all genres, from epic stories and books on future studies to jargon-ridden technical books concerning yachts and yoga.
그의 전임자(predecessor)인 고(the late) 노무현 대통령은 대하소설(epic stories)과 미래학에 관한 서적(books on future studies)에서부터 요트나 요가에 관해(concerning yachts and yoga) 전문 용어가 많은(jargon-ridden) 기술서(technical books)에 이르기까지 모든 장르의 책을 좋아했던(liked books across all genres) 지칠 줄 모르는 독서광(an insatiable reader)이었다.

Choi Jin, a presidential leadership expert who analyzed the reading styles of incumbent President Lee and his seven predecessors in the newly released book entitled "Reading Styles of Eight Presidents," argued that how the presidents spent their adolescent years and their reading styles have shaped their leadership styles later.

이명박 대통령과 전임 대통령 7명의 독서 습관을 분석한(who analyzed the reading styles of incumbent President Lee and his seven predecessors) 대통령 리더십 전문가 최진 씨는(Choi Jin, a presidential leadership expert) 새로 발간된(newly released) 《8인 대통령의 독서법》이란 저서에서 청소년 시절(adolescent years)에 가진 독서 습관이 훗날 그들의 리더십 스타일에 영향을 미쳤다고(have shaped their leadership styles later) 주장했다.

"President Lee, who spent most of his childhood years selling goods at markets, attended a high school providing vocational training programs and majored in business administration in college, tends to read books that provide practical knowledge. His reading style has influenced him to be a pragmatic leader," Choi said in a press release.

최 씨는 보도자료에서(in a press release) "이 대통령은 어린 시절 대부분을(most of his childhood years) 시장에서 물건을 팔면서(selling goods at markets), 직업 훈련 프로그램(vocational training programs)을 제공하는 고등학교를 다니고, 대학에서 경영학을 전공했는데(majored in business administration in college), 주로 실용 지식을 제공하는(provide practical knowledge) 책을 읽는 편이었다. 이러한 독서 습관의 영향으로 이 대통령이 실용주의적인 지도자(a pragmatic leader)가 되었다"고 발표했다.

"Roh, who was curious and energetic, was a liberal reader who read all stories. While in office, Roh often took the initiative in conversations as he was knowledgeable and his aides had a hard time answering questions made by the former President."

"호기심이 많고 혈기왕성한(curious and energetic) 노 대통령은 모든 종류의 책을 좋아하는 진보적인 독서가(a liberal reader)였다. 현직에 있을 당시, 노 대통령은 모든 분야에 박식해(knowledgeable) 대화에서 주도권을 가졌고(took the initiative in conversations), 이로 인해 그의 보좌진(his aides)은 노 대통령의 질문(questions made by the former President)

에 대답하느라 어려운 시간을 보낸 적도 있다(had a hard time answering)

According to Choi, the late former President Kim Dae-jung was an avid reader who underlined and took notes and his serving six years in prison trained him to be a careful observer as well as a thorough reader.

최 씨에 의하면(According to Choi), 김대중 대통령은 책을 읽을 때 줄을 치고, 메모도 하는(underlined and took notes) 열성적인 독서광(an avid reader)이었으며, 6년간의 수감 생활은(his serving six years in prison) 그를 사려 깊은 관찰자(careful observer)일 뿐만 아니라(as well as) 왕성한 독서가(a thorough reader)로 만들었다고(trained) 한다.

President Park Chung-hee tended to read the same books over and over until he fully grasped the whole content, while analyzing and using logics to master them.

박정희 대통령은 본인이 전체를 이해할 때까지 같은 책을(until he fully grasped the whole content) 반복해서(over and over) 읽는 한편(while), 책을 분석하고 논리를 사용해(analyzing and using logics) 이를 완전히 습득하려(master) 했다.

Choi said through books, the Presidents set great figures as their role models and that affected their way of managing the nation.

최 씨는 역대 대통령들이 책을 통해(through books) 위대한 인물들(great figures)을 자신의 롤모델로 삼았으며, 이것이 그들의 국정 운영 방식에 영향을 끼쳤다(affected their way of managing the nation)고 밝혔다(said).

"Lee set the late business tycoon Chung Ju-yung, the founder of Hyundai Group, as his role model, whereas for Roh, it was Abraham Lincoln. Former South African leader Nelson Mandela was Kim Dae-jung's role model and for Chun Doo-hwan it was Gen. Douglas MacArthur," Choi said.

최 씨는 "이 대통령은 재계 총수(business tycoon)였던 고 정주영 현대그룹의 창시자를 롤모델로 삼은 반면(whereas), 노 대통령은 에이브러햄 링컨을 롤모델로 삼았다. 전(Former) 남아프리카 지도자인 넬슨 만델라는 김대중 대통령의 롤모델이었고, 전두환 대통령에게는 맥아더 장군이 롤모델이었다"고 전했다.

사회 기사 읽는 법

TOEIC, TOEFL은 기출 문제를 토대로 문제를 푸는 방식을 연구하면 고득점을 맞을 수 있다. 그러나 이렇게 요령에 맞춰 얻은 고득점은 직장에서 아무런 힘을 발휘하지 못한다. 영자신문 사회면에 나오는 기사들은 우리 일상, 우리 주변의 이야기를 매일 사용하고, 연습해 보는 데 유용하고, 적재적소에 어휘를 사용할 수 있는 능력을 키울 수 있다. 사회의 모든 현상, 특히 전혀 예상 못한 사건들이 기사화되기 때문에 생활의 새로운 묘사, 새로운 현상의 키워드를 이해하는 데 큰 도움이 된다.

예를 들어, 혜초의 《왕오천축국전》을 영어로 표현해 보라고 하면 대부분의 사람들은 당황한다. 그러나 신라 시대 젊은 스님 혜초가 인도의 5개 천축국을 여행한 여행기라고 이해하면 아주 쉽다. the travelogue of the pilgrimage to the five Indian states by Buddhist monk Hyecho of the Shilla Kingdom Era. 이런 표현은 *New York Times*나 *Financial Times*에서 찾을 수 없다.

사회면 기사는 우리 일상생활에 일어나는 이야기이다. 우리가 매일 생각하고 쓰는 단어들이 영어로 표현되어 있다.

다음 기사는 feature 기사에 가깝다. 즉 리드만 읽어서 기사의 전체 내용을 이해하기가 쉽지 않다. 또한 조사survey 결과가 우리 현실과 거의 동일한 트렌드trend인지 확인시켜 주는 기사로, 특정한 예를 들고 조사 결과로 일반화한다. 인터넷, 스마트폰 등이 우리 생활에 어떤 영향을 주는지를 나타내고 있다. 이 기사에 사용된 단어들은 아주 쉽지만, 평소 이런 기사를 접해 보지 못한 사람은 스스로 이런 단어들을 활용해 영문을 작성하기가 쉽지 않다. 이런 기사를 읽음으로써 어휘 구사 능력을 기르는 데 큰 도움이 된다. 짧은 기사가 긴 기사보다 메시지를 전하는 데 훨씬 빠르다.

♠ 기사 미리 보기

Point 01 **badmouth**: 이 단어는 bad(나쁜)와 mouth(입)를 합성해 나쁜 얘기를 하다, 욕설하다 등을 의미한다. 같은 용어의 반복을 피하기 위해 backbiting(back과 bite의 합성어 — 뒤에서 씹다)이라는 단어를 사용했다. talk behind back of boss(상사의 뒤에서 얘기하다. 즉 상사를 나쁘게 말하다)라는 표현으로 기사를 전개했으며, 같은 뜻으로 slander(비난하다), speak ill of도 사용하고 있다.

Point 02 **communicate through**: 무엇을 통해 대화하다, 통신하다의 뜻. communicate through Internet messenger service는 인터넷 메신저 서비스를 통해 대화한다는 뜻이다.

Point 03 **office worker**: 사무직 종사자. 이 표현도 막상 쓰려고 하면 잘 떠오르지 않는 단어다.

Point 04 **get rid of**: 제거하다, 해소하다. ex) get rid of work stress 직장에서 일어나는 스트레스를 해소하다.

Point 05 **talk behind one's back**: 누구 뒤에서 나쁜 이야기를 하다.

Point 06 **be caught ~ing**: 무엇을 하다가 들키다. ex) be caught speaking ill of boss 상사를 욕하다 들키다.

Point 07 **common name**: 흔한 이름.

Point 08 **differ by gender**: 성별로 다르다. * differ 뒤에는 from이 나와야 하는 게 원칙이나 by gender(성별로)라는 숙어와 differ와 함께 쓰였다.

Point 09 We just made up a common name so (that) he would not realize whom we were talking about. so that의 용법이나 때로는 that이 빠지는 경우도 있다.

Point 10 employee lounge: 직원 휴게실.

Women badmouthing others on instant messenger

여성들, 인스턴트 메신저로 다른 사람을 헐뜯어

By Kwon Mee-yoo

Lee Ji-hee, a 32-year-old office worker, gets rid of work stress by communicating through an Internet messenger service.

32세 사무직 직원(a 32-year-old office worker)인 이지희 씨는 인터넷 메신저 서비스로 대화하면서(by communicating through) 업무 스트레스를 해소한다(get rid of work stress).

"The best part of it is talking behind my boss's back," Lee said.

이 씨는 "메신저 서비스의 가장 좋은 점(The best part of it)은 상사 뒤에서 이야기할 수 있는 점(talking behind my boss's back)"이라고 말했다.

However, she is also careful about doing so. "Once I was nearly caught speaking ill of him with my colleague through messenger. After that, we called him by the nickname Jin-ho," she said. "We just made up a common name so he would not realize whom we were talking about.

그러나 이 씨는 상사 뒤에서 이야기할 때 조심한다(careful about doing so). 이 씨는 "한번은(Once) 동료와 메신저를 할 때 상사를 욕하다 거의 들킬 뻔 했다(nearly caught speaking ill of him). 그런 일이 있은 뒤(After that) 우리는 그를 부를 때 진호라는 별명으로 불렀다(we called him by the nickname Jin-ho)"며 "우리는 그냥 흔한 이름(common name)을 만들었으므로 그는 우리가 누구에 대해 이야기하는지(whom we were talking about) 알지 못할 것(would not realize)"이라고 말했다.

Saramin, an online recruitment site, surveyed 1,913 office workers about talking behind someone's back and 83 percent said they have done so.

온라인 구직 사이트(online recruitment site)인 '사람인'이 사무직 종사자 1,913명에게 다른 사람 뒤에서 험담하는지에 대해(about talking behind someone's back) 조사한 결과(surveyed), 83%가 그렇다고 답변했다(83 percent said they have done so).

The most popular place for backbiting differed by gender. Out of 834 male office workers, they mostly spoke ill of someone while drinking. Other places included smoking rooms and employee lounges.

험담하기 가장 좋은 장소가 어딘지에 대해서는(The most popular place for backbiting) 성별에 따라 달랐다(differed by gender). 설문 조사한 남성 834명은 주로(mostly) 술자리에서(while drinking) 누군가에 대해 험담한다고(spoke ill of someone) 했다. 다른 곳은 흡연실(smoking rooms)이나 직원 휴게실(employee lounges) 등이 있다.

Women employees preferred online messenger, with 40 percent, followed by offices, bars and employee lounges.

여성의 경우 40%는 온라인 메신저를 선호했으며(preferred online messenger), 사무실, 주점, 직원 휴게실이 그 뒤를 이었다(followed by offices, bars and employee lounges).

Regardless of gender, most said they talked behind their boss's back and executives were also targets.

성별에 관계없이(Regardless of gender) 대부분은 상사에 대해 험담했으며(they talked behind their boss's back) 임원들도 그 대상에 포함되었다(executives were also targets).

The reasons for talking behind someone's back in the office included being dissatisfied with a work subject, getting rid of stress and sharing information.

누군가를 험담하는 이유에 대해서는 업무에 대한 불만족(being dissatisfied with a work subject), 스트레스 해소(getting rid of), 정보 교환(sharing information) 등이 있었다.

Kim Kyung-hyun, 29, said though he sometimes slanders his boss, he doesn't really mean it.

김경현(29) 씨는 가끔(sometimes) 상사를 험담하지만(slanders his boss) 실제로 그렇게 생각하는 것은 아니라고(he doesn't really mean it) 말했다.

"Nobody likes their boss. It is the position we hate, not the person in particular," Kim said. "But I feel much better after sharing my views with other people and know that I am not the only one who thinks so."

김 씨는 "모든 사람이 상사를 싫어한다(Nobody likes their boss). 우리가 싫어하는 것은 상사의 직책이지(It is the position we hate) 그 상사 자체는 아니다(not the person in particular)"면서 "하지만 내 의견을 다른 동료와 교환하고 나면(after sharing my views with other people) 기분이 훨씬 좋아지며(feel much better), 나 혼자만 이런 생각을 하는 게 아니라는 것을(I am not the only one who thinks so) 알게 된다"고 말했다.

Another survey showed that 35 percent of office workers had been caught speaking about other people in the office.

다른 조사에서는(Another survey) 사무직 종사자 중 35%가(35 percent of office workers) 사무실 내에서(in the office) 다른 사람에 대해 이야기하다 들킨 경험이 있는 것으로(had been caught speaking about other people) 나타났다.

경제 기사 읽는 법

경제 기사는 어렵고, 전문적이고, 숫자만 나오고, 사실 위주로 전개되기에 재미가 없다고 한다. 국문 경제 기사도 어려운데, 영문 경제 기사는 더더욱 읽기가 망설여진다. 경제 기사를 모든 사람이 다 읽을 필요는 없다. 그러나 역설적으로 모든 사람이 읽어야만 하는 기사가 경제·금융 기사이다.

영어를 배우는 목적은 대부분 비즈니스를 위한 것이다 샐러리맨이든, 자영업자든, 영리·비영리 단체에 종사하든, 모든 사람은 비즈니스를 하고 있는 것이다. 비즈니스를 하려면 경제면을 읽고 거기에 나오는 표현을 계약서, 사업 계획서와 수출입 상담에 사용할 수 있어야 한다. 즉 먹고 사는 데 꼭 필요한 실용 영어를 배우기 위해서는 경제·금융 기사가 필수적이다.

취직 후 경쟁에서 살아남아야 한다 대부분의 한국인에게 영어 공부의 종착역은 TOEIC, TOEFL 등의 시험에서 최고 점수를 획득하여 좋은 직장에 취직하거나 승진하는 것이다. 그러나 사실 과정에 불과하다. TOEFL, TOEIC을 고득점하고 입사한 사원이 비즈니스 이메일 하나 제대로 못 쓰는 것이 현실이다. TOEFL, TOEIC은 영어 구사 능력을 측정하는 수단이다. 고득점이란 영어를 잘할 수 있는 잠재력이 있다는 평가일뿐이다. 이런 시험의 가장 큰 문제점은 시험과 실생활의 괴리가 커서, 실생활에서 즉시 사용할 수 없다는 것이다. 영자신문을 자연스럽게 읽을 수 있게 되면 각종 공인 시험에서 고득점 할 수 있을 뿐 아니라, 시험에서 다루어지는 기출 또는 예상 어휘로 매일 응용 훈련을 해볼 수 있다는 장점이 있다.

정보는 돈이다 돈을 벌기 위해서는 정보가 필요하다. 특히 외국인을 대상으로 사업을 하고자 한다면 영자신문의 경제면을 읽어야 한다. 번 돈을 잘 관리하는 것도 돈을 버는 일이다. 시장을 모르면 가지고 있는 돈마저 잃을 수 있다.

사회 지도자가 되려면 최신 정보를 알아야 한다   전 세계 경제는 하루 단위, 시간 단위가 아니라 초 단위로 변하고 있다. 비즈니스 용어를 알면 세계의 급변하는 최신 정보를 가장 빨리 알 수 있다. 남보다 앞서기 위해서는 경제·금융을 알아야 한다.

경제·금융 기사를 읽는 10단계 전략

1단계 경제·금융 기사는 어렵다는 생각을 버려야 한다.
경제·금융 기사는 전공을 하지 않았거나 이 업종에 종사하지 않는 사람에게는 어렵다는 선입관이 있는데, 이는 잘못된 생각이다. 필자는 경제·금융 기자만 15년 이상을 했다. 결론부터 말하자면 경제·금융 기사를 쓰는 것이 가장 쉽다. 경제·금융 기사에 나오는 단어 수는 한정되어 있기 때문이다. 사회부 기사처럼 상황이나 사건을 묘사하는 법도 없고 경제·금융 이론만 알면 모든 기사 내용이 이해하기 쉽다. 또 같은 내용이라도 영문 기사가 국문 기사보다 쉽다. 우리 국문지는 경제 기사를 너무 어렵게 쓴다.

2단계 영자신문 읽는 기본 단계에서 언급했듯이 초기에는 경제·금융면의 사진 기사, 헤드라인, 리드만 읽어 본다.

3단계 단신에 있는 기사부터 읽어 본다.
단신은 모든 기사를 읽을 시간이 없는 사람을 위해, 필요한 정보를 3~4단락 정도의 기사로 제공하고 있다. 길지 않아 읽기 쉽고 내용도 요점만 명료하게 들어간다.

4단계 본인이 관심 있는 분야나 종사하는 분야의 기사부터 시작하는 게 좋다.
자동차 업계에 종사하면 자동차 관련 기사, IT 분야면 IT 관련 기사부터 하나씩 읽어 보는 게 좋다.

5단계 국문 기사를 읽어 보고 같은 내용의 영문 기사를 찾아 읽어 본다.
국문지에서 어려운 경제 용어를 아무 설명 없이 쓰는 경우가 많다. 국문 기사와 영문 기사를 함께 읽다 보면 같은 내용이라도 영문 기사가 더 쉽다는 것을 자연스럽게 알게 된다.

6단계 전문적인 용어가 나올 때마다 그 배경을 하나하나 습득해 나간다.

전문 용어의 배경은 국문 자료에서 이해해도 좋고, Wikipedia, google 등을 통해 이해해도 좋다. 경제·금융 이론을 배우려고, 경제학 원론이나 화폐 금융론을 처음부터 시작하는 것은 무리이다.

7단계 경제·금융 핵심 용어는 3,000단어만 알면 된다.

다만 이 3,000단어는 항상 자연스럽게 사용할 수 있도록 훈련한다. 〈코리아타임스〉 경제·금융면에 나온 단어 수는 연간 기준으로 볼 때 3,000단어 정도가 매일, 매주, 매분기 반복하여 나온다. 1년 정도만 경제·금융면을 보면 용어 습득은 자연스럽게 된다.

8단계 어느 정도 수준에 오르면, 동료와 함께 기사를 읽고 관련된 내용을 영문 이메일 등으로 서로 교환해 본다.

비즈니스 영어로 편지를 왕래correspondence하는 데 많은 도움이 된다.

9단계 특정 주제를 가지고 동료와 함께 영어로 토론해 본다.

10단계 특정 주제의 기사를 읽은 뒤 본인의 생각을 영어로 써 본다.

이런 단계를 거치면 비즈니스 상담 문의inquiry부터 계약 성사 단계까지 본인이 혼자 다할 수 있다. 이와 같은 전략을 토대로 다음에 나오는 기사를 분석해 보자.

금융 기사 읽는 법

기사를 읽기 전에 다음에 제시된 전문 용어나 기관명을 알면 기사를 이해하는 데 쉽다. 또한 이 기사를 읽음으로써 10가지 금융 관련 용어를 숙지할 수 있다.

♠ 기사 미리 보기

Point 01 options trading: 옵션 거래. 투자가가 미리 만기일 전에 계약을 하고 만기일에 살 것인지 팔 것인지 선택권option을 가지는 금융 상품.

Point 02 **options terrorism**: 옵션 거래와 테러를 합쳐서 기자가 재치 있게 만든 단어로 투자가 옵션 거래를 이용해 시장에 테러를 가했다는 뜻이다. 만기일에 한꺼번에 수백억, 수천억 원어치 옵션 상품을 사고팔아 증권, 채권 시장에 큰 교란을 미친 경우를 지칭한다.

Point 03 **Financial Supervisory Service**: 금융감독원. 많은 정부 기관이 세금 받아서 국민의 돈으로 운영하니 국민을 하늘같이 모시겠다는 정신으로 service라는 단어를 사용하는 게 요즘 추세이다.

Point 04 **Hong Kong Securities and Futures Commission**: 홍콩증권선물거래감독위원회. 선물futures은 일정 만기일에 사고파는 가격을 미리 정하고 계약하는 금융 상품이다. 즉 현물 시장에서 가격이 오를 것(내릴 것)으로 예상하면 선물 시장에서 가격이 내릴 것(오를 것)이라는 상품을 사서 주식이 오르든 내리든 투자자가 손해를 보지 않기 위해 만든 상품이다. 다만 현물 주식을 배팅하는 것같이 선물 주식 거래도 투기자가 나타나 한쪽으로 투자한 후 막대한 이익을 내거나 막대한 손실을 볼 경우가 있다. 선물 계약은 정형화되어 거래소에서 매매되거나futures contract 정형화되지 않고 매매자끼리만 계약하는 것으로forward contract 두 종류가 있다.

Point 05 **insider trading**: 내부자 거래. 회사 기밀을 이용하여 주식을 사고팔아 부당 이득을 취한 경우를 뜻한다. 이는 증권 시장 교란 행위로 형사적 처벌을 포함하여 엄격하게 규제하고 있다.

Point 06 **long position, short position**: 선물, 옵션 거래에서 만기까지 보유하는 것을 long position, 만기 이전에 팔아치우는 것을 short position이라 한다.

Point 07 **sell bomb**: 매각 폭탄. 이 용어도 기자가 sell과 bomb이라는 두 단어를 재치 있게 합쳐서 만든 것이다. 도이치뱅크 창구를 통해 투자가가 동시에 한꺼번에 다 팔아 버려서 증권 시장에 폭탄을 투하한 것처럼 교란 작용이 나타난 것을 강조하기 위해 사용한 단어다.

Point 08 **arbitrage trading**: 재정 거래. 시장이 여러 개가 있을 때, 이 두 개 이

상의 시장에서 똑같은 상품에 대해 다른 가격이 형성될 경우 이를 이용하여 돈을 벌려는 것이다. 미국이 금리가 낮고 한국이 금리가 높다면 국제 투자가는 다른 조건이 같은 한 한국에 투자하여 돈을 더 벌려 할 것이다. 결국 이 재정 거래 때문에 전 세계에 시장의 가격은 하나로 형성되어 간다.

Point 09 **Korea Exchange**: 한국증권거래소

Point 10 **derivatives trading**: 파생 상품·증권, 채권, 원자재의 가격 변동에 연계된 계약서를 사고파는 것을 말한다. 만기일에 실물이 인수·인도되지 않는다. 선물 거래는 commodities futures, oil futures, stock futures and bond futures 등 상품과 관련한 거래이다. futures와 option 거래는 derivatives products(파생 상품)이라고도 한다.

Deutsche may face fine over option trading

도이치뱅크, 옵션 거래로 벌금 직면할 듯

By Cho Jin-seo

Korean financial regulators have identified the source of suspicious trading of KOSPI shares on Nov. 11, dubbed "option terrorism" in the financial industry, as accounts belonging to Deutsche Bank registered in Hong Kong and London.

한국 금융 당국은(Korean financial regulators) 금융권에서(in the financial industry) "옵션 테러"라고 불리는(dubbed 'option terrorism') 11월 11일자 코스피 주식 거래의 근원이(the source of suspicious trading of KOSPI shares on Nov. 11) 홍콩과 런던에 등록되어 있는 도이치뱅크에 연계된 계좌라고(as accounts belonging to Deutsche Bank registered in Hong Kong and London) 확인했다(have identified).

The global bank may face fines and those involved in the trading could be subject to prison terms. The suspension of operations or the cancelation of the bank's license in Korea is also an option, a source said on condition of anonymity.

이 도이치뱅크(The global bank)는 벌금을 물 것으로 보이며(may face fines) 거래에 관련된 사람들(those involved in the trading)은 징역형을 받을 수 있다(could be subject to prison terms). 익명을 요구한 한 소식통에 따르면(a source said on condition of anonymity) 국내 도이치뱅크는 국내에서 영업 정지 또는 영업 허가 취소 처분도(The suspension of operations or the cancelation of the bank's license) 받을 수 있다고 말했다.

"The accounts belong to Deutsche Bank in Hong Kong and London, not in Germany as previously thought," a high-ranking official at a regulatory authority told The Korea Times Wednesday.

"이 도이치뱅크 계좌들은(The accounts) 앞서 생각했던 것처럼 독일에 있는 것이 아니라(not in Germany as previously thought) 홍콩과 런던에 있는 것들(belong to Deutsche Bank in Hong Kong and London)"이라고 규제 당국의 한 고위 관계자는(a high-ranking official at a regulatory authority) 수요일 〈코리아 타임스〉에 말했다.

The next step in the investigation is to find out whether there was any attempt at insider trading by the bank's employees. Five investigators have been dispatched from the Financial Supervisory Service (FSS) to Hong Kong, said Lee Jeong-eui, director of Capital Market Investigation Bureau 1 at the FSS.

수사의 다음 단계는(The next step in the investigation) 은행 직원들에 의한 내부자 거래 시도가 있었는지를(whether there was any attempt at insider trading by the bank's employees) 알아내는 것이다(is to find out). 이정의 금융감독원 자본시장조사1국장은 금융감독원 조사관 5명을 홍콩으로 파견했다고(have been dispatched) 말했다.

"They left Korea and are now about to arrive in Hong Kong," Lee said. But he refused to reveal whether the FSS has secured support from Hong Kong's financial regulator, which would be essential in this case.

"그들은 한국을 떠나(They left Korea and) 지금 홍콩에 도착할 예정(are now about to arrive in Hong Kong)"이라고 이 국장은 전했다. 그러나 그는 조사에 필수적인(essential in this case) 홍콩 금융 당국으로부터의 협조를 얻어냈는지에(whether the FSS has secured support) 대해서는 답변을 거부했다(refused to reveal).

Deutsche Bank spokeswoman Amy Chang declined to comment, while the Hong Kong Securities and Futures Commission did not respond.

도이치뱅크의 대변인 에이미 창은(Deutsche Bank spokeswoman Amy Chang) 논평을 거부했으며(declined to comment), 홍콩증권선물위원회는(the Hong Kong Securities and Futures Commission) 응답을 하지 않았다(did not respond).

The Korea Exchange, the operator of the stock market, suspects that Deutsche Bank might have made a massive amount in illegal profit on Nov. 11, by trading high-leverage derivative products for itself before it received executing orders from customers. If true, this is a breach of the regulations on insider trading.

주식 시장 담당 기관인 한국거래소는(The Korea Exchange, the operator of the stock market,) 11월 11일 도이치뱅크가 고객들로부터 받은 주문을 실행하기 전(before it received executing orders from customers) 자사를 위해(for itself) 고수익 파생 상품을 거래함으로써 막대한 액수의 불법 이익을 챙겼을 것이라고(might have made a massive amount in illegal profit) 의심하고 있다(suspects). 만약 사실이라면(If true), 이것은 내부자 거래를 금지하는 규정을 위반한 것이다(this is a breach of the regulations on insider trading).

The FSS regulation stipulates that insider trading is subject to a fine three times the amount of the illegal gain. Reports from Korean newspapers have estimated that Deutsche Bank made around 30 to 40 billion won from the dubious trading, which means a fine of 120 billion won.

금융감독원 규정은(The FSS regulation) 내부자 거래는(insider trading) 불법적으로 취득한 이익의 3배에 달하는 벌금을 물도록(is subject to a fine three times the amount of the illegal gain) 명시하고 있다(stipulates). 국내 언론들은 도이치뱅크가 수상한 거래로부터 약 300~400억 원을 만들었다고 추정하고 있으며(have estimated), 이는 곧 최고 1,200억 원의 벌금을 의미하는 것이다(which means a fine of 120 billion won).

The crime of insider trading is also subject to at least five years in prison for individuals responsible for the action, if the size of the fraud exceeds 5 billion won.

또한 내부자 거래의 규모가 50억 원을 초과한다면(if the size of the fraud exceeds 5 billion won), 이러한 행위에 책임이 있는 당사자들은 최소 징역 5년형에 처해질 수 있다(is also subject to at least five years in prison for individuals responsible for the action).

"We suspect that traders at Deutsche Bank must have been tempted to take advantage of this kind of situation. If they weren't, then they can't call themselves traders," an official at the Korea Exchange said on condition of anonymity.

"우리는 도이치뱅크의 트레이더들은 이 (고객의 대량 주문이라는) 상황을 이용하려는 유혹을 받았을 것이 틀림없다고(must have been tempted to take advantage of this kind of situation) 추측하고 있다(suspect). 그렇지 않다면(If they weren't), 그들은 자신들을 트레이더라고 부를 수도 없을 것(then they can't call themselves traders)"이라고 익명을 요구한(on condition of anonymity) 한국거래소의 한 관계자가 말했다.

On the day of the option terrorism, sell orders worth 1.6 trillion won were executed in the final 10 minutes of trading on the KOSPI. Since real-time trading is suspended in this period and deals are processed all at once, the rest of the market did not know what was happening and couldn't react.

옵션 테러 당일(On the day of the option terrorism), 코스피 거래 종료 10분을 남겨두고(in the final 10 minutes of trading on the KOSPI) 1조 6000억 원에 달하는 매도 주문이 실행되었다(sell orders worth 1.6 trillion won were executed). 이 마지막 10분에는 실시간 거래가 중단되고 모든 주문은 동시 호가로 한번에 처리되기 때문에(deals are processed all at once), 나머지 시장은(the rest of the market) 이런 대량 매도 상황이 일어나고 있는지 알 수도 없었고 반응할 수도 없었다(did not know what was happening and couldn't react).

As a result, the KOSPI index plunged 53.12 points. Many local stock trading firms claim the incident inflicted damage to them, as they were betting that this kind of exceptional event would not happen that day. Wise Asset, an investment management firm, said it lost 90 billion won from its long positions, and much of the damage was transferred to Hana Daetoo Securities, a major asset management firm.

그 결과(As a result), 코스피 지수는 53.12포인트 급락했다(plunged 53.12 points). 이와 같은 예외적인 사건이 일어나지는 않을 것이라는 생각으로(this kind of exceptional event would not happen) 투자했었던 많은 국내 증권 회사들은(Many local stock trading firms) 피해를 입었다고 주장하고 있다(claim the incident inflicted damage to them). 자산 운용 회사인 와이즈에셋은(Wise Asset, an investment management firm) 자사의 롱포지션으로부터 900억 원의 손실을 보았다고 말하고 있고(it lost 90 billion won from its long positions), 이 피해액의 상당 부분은(much of the damage) 대형 자산 운용사 중 하나인 하나대투증권에 상당한 피해가 돌아갔다고(was transferred to Hana Daetoo Securities, a major asset management firm) 전했다.

The incident is dubbed as "11·11 option terrorism" or "sell bomb" on the stock market here since it is believed that certain investors related to Deutsche Bank tried to unload stocks they had accumulated from arbitrage trading between equity and options over the past few months. Nov. 11 was the expiration date of many option contracts.

이 사건은(The incident) 국내 시장에서는 '11·11 옵션 테러' 또는 '매각 폭탄'이라고 불린다(is dubbed as "11·11 option terrorism" or "sell bomb" on the stock market here). 도이치뱅크와 연관된 특정한 투자자들이 지난 몇 개월에 걸쳐(over the past few months) 주식과 옵션 사이의 차익 거래로부터(from arbitrage trading between equity and options) 축적한 주식을 이 날 처분하려고 시도한 것으로(tried to unload stocks they had accumulated) 여겨진다(is believed). 11월 11일은 많은 옵션 계약이 만료되는 날이었다(the expiration date of many option contracts).

The FSS promised to amend regulations and enforce tighter scrutiny of trading firms.

금융감독원은(The FSS) 법규를 개정해(to amend regulations) 금융 회사들에 대한 보다 철저한 조사를 강화하기로(enforce tighter scrutiny of trading firms) 약속했다(promised).

거시 경제 기사 읽는 법

다음은 거시 경제에 관한 기사이다. 즉 한국 경제가 성장한 면을 설명하고, 각 분야별 경기 흐름, 향후 경기 전망, 금리 전망, 세계 경제와의 관계를 설명한 것이다. 큰 그림으로 거시 경제가 어떻게 움직이는지를 잘 파악할 수 있는 기사다. 거시 경제 지표의 3대 요소는 국내총생산GDP, 국제 수지balance of payments, 물가inflation다. 이 세 가지 지표를 관리하는 게 기획재정부와 한국은행의 역할이다. 다음 10가지 포인트를 이해하면 기사를 읽는 것이 쉬워진다. 경제 기사를 읽으면서 주요 경제 어휘를 10개씩 늘리는 연습을 해보자.

♠ 기사 미리 보기

Point 01 GDP(gross domestic product 국내총생산): 특정 기간, 주로 분기별이나 연간에 국내에서 생산·소비한 단계별 부가가치를 모두 합친 금액에서 외국에서 벌어들인 금액을 뺀 것으로 GNP(gross national product)는 외국에서 벌어들인 것까지 포함한 것이다. 대부분의 국가에서는 외국에서 벌어들인 것을 제외한 국내 생산분만 수치화하는 GDP를 주로 사용한다.

Point 02 Bank of Korea: 한국은행. 우리나라의 중앙은행을 지칭한다. 기준 금리를 결정하고, 물가를 관리하고, GDP를 추계하는 기관이다.

Point 03 facility investment: 설비 투자. capital investment, equipment investment라고도 한다.

Point 04 productivity: 생산성.

Point 05 potential growth rate: 잠재성장률. 인플레이션을 유발하지 않고 가장 많이 성장할 수 있는 범위를 말한다. 우리나라는 잠재성장률을 약 5% 내외로 본다. 이 이상 성장하면 인플레이션을 유발할 가능성이 많다는 것이다.

Point 06 fiscal stimulus: 재정을 통한 경기 부양. 즉 정부가 빚을 내서 경기를 촉진하여 성장률을 높이는 것

Point 07 unemployed or underemployed: 실업과 불완전 고용. 불완전 고용이란 직장을 다녀도 월급이 적거나 특정 기간 계약직으로 일해 실제 고용되었다고 볼 수 없는 경우를 지칭한다.

Point 08 consumer spending: 소비자 지출.

Point 09 the Ministry of Strategy and Finance: 기획재정부. 전에 the Ministry of Finance and Economy(재정경제부)의 명칭이 바뀌었다.

Point 10 space for rent: 전세 임대 공간.

Economy grows at 7-year high

경제 성장 7년 만에 최고

By Kim Jae-kyoung, Cho Jin-seo

The nation's economy grew at the fastest pace in more than seven years, in the first quarter of the year, with gross domestic product (GDP) expanding 7.8 percent compared to the same period a year ago, the Bank of Korea (BOK) said Tuesday.

한국은행은(the Bank of Korea (BOK)) 화요일 지난해 동기와 비교해(compared to the same period a year ago) 국내총생산(gross domestic product)이 7.8% 증가해(expanding 7.8 percent) 올해 1분기 경제(the first quarter of the year)가 7년 만에(in more than seven years) 가장 빠르게 성장하고 있다(grew at the fastest pace)고 밝혔다.

It was a surprisingly upbeat message from the central bank that the economy has recovered faster than predicted. It also shows that the economy's productivity has fully recovered to the pre-crisis level.

중앙은행(the central bank)은 예상보다 빠른(faster than predicted) 경제 회복을 보이는 것은 뜻밖의 낙관적인 징조(a surprisingly upbeat message)라고 했다. 경제 생산성(the economy's productivity) 또한 2008년 금융 위기 이전 상태(to the pre-crisis level)로 완전히 회복되고 있다(has fully recovered)는 것을 보여 준다(shows).

Thanks to such robust growth, annual GDP will be able to grow by more than 5 percent from 2009, the finance ministry said after the BOK's report.

한국은행의 보도 후(after the BOK's report), 재정부는 이러한 탄탄한 성장 덕분에(Thanks to such robust growth), 연간 국내총생산(annual GDP)이 지난해에 비해 5% 이상 증가할 수 있을 것이라고(will be able to grow by more than 5 percent from 2009) 전했다.

GDP grew by 1.2 percent between the fourth quarter of 2009 and the first quarter of 2010, the report said. The figure is a standard measure of a country's economic output, and its growth rate is a barometer of its economic vibrancy.

이 보고서에는(the report) 2009년 4분기(the fourth quarter of 2009)와 올해 1분기 동안의 국내총생산은 1.2% 증가했다(GDP grew by 1.2 percent)고 나타났다. 이 수치는(The figure) 국내 경제 생산량의 기준 수치(a standard measure of a country's economic output)이며, 이 성장률은 경제 활성화의 지표(a barometer of its economic vibrancy)가 된다.

"The manufacturing sector rebounded, aided by the robust production of chips and other electronic goods. Consumer spending and facility investment maintained quarter-on-quarter growth," the bank said in a statement. It previously predicted a 7.5 percent year-on-year growth for the quarter.

중앙은행은 발표문에서 "제조업이 전자 칩과 다른 전자 제품(chips and other electronic goods)의 왕성한 생산 덕분에(aided by the robust production) 다시 살아났다(rebounded). 소비자 지출(Consumer spending)과 설비 투자(facility investment)는 지난 분기 대비하여 성장을 유지했다(maintained quarter-on-quarter growth)"고 밝혔다. 이 은행은 과거(previously) 이 분기에(for the quarter) 전년 대비 7.5% 증가율(a 7.5 percent year-on-year growth)을 예상했다(predicted).

This will continue in the second half though the pace will slow, the Ministry of Strategy and Finance said.

기획재정부는(the Ministry of Strategy and Finance) 이런 성장률이 조금 둔화되긴 하겠지만(though the pace will slow) 후반기에도(in the second half) 계속될 것(will continue)이라고 전했다.

"Considering internal and external conditions, the economy will continue its stable growth after the second quarter and it won't be difficult to accomplish a 5-percent rise this year," the report said. "The world economy is continuing a faster-than-expected recovery. We expect consumption, employment and investment to keep rising as well globally."

보고서는 "내부와 외부 상황을 고려했을 때(Considering internal and external conditions), 후반기에도 꾸준한 경제 성장은 지속될 것이고(will continue its stable growth after the second quarter) 5% 증가율을 성취하는 것은 어렵지 않을 것(it won't be difficult to accomplish a 5-percent rise)"이라며 "세계 경제 회복이 예상보다 빠르게(faster-than-expected recovery) 진행되고 있다. 국내뿐만 아니라 세계적으로 소비, 취업 그리고 투자의(consumption, employment and investment) 지속적인 상승을(keep rising) 기대해 본다"고 밝혔다.

Some observers said the government should not get complacent. "It is encouraging to see some economic progress, but in my opinion the Korean economy is still performing below its potential," said James Rooney, CEO of Market Force Company, an investment advisor. "There are still too many people unemployed or underemployed, lots of space for rent, and many projects that are still not able to make progress."

일부 경제 전문가들은(Some observers) 정부가 현재에 안주해서는 안 된다고 했다(the government should not get complacent). 마켓 포스 컴퍼니의 대표이자 투자 상담가인 제임스 루니는 "일부의 경제 진행은 유망하지만(It is encouraging to see some economic progress), 한국 경제는 잠재력보다 아직 기대 이하의 실적을 보여 준다(the Korean economy is still performing below its potential)"며 "아직도 실직자와 능력 이하의 일을 하는 많은 사람들과 많은 임대 공간이 있으며, 많은 프로젝트들을 진행할 수 없다(not able to make progress)"고 말했다.

Despite the stellar performance in the first three months of the year, most economists agree that the growth will be, or should be slowing down for the rest of the year as the economy is becoming accustomed to the government's stimulus package. The possible raising of the interest rate by the central bank could throw cold water on this exuberance, says Oh Suk-tae, chief economist at SC First Bank.

올 초 석 달간 뛰어난 성과가(the stellar performance) 있었음에도 불구하고, 많은 경제학자들은(most economists) 경기가 정부의 부양책에(to the government's stimulus package) 익숙해짐에 따라(is becoming accustomed to) 성장이 둔화될 것이라고(be slowing down) 입을 모아 말하고 있다(agree). 제일은행의 오석태 수석 이코노미스트는(chief economist) 중앙은행의 금리 인상 가능성은(The possible raising of the interest rate by the central bank) 지금의 빠른 성장 속도에 찬물을 붓는 것일지도 모른다고 말했다(could throw cold water on this exuberance).

"The pace of growth should be slowed to around 1 percent quarter-on-quarter," he said. "I think that the Bank of Korea should start the rate hike in the near future, probably within the third quarter of this year."

오 수석은 "성장 속도는(The pace of growth) 전분기 대비 1%대로 하강할 것이다(should be slowed to around 1 percent quarter-on-quarter)"라며 "한국은행은 조만간(in the near future), 아마 금년도 3분기 정도에는(probably within the third quarter of this year) 금리 인상을 해야 한다(should start the rate hike)"고 전했다.

> Kim Choong-soo, the central bank governor, has said he would consider raising the rate only after he is confident that the private sector is making a sustainable recovery.
>
> 중앙은행 김중수 총재는(Kim Choong-soo, the central bank governor) 민간 부문이 지속적으로 회복하고 있다고(the private sector is making a sustainable recovery) 자신감을 보인 뒤(he is confident) 대출 이자를 높이는 것을 고려하고 있다고(consider raising the rate) 밝혔다.

테크놀로지 기사 읽는 법

IT 산업의 발전으로 테크놀로지 기사가 경제면에서 차지하는 비중이 늘었다. 테크놀로지 기사는 신기술을 소개하고 설명하는 기사이다. 그래서 새로 생기는 IT 기술에 대한 용어를 숙지하는 게 중요하다.

다음에 나오는 기사는 수중 로봇 개발 계획 기사이다. 수중 로봇에 대한 표현을 7개의 다른 단어로 표현함으로써 같은 단어의 반복 사용으로 인한 지루함을 피한 점이 눈에 띈다. 모든 영어 문장, 기사, 에세이 등을 쓸 때 이 기법을 활용하면 내용을 한층 참신하게 구성할 수 있다. 이 기사를 읽음으로써 다음과 같은 10가지 단어와 표현을 익히게 된다. 기사를 읽을 때마다 10가지씩 새로운 용어를 메모해 보는 것도 기사 읽기의 좋은 습관이다.

♠ 기사 미리 보기

Point 01 aquatic robot: 수중 로봇. 기사 중에 반복을 피하기 위해 underwater vehicle(수중 기기), six-paddle locomotive machine(다리 6개 달린 동력 기계), six-legged drone(다리 6개가 달린 윙윙거리는 기기), walking deep-sea robot(걸어 다니는 심해 로봇), versatile vehicle(만능 기기), wireless automotive machine(무선 자동 기계) 등으로 다양하게 표현.

Point 02 acoustic facilities: 음향 시설.

Point 03 shallow-sea vehicle: 천해 이동 차량, deep-sea vehicle: 심해 이동 차량.

Point 04 seabed: 해저.

Point 05 Navy frigate: 해군 구축함.

Point 06 search and rescue operation: 탐색 구조 작업.

Point 07 tidal current: 해수 조류.

Point 08 incident, accident: 사건과 사고의 차이. 천안함 침몰은 incident이지 accident가 아니다.

Point 09 precision camera: 정밀 카메라.

Point 10 two-phase plan: 2단계 계획.

Korea to develop aquatic robots

한국, 해저 로봇 개발 착수

By Kim Tae-gyu

Korea is striving to develop versatile aquatic robots, which can swim as well as crawl on the seabed at a depth of 6 kilometers by 2016.

한국은 2016년까지(by 2016) 심해 6km에서(on the seabed at a depth of 6 kilometers) 헤엄칠 수 있을 뿐만 아니라 바다 밑을 기어 다닐 수 있는(can swim as well as crawl on the seabed) 만능 복합 이동 해저 로봇을 개발하기 위해(to develop versatile aquatic robots) 힘쓰고 있다(is striving).

The Ministry of Land, Transport and Maritime Affairs said Monday that the Seoul administration will channel 20 billion won over the next five years to create the underwater vehicles.

국토해양부는(The Ministry of Land, Transport and Maritime Affairs) 월요일 총 200억 원을 투입해(channel 20 billion won) 향후 5년 동안(over the next five years) 해저 로봇을 개발할 계획이라고(to create the underwater vehicles) 밝혔다.

"It must be able to swim at a speed of 18 meters per minute and walk 30 meters per minute to explore the seabed to search for organisms or minerals," the ministry's director Joo Hyun-jong said.

국토해양부 주현종 이사는(the ministry's director Joo Hyun-jong) "이 로봇은 미생물이나 광물 채취를 위해(to search for organisms or minerals) 분당 18m의 속도로(at a speed of 18 meters per minute) 헤엄치며 30m의 속도로 해저 보행을 할 것(walk 30 meters per minute)"이라고 밝혔다.

"On the strength of its precision camera and acoustic facilities, the robot will also be able to find sunken ships that divers cannot easily access to."

"초음파 카메라와 첨단 음향 장비의 강점을 바탕으로(On the strength of its precision camera and acoustic facilities), 로봇은 잠수부들이 쉽게 접근할 수 없는(that divers cannot easily access to) 침몰선을 찾을 수 있다(be able to find sunken ships)"

The development of a six-paddle locomotive machine has drawn people's attention here since they could have helped following the sinking of the Navy frigate Cheonan in the West Sea late last month.

페달 6개가 장착된 동력 기계는(The development of a six-paddle locomotive machine) 지난 달 말(late last month) 서해에서 일어난 천안함 침몰 사건 때 그들을 구출해 세간에 주목을 끌었다(has drawn people's attention).

Dozens of sailors died in the tragedy and eight are still missing.

Bereaved families of the dead crew members believe that some of them might have been rescued alive had there been a faster search.

이 비극적인 사건으로 수많은 선원들이 죽었으며(Dozens of sailors died in the tragedy) 8명은 실종되었다. 유족들은(Bereaved families) 더 신속한 수색 작업을 했다면(had there been a faster search) 그들 중 일부는 산 채로 구조되었을 것이라고(some of them might have been rescued alive) 믿고 있다(believe).

Due to strong tidal currents and bad visibility in the West Sea, the search and rescue of the sunken vessel took several days. The ministry believes that such a six-legged drone would be ideal to work under such circumstances.

서해의 강한 조류와 나쁜 시야로 인해(Due to strong tidal currents and bad visibility) 수색과 침몰한 선박의 구조 작업에 많은 시일이 소요되었다(rescue of the sunken vessel took several days). 국토해양부 장관은 다리 6개가 달린 이 차량이(such a six-legged drone) 이러한 상황에 적합하다고(ideal to work under such circumstances) 믿고 있다.

"The development of walking deep-sea robots was proposed a couple of years ago before the Cheonan disaster as demonstrated by the modest 1 billion won earmarked for the project earlier this year," Joo said.

주 이사는 "해저 보행 로봇 개발은(The development of walking deep-sea robots) 천안함 사태가 있기 몇 년 전부터(a couple of years ago before the Cheonan disaster) 제안됐으며(was proposed), 금년 초(earlier this year) 이 프로젝트를 위해 10억 원이라는 그다지 크지 않은 예산이 지급되었다(by the modest 1 billion won earmarked for the project)"고 전했다.

"But the overall budget doubled to 2 billion won in the aftermath of the Cheonan incident. We will manufacture and release the versatile vehicles as soon as possible so that they can be deployed as soon as possible."

"그러나 천안함 사건으로 인해(in the aftermath of the Cheonan incident) 예산은 전체의 2배인 20억 원이 되었다(the overall budget doubled to 2 billion won). 최대한 빨리(as soon as possible) 다관절 복합 이동 차량이 배치될 수 있도록(so that they can be deployed as soon as possible) 빠른 시일 내에 생산해서 작업에 투입할 것이다(will manufacture and release the versatile vehicles as soon as possible)."

The development of the wireless, automotive robots will be carried out under a two-phase plan. During the first phase through 2012, a shallow-sea vehicle will be created that can maneuver at a depth of 200 meters. By 2015, a prototype will be built that can go as deep as six kilometers.

무선 자동 로봇 개발은(The development of the wireless, automotive robots) 2단계로 실시될 예정이다(will be carried out under a two-phase plan). 첫 번째로는 2012년까지(During the first phase through 2012) 200m 심해에서(at a depth of 200 meters) 조종할 수 있는(can maneuver) 천해 이동 차량이 개발될 것이다(a shallow-sea vehicle will be created). 2015년까지(By 2015) 해저 6km까지 갈 수 있는 시제품이 만들어질 것이다(will be built that can go as deep as 6 kilometers).

"The shallow-sea model will be utilized in 2013 while the deep-sea one is expected to be ready by 2016. After building prototypes, we plan to commercialize them through sharing the relevant technologies with private companies," Joo said.

주 이사는 "천해 모델은 2013년에 이용할 수 있을 것이며(will be utilized in 2013), 심해 제품은 2016년까지 준비될 것으로 예상된다(the deep-sea one is expected to be ready by 2016). 시제품을 만든 후(After building prototypes), 사기업과의 관련 기술 제휴를 통해(through sharing the relevant technologies with private companies) 상업화할 계획 (commercialize them)"이라고 전했다.

The ministry is looking to pick organizations that will take charge of the development, in May.
정부는(The ministry) 5월에 이 개발을 담당할(will take charge of the development) 기관을 선발할 계획이라고(is looking to pick organizations) 밝혔다.

외신 기사 읽는 법

먼저 한국을 영어로 이해하고 써보는 기초 체력을 키우고 나서, 더 나아가 세계의 주요 현상, 사건을 이해할 수 있다. 이는 core competence(원천 기술)와 secondary core competence(부원천 기술)의 문제이다. 국내 영자신문을 읽으면, 국내에서 일어나는 친숙한 주변의 이야기에 익숙해진 후에 세계에서 일어나는 사건을 보고 이해할 수 있는 장점이 있다. New York Times나 Financial Times 등은 미국이나 영국의 이야기가 주가 되고 한국 기사는 일주일에 한두 번 정도밖에 나오지 않아 우리 실생활에 직접적인 관련이 없는 영어를 습득할 수밖에 없다.

외신 기사는 인터넷 세상에서 한국 이외의 이슈에 접근할 수 있는 좋은 기사이다. 국내 영자신문에 나오는 외신 기사에는 수만 개의 기사 중 한국과 밀접한 관련이 있는 내용이 게재된다. 외신 기사 중에서도 우리 실생활에 영향을 주는 기사를 선정해 보는 것이 좋다. 또한 내신 기사와 마찬가지로 특정 기사에서 10가지 정도의 시사점과 필요한 단어를 추려 숙지하는 습관을 들이면 하루하루 영어 실력이 달라지는 것을 느낄 수 있다.

♠ 기사 미리 보기

Point 01 미국의 비밀 외교 문서를 폭로하고 있는 WikiLeaks의 설립자 줄리안 어산지라는 호주인이 과연 국제 투명성을 높이는 정의의 사나이인지, 아니면 미국을 cyber terrorism 하는 무정부주의자인지 논쟁이 심하다. 각국의 언론 보도가 미국과의 관계에 따라 조금씩 다르기도 하다. 외신을 읽을 때 기사의 시각을 판단하는 것이 기사 자체보다 더 중요하다. 외신 중 프랑스 정부의 의견을 대표하는 AFP는 미국 일변도의 시각을 떠나 중립적이려고 노력한다. 이 기사에서 대화체로 전개되는 부분을 눈여겨봐야 한다.

Point 02 리드를 해석해 보기 전에 나라면 어떻게 쓸지도 한번 생각해 본다. 결론적으로 리드가 너무 길다. 기사 작성에는 수많은 방법이 있으나, 리드 작성의 10가지 공식 중 KISS(Keep It Simple and Short) 원칙을 지키지 않고 있다. Former WikiLeaks supporters (who are) at odds with founder Julian Assange will shortly launch OpenLeaks, a rival project aiming to get secret documents directly to media, one of them said Friday. 주어가 너무 길다. 즉 former WikiLeaks supporters at odds with founder Julian Assange이다. 주어는 한 단어가 좋다. 다시 이 원칙으로 풀어보면, Former supporters of WikiLeaks will shortly launch a rival project called OpenLeaks, with the aim of getting secret documents directly to media, one of them said Friday. The announcement came out following their dispute with founder Julian Assange로 쓸 수 있다. AFP 기자가 Native가 아니거나 기자 경력이 짧음을 알 수 있다.

Point 03 리드만 보면 사실 기사 내용을 다 알 수 있기 때문에 바쁘면 나머지 기사는 읽지 않아도 된다. 즉 리드는 바쁜 독자를 위해 기사 내용의 대부분을 알려줘야 한다. 리드 작성의 5W's + 1H 원칙을 보자.

 Who ☞ Former WikiLeaks supporters

 When ☞ shortly, 혹은 Friday

 Where ☞ 여기서는 굳이 말하면 cyber 공간을 의미하거나 former supporters of

WikiLeaks 소재지가 독일, 스웨덴, 영국, 아일랜드 등이기에 지역을 밝히는 데 큰 의미는 없다.

What ☞ OpenLeaks를 지칭

Why ☞ at odds with founder Julian Assange

How ☞ to get a secret document directly to media

Point 04 at odds with someone: 누구와 다투고 있다. whistleblow는 내부 고발하다, 즉 호루라기를 분다는 뜻의 의역이다.

Point 05 Be transparent yourself: 너 자신부터 투명해라.

Point 06 get media spotlight: 언론의 주목을 받다.

Point 07 sexual assault allegation: 성추행설.

Point 08 pending a hearing on extradition to Sweden: 스웨덴으로 추방할 것인지에 대한 법원의 심사 중.

Point 09 be wanted for something: 무슨 죄목으로 수배 중이라는 뜻.

Point 10 anonymously: 익명으로.

WikiLeaks dissidents to launch rival OpenLeaks project
위키릭스 재야파들, 라이벌인 오픈릭스 프로젝트 시작할 것

STOCKHOLM (AFP) — Former WikiLeaks supporters at odds with founder Julian Assange will shortly launch OpenLeaks, a rival project aiming to get secret documents directly to media, one of them said Friday.

위키릭스의 설립자인 줄리안 어산지와 다툼이 있는(at odds with founder Julian Assange), 위키릭스의 전 지지자들이(Former WikiLeaks supporters) 비밀 문서를 언론사에 직접 전달하는 방식의 운용을 목표로 하는(aiming to get secret documents directly to media) OpenLeaks라는 대항 사이트를(a rival project) 곧 설립할 계획이라고(will shortly launch)

이들 중 한 사람이 금요일 전했다.

"I can confirm that we will be operating under the name 'OpenLeaks,'" former Icelandic WikiLeaks member Herbert Snorrason told AFP.
허버트 스노라손이라는 아일랜드의 전 위키리크스 회원은(former Icelandic WikiLeaks member Herbert Snorrason) AFP에 "우리가 '오픈릭스'라는 이름으로 사이트를 운영할 것을 확인해 줄 수 있다"고 밝혔다."

Unlike WikiLeaks, OpenLeaks will not publish leaked documents directly online but instead make leaks available to partner media.
위키리크스와는 달리(Unlike WikiLeaks) 오픈릭스는 유출된 문서를 온라인에서 직접 공개하지 않고(will not publish leaked documents directly online) 협력 언론사에 직접 전달하는 방식을 사용한다(make leaks available to partner media).

"This is not a single website that would gather material and publish it but rather a system provider to which people can upload information anonymously," Snorrason said.
스노라손은 "이 사이트는 자료를 수집해(gather material) 공개하는 하나의 사이트가 아니라(not a single website), 오히려(rather) 사람들이 익명으로 정보를 올릴 수 있는 시스템 제공자로서의(a system provider to which people can upload information anonymously) 역할을 할 것"이라고 전했다.

The domain name openleaks.org on Friday was redirected to a blank page with a circular arrow logo and the mention "Coming soon!".
openleaks.org라는 도메인은 금요일, 빈 페이지에 순환하는 화살 모양의 로고와(blank page with a circular arrow logo) '곧 오픈한다'는 말로(the mention "Coming soon") 다시 보내졌다(was redirected).

"OpenLeaks is a technology project that is aiming to be a service provider for third parties that want to be able to accept material from anonymous sources," Daniel Domscheit-Berg, WikiLeaks' former spokesman in Germany, added in a Swedish public television (SVT) documentary obtained by AFP.

독일에 거주하는 전 위키릭스 대변인인 다니엘 돔샤이트베르크는 "오픈릭스는 익명의 소식통으로부터(from anonymous sources) 정보 입수가 가능하길 원하는 제3자를 위한(for third parties that want to be able to accept material) 서비스 공급업체를 목표로 하는 기술 프로젝트"라고 AFP가 입수한 스위스 공영 방송 STV의 문서에서 이같이 덧붙였다(added).

"We will be partnering up with organizations that will have a receiving 'drop box' on their sites operated by them. We will not be receiving nor distributing information directly," Snorrason, a 25-year old history student, said.

역사를 전공하는 25세 학생은 "우리는 그들이 운영하는 사이트에(on their sites) 수신용 '드롭 박스'를 설치하는(that will have a receiving 'drop box') 기관과 협력할 것이다(will be partnering up with organizations). 우리는 정보를 받거나 전달하지 않는다(not be receiving nor distributing information directly)"고 말했다.

The Icelander, who quit WikiLeaks after a public feud with Assange, had already in November told AFP about a rival project.

어산지와 공개적인 갈등을 겪은 후에 위키릭스를 떠난(who quit WikiLeaks after a public feud with Assange) 이 아일랜드 청년은(The Icelander) 지난 11월 AFP에 위키릭스를 대항하는 사이트 개설 계획을 밝혔다.

"If 'Newspaper X' is one of our partners, that paper will have a 'Send us anonymous information' link on their site. People can then click on that link and forward their information without the risk of the information being traced back to them," he explained.

그는 "만약 'X라는 언론사'가 우리와 협력자가 되면(is one of our partners) '우리에게 비밀로 보내 주세요(Send us anonymous information)'라는 링크를 사이트에 설치하면 된다. 그러면 사람들은 이 링크를 클릭해(click on that link) 그들에 대한 추적 위험 없이 정보를 전송할 수 있다(forward their information without the risk of the information being traced back to them)"고 설명했다.

"If 'Newspaper X' does not want to leak the information they have received, a system will be in place for other partner media to review the information and share it if they choose to do so," he added.

그는 "만약 'X라는 이 언론사'가 수신한 정보를(the information they have received) 공개하지 않으면(does not want to leak the information) 우리가 운영하는 시스템에서 다른 언론사로 보내(a system will be in place for other partner media) 그 정보를 검토하고(to review the information), 필요하다면 공유할 수도 있다(share it if they choose to do so)"고 덧붙였다.

In SVT's "WikiRebels – The Documentary" to be broadcast Sunday, Daniel Domscheit – Berg and Herbert Snorrason explain how they quit WikiLeaks because of disagreements with Assange on how to run the site and because of personal conflict with the 39–year–old Australian.

일요일 SVT에서 위키 반란자라는 내용으로 방영될 '위키릭스 다큐멘터리'에서 다니엘 돔샤이트베르크와 허버트 스노라손은 자신들이 사이트 운영에 관해(on how to run the site) 왜 어산지와 불화(disagreements with Assange)를 일으켰으며, 이 39세 호주인과의 개인적인 갈등 때문에(because of personal conflict with the 39–year–old Australian) 어떻게 위키릭스를 떠나게 되었는지(how they quit WikiLeaks)에 대해 해명한다(explain).

"If you preach transparency to everyone else, you have to be transparent yourself. You have to fulfill the same standards you expect of others," Domscheit-Berg says.

돔샤이트베르크는 "만약 당신이 모든 사람에게 투명성을 설파할 경우(preach transparency to everyone else), 당신 역시도 투명해야 한다(you have to be transparent yourself). 당신은 다른 사람에게 기대하는 만큼(you expect of others) 당신 자신도 같은 기준을 충족시켜야 한다(You have to fulfill the same standards)"고 말한다.

Founded in 2006, whistleblowing website WikiLeaks emerged into the media spotlight this year with major document leaks on the wars in Iraq and Afghanistan.

2006년 설립된(Founded in 2006) 비밀 문서 폭로 사이트인 위키릭스는(whistleblowing website WikiLeaks) 이란, 아프가니스탄 전에 대한(on the wars in Iraq and Afghanistan) 미국 정부의 기밀 문서를 누설함으로써 언론에 부각되었다(emerged into the media spotlight).

It unleashed a major diplomatic storm this month by releasing thousands of secret US embassy cables.

위키릭스는 이 달 수천 건의 미국 대사관 문건을 폭로하여(by releasing thousands of secret US embassy cables) 상당한 외교적 반향을(a major diplomatic storm) 불러일으켰다(unleashed).

One of the WikiLeaks founders, former hacker Julian Assange, is now in jail in London, pending a hearing on extradition to Sweden, where he is wanted for questioning over sexual assault allegations.

해커 출신인 어산지는(former hacker Julian Assange) 위키릭스 설립자 중 한 사람인데, (One of the WikiLeaks founders), 현재 런던에 수감되어 있으며(is now in jail in London)

> 곧 스위스로 추방할 것인지에 대해 법원의 심사를 기다리고 있다(pending a hearing on extradition to Sweden). 그는 성추행 혐의로 스웨덴에서 지명수배되어 있다(is wanted for questioning over sexual assault allegations).

스포츠 기사 읽는 법

스포츠 기사는 일단 재미가 있다. 또한 선수의 행동action을 동영상처럼 묘사하기에 더 흥미가 있다. 스포츠 기사는 승자의 단어와 패자의 단어가 가장 극명하게 나타난다. 이런 표현들은 일상생활에서도 활용할 수 있어 영어를 구사하는 데 큰 도움이 된다. 자주 나오는 경기 규칙에 대한 용어를 숙지하면 스포츠 기사를 읽는 즐거움이 더해진다.

♠ 기사 미리 보기

Point 01 리드를 분석해 본다. South Korea defended its second-place title against Japan following China, in the 16-day Guangzhou Asian Games, Saturday. 리드가 5W + 1H 원칙을 지키고 짧게 잘 요약돼 있다.

　Who ☞ Korea

　When ☞ Saturday

　What ☞ defend its second-place title against Japan

　Where ☞ 16일간의 광저우 아시안게임에서

　why와 how는 생략해도 무방하다.

Point 02 Asiad-Asian Games는 동의어인데, 단어를 축약하기 위해 Asiad로 썼다. 리드는 가능하면 단어 수를 줄여야 독자가 덜 피로하다. 다음에 나오는 문장에 Asian Games로 풀어 주어 표현의 다양성도 키웠다.

Point 03 메달을 따다: get, snatch, win, grab, earn (medal) 등으로 표현.

Point 04 overwhelm: 압도하다. overwhelm his rival은 상대를 압도한다는 표현.

Point 05 **sweep gold medals**: 한 종목에서 메달을 휩쓴다는 표현. sweep은 빗자루로 쓸다라는 뜻에서 유래했다.

Point 06 **drew most of attention**: 대부분의 관심을 끌었다는 표현.

Point 07 **Chief de Mission**: 대표단 단장.

Point 08 **unfair calls by referees**: 심판의 편파적 판정.

Point 09 문장을 더 세련되게 쓸 수 없나 비판적으로 본다. I trained very much for the entire past year in preparing for the Asian Games. 이 문장도 더욱 짧게, I trained hard for the past year for the Asian Games라고 쓸 수가 있다. The entire past year는 the past year로 써야 세련되고, in preparing for는 for라고만 해도 이해가 된다.

Point 10 **turn Korea into a state of feverish excitement**: 한반도 전체를 흥분의 도가니로 만들다.

Korea defends 2nd place at Asiad, beating Japan
한국, 일본 제치고 아시안게임에서 종합 2위 지켜

By Yoon Chul

South Korea defended its second-place title against Japan following China, in the 16-day Guangzhou Asian Games, Saturday.
한국은(South Korea) 토요일 16일간 열린 광저우 아시안게임에서(in the 16-day Guangzhou Asian Games) 중국에 이어(following China) 일본을 제치고(against Japan) 2위 자리를 지켰다(defended its second-place title).

With marathoner Ji Young-jun's final gold medal, Korea collected 76 gold, 65 silver, and 91 bronze medals, beating archrival Japan for four consecutive Asian Games. Japan won 48 gold, 74 silver, and 94 bronze medals.

마라토너 지영준의 마지막 금메달로(With marathoner Ji Young-jun's final gold medal) 한국은 금메달 76개, 은메달 65개 동메달 91개를 얻어(collected) 아시안게임 4연속으로(for four consecutive Asian Games) 최대 라이벌인 일본을 앞선 것이다(beating archrival Japan). 일본은(Japan) 금 48개, 은 74개, 동 94개를 획득했다(won 48 gold, 74 silver, and 94 bronze medals).

All the Korean athletes and support staff made a huge effort that was inspiring for domestic fans. Eye-catching was the the return of swimming icon, Park Tae-hwan who turn Korea into a state of feverish excitement by snatching three gold, one silver, and two bronze medals.

모든 선수와 지원 스태프들은(All the Korean athletes and support staff) 국내 팬을 감동시킬 정도로(inspiring for domestic fans) 최선을 다했으며(made a huge effort), 특히 눈에 띄는 것은(Eye-catching) 복귀한 수영의 우상인 박태환 선수로(the return of swimming icon, Park Tae-hwan) 금메달 3개, 은메달 1개 동메달 2개를 따 한국을 들썩이게 했다(who turned Korea into a state of feverish excitement).

Park was one of the candidaters for the Most Valuable Player (MVP) title, again in the Asian Games but failed to win the honor.

박태환은 이번 아시안게임에서 다시금(again) 최우수선수상 후보 중 한 명에 올랐으나 그 영예는 얻지 못했다(failed to win the honor).

Dubbed "Marine boy," Park stumbled after grabbing a gold medal in the Beijing Olympics in 2008. The Korean swimmer collapsed in the World Championships held in Rome in July, last year.

'마린보이'로 알려진(Dubbed) 박태환은 2008년 북경올림픽에서 금메달을 딴 뒤(after

grabbing a gold medal) 긴 슬럼프에 빠졌었다(stumbled). 이 한국 수영선수는(The Korean swimmer) 지난해 7월 로마에서 열린 세계 대회에서 성적이 매우 좋지 않았다(collapsed).

But the 21-year-old let the world know of his comeback and he overwhelmed two world-class Chinese swimmers Sun Yang and Zhang Lin in the 200- and 400-meter freestyle. A new Asian record in the 200-meter freestyle was a notable feat for Park.

그러나 21세 박태환은(the 21-year-old) 자신의 복귀(comeback)를 전 세계에 알렸으며 200미터와 400미터 자유형에서(in the 200- and 400-meter freestyle) 세계 수준의 두 중국 선수(two world-class Chinese swimmers) 선양과 잘린을 압도했다(overwhelmed). 200미터 자유형에서 아시안게임 기록 경신은(A new Asian record in the 200-meter freestyle) 박 선수에게 아주 중요한 자랑거리이다(a notable feat).

"I trained very much for the entire past year in preparing for the Asian Games," Park said. "I could stand on this stage thanks to many staff members standing next to me who provided great aid and support. I want to attribute the glory to all these people," added Park.

박태환은 "지난 1년 동안 아시안게임 준비를 위해(in preparing for the Asian Games) 호된 훈련을 했다(trained very much)"며 "내 곁에 있는 스태프들의 많은 지원과 협조 덕분에 이 단상에 설 수 있었다. 이 영광을 이 모든 분들에게(to all these people) 돌리고 싶다(want to attribute)"고 말했다.

Among the 42 sports, shooting, fencing, bowling and golf were the ones the Korean athletes really excelled in, with archery helping to exceed the country's goal — 65 gold medals.

42종목 중(Among the 42 sports), 사격, 펜싱, 볼링, 골프에서 한국 선수들이 두각을 나타낸

가운데(the Korean athletes really excelled in) 양궁의 활약으로 한국의 금메달 사냥 목표인 65개를 훨씬 넘게 획득했다(with archery helping to exceed the country's goal — 65 gold medals).

Korean shooters surprised the domestic fans as well as the Asiad winning 13 of the 40 gold medals — the most ever in one sport in the Asian Games, along with eight silvers. So far the boxers and taekwondo athletes had collected the most in one sport with 12 gold medals in 1986 and 2002.

한국 사격팀은(Korean shooters) 금메달 40개 중 이번 대회 한 경기 최다 금메달인 13개를 따(winning 13 of the 40 gold medals — the most ever in one sport in the Asian Games) 국내 팬뿐 아니라 이번 대회 자체를 놀라게 했으며(surprised the domestic fans as well as the Asiad), 은메달 8개 또한 획득했다. 지금까지(So far) 1986년과 2002년에 복싱과 태권도에서 한 경기 최다 메달인 금메달 12개를 얻은 사례가 있다(had collected the most in one sport with 12 gold medals in 1986 and 2002).

Fencers and bowlers also proved Korea's prowess in Asia. Korean swords surely dominated at the Guangda Gymnasium, poking contenders for seven gold, two silver, and five bronze medals in 10 events. In short, Koreans advanced to the finals in nine of the 10 events.

펜싱과 볼링 역시(Fencers and bowlers also) 한국이 아시아 강국임을 입증했다(proved Korea's prowess in Asia). 한국 펜싱 선수들은(Korean swords) 광다 체육관에서 열린 10종목 펜싱 경기에서(in 10 events) 금메달 7개, 은메달 2개 그리고 동메달 5개를 획득해 확실하게 상대를 압도했다(surely dominated). 즉(In short) 한국팀은 10개 펜싱 종목 가운데 9개 경기에서(in nine of the 10 events) 결승에 진출했다(advanced to the finals).

Korean golfers proved again that they are the best golfers in Asia, sweeping all four gold medals, again and the bowlers made the nation proud with eight gold, five silver and two bronze medals.

한국 골프팀도(Korean golfers) 금메달 4개를 모두 휩쓸며(sweeping all four gold medals) 아시아 최강임을(the best golfers in Asia) 다시 한 번 입증했고(proved again), 볼링에서도 금메달 8개, 은메달 5개, 동메달 2개로 한국의 자존심을 세웠다(made the nation proud).

Meanwhile Korean martial arts athletes such as wrestlers and boxers collapsed and taekwondo was no longer the gold mine for medals.

한편(Meanwhile) 레슬링, 복싱과 같은 한국 격투 종목(martial arts athletes such as wrestlers and boxers) 선수들은 이번 경기에서 위력을 과시하지 못했고(collapsed), 태권도는 더 이상 메달 금광이 아님을(no longer the gold mine) 보여 주었다.

Previously Korean wrestlers grabbed many medals in the Asiad and the Olympics, but their slump continued for about 10 years and recently they didn't get a single gold medal. Instead they earned three silvers and six bronze medals.

과거(Previously) 한국 레슬링 선수들은(Korean wrestlers) 아시안 게임이나 올림픽에서 많은 메달을 거머쥐었으나(grabbed many medals), 이들의 슬럼프는(their slump) 지난 10년간 계속되었으며(continued for about 10 years) 최근에는 금메달을 한 개도 따지 못했다(they didn't get a single gold medal). 대신(Instead) 은메달 3개, 동메달 6개를 얻었을 뿐이다(earned).

The performance in boxing was even worse than before, with athletes snatching only two bronze medals.

복싱 성적은(The performance in boxing) 더 좋지 못한데(was even worse than before), 선수들은 동메달 2개만을 따냈을 뿐이다(athletes snatching only two bronze medals).

In Guangzhou, taekwondo proved that the event is getting world-wide attention but Korean taekwondo athletes also appeared unable to dominate any more. Korea sent 12 athletes in 16 events, expecting many gold medals but they collected only four. There was a word in Korea that becoming part of the national team is much harder than winning a gold medal in the international events in taekwondo field but this idea has become buried deep in the valley.

광저우 대회에서(In Guangzhou) 태권도는 세계의 관심을 끄는 종목이었으나(the event is getting world-wide attention) 한국 태권도가 더 이상 이 종목에서 메달을 독점하기는 힘들어 보인다(appeared unable to dominate any more). 한국팀은 이번 경기 16종목 중 12종목에 참가하며 많은 메달을 예상했으나(expecting many gold medals) 메달 4개를 얻는 데 그쳤다(collected only four). 한국 태권도 국가대표팀이 되는 것이 국제 대회에서 메달을 따는 것보다 힘들다는(becoming part of the national team is much harder than winning a gold medal in the international events in taekwondo field) 이야기가 있었는데(There was a word), 이제 이런 생각들은 계곡에 묻혀 버린 셈이 되었다(has become buried deep in the valley).

In the ball sports, many different athletes had mixed emotion. Korean baseballers including Major Leaguer Choo Shin-soo of the Cleveland Indians surely dominated the Aoti Baseball Field for the gold but footballers, who drew most of the attention, failed to regain the gold medal for the first time in 24 years.

구기 종목에서(In the ball sports) 많은 한국 선수들은(many different athletes) 착잡한 심정이었다(mixed emotion). 클리블랜드 인디언스 소속의 미 메이저리그 추신수 선수를 포함한 한국 야구선수들은 아오티 야구장에서 압도적인 성적을 내서 금메달을 획득했으나(surely dominated the Aoti Baseball Field for the gold), 국민의 관심을 끈 축구팀은(footballers, who drew most of the attention) 24년 만에 아시안 게임 처음으로(for the first time in 24 years) 금메달을 탈환하는 꿈을 이루지 못했다(failed to regain the gold medal).

The contrasting results altered the fate of the two overseas athletes — Choo and Park Chu-young of AS Monaco (football) — will go different ways due to the conscription law in Korea.
이 상반된 결과는(The contrasting results) 두 해외파 선수인 추신수와 AS 모나코 박주영의 운명을 갈라놓았는데(altered the fate of the two overseas athletes), 이들은 국내 군 입대 문제에 관한 병역법 때문에(due to the conscription law in Korea) 다른 길을 가게 될 것이다 (will go different ways).

Choo can extend his life as a Major League player without break and get the chance to hit the jackpot but as Park failed to get the exemption card, he has to either do his military service for about two years or wait another four years to play in the Asian Games again. And it will be big obstacle for Park to deal with the professional team in Europe.
추 선수에게는 메이저리그 선수로서(as a Major League player) 중단 없이(without break) 활약하면서(extend his life) 돈도 많이 벌 수 있는 기회가 온(get the chance to hit the jackpot) 반면 박 선수는 군 면제 카드를 얻어내는 데 실패했다(failed to get the exemption card). 박주영은 2년 동안 군대를 가든가(do his military service for about two years) 아니면(either) 다음 아시안게임 때까지 한 번 더 4년을 기다려야 한다(another four years to play in the Asian Games again). 이는 유럽 프로 축구단에서 박 선수가 활약하는 데 큰 장애 요소가 될 것이다(will be big obstacle).

Korean men's and women's basketball teams and the women's volleyball team reached the final and all of them had to compete against China. The host team was strong but the result was pretty hard to accept because they were denied the gold not for superior Chinese talent but for unfair calls by referees.

한국 남녀 농구팀과 여자 배구팀도(Korean men's and women's basketball teams) 결승에 진출해(reached the final) 모두 중국팀과 대결했다(had to compete against China). 중국팀은 강했으나(The host team was strong but) 결과는 받아들이기 힘들었다(the result was pretty hard to accept). 이들이 금메달을 못 딴 것은 중국팀이 우리팀보다 우수해서가 아닌(not for superior Chinese talent) 심판의 편파적 판정(for unfair calls by referees) 때문이다.

In handball, the men's team, which was unable to get gold due to unfairness in the calls in Doha in 2006, regained the gold but the women's team failed to defend their title, surprisingly upset by Japan in the semifinals.

남자 핸드볼팀은 지난 2006년 도하 아시안게임에서 심판의 불공정 판정으로 금을 따지 못한 설욕을(which was unable to get gold due to unfairness in the calls in Doha in 2006) 이번 대회에서 금메달로 되갚았다(regained the gold). 그러나 지난 대회 금메달 팀인 여자 핸드볼팀은 준결승전에서 놀랍게도 일본에게 역전패를 당했다(surprisingly upset by Japan in the semifinals).

The next Asian Games will be held in Incheon, South Korea.

다음 아시안게임은 한국의 인천에서 열린다(will be held).

As China hosted a successful Asian Games by investing a great deal of money (about $17 billion) with 590,000 volunteers, the next host city for 2014, Incheon is likely to have a big burden on their shoulders.

중국은 이번 대회를 위해 약 170억 달러라는 어마어마한 돈을(a great deal of money) 투자했으며 자원봉사자(volunteers) 59만 명을 동원했는데, 2014년 다음 개최국인 한국에게는 상당한 부담인 셈이다(is likely to have a big burden on their shoulders).

소셜 네트워크Social Network 신조어

다음 어휘들은 국내외적으로 소셜 네트워크 서비스Social Network Service가 성행함에 따라 생겨난 신조어들이다. 이러한 어휘들을 알고 있으면 SNS 시대를 선도하는 진정한 오피니언 리더opinion leader라고 할 수 있다.

- **deface**(= to remove a friendship from Facebook due to having either accidentally adding him or her as a friend or actually adding them and reconsidering later.), **de-friend**(= to remove someone from SNS): 페이스북에서 친구 요청을 거절하는 것.

- **email bankruptcy**(= when you are so inundated with emails that you have to delete everything and start all over again.): 이메일이 너무 많이 도착해서 다 볼 수 없는 경우.

- **e-depression**(= anybody complaini-ng about their depressive mood on SNS): 인터넷상에서 기분이 안 좋은 것을 표현할 때.

- **e-thug**(= sound tough and scary): 인터넷상에서 협박하는 사람.

- **work a few extra e-miles**: 근무 시간을 넘겨서 인터넷으로 더 일하는 경우.

- **food baby**: 식사를 많이 하여 임신한 것처럼 배가 나온 모습.

- **Facebook fever**(= the uncontrollable urge to check one's Facebook every time one comes in contact with a computer): 페이스북을 안 보면 안달이 나는 현상.

- **Facebook crush**(= a crush on a Facebook friend is characterized by the inexplainable urge to revise the friend's photos, tab repeatedly and checking to see if other friends have written new messages): 좋아하는 친구의 페이스북에 가서 다른 사람이 사랑 표시 등의 문자를 남겼는지를 확인하는 것.

- **Facebook foreplay**(= writing increasingly sexy messages on SNS): 페이스북 등 인터넷에 성적인 메시지를 띄우는 것.

- **fakebook**(= adding someone who you don't like to your SNS): 좋아하지도 않는 사람을 페이스북이나 SNS에 친구로 등록하는 것.

- **fashionably late**: 본인의 존재를 높이려고 의도적으로 5분 정도 늦게 나타나는 것.

- **girlfriend proof**(= to hide any objects that you what your girlfriend not to see): 여자 친구에게 보이고 싶지 않은 것을 숨기는 것.

- **cyber hoarding**(= posting an excessive amount of pointless documents, pictures saved on their computers that they will never look at.): 사이버상에 별로 중요하지 않은 내용을 띄우는 것.

- **email bail**(= using emails to back out or ditch on plans, dates and even relations): 직접 면전에서 약속이나 관계를 취소 못하여 이메일로 거절 의사를 통보하는 것.

- **email tennis**(= a seemingly endless interchange of emails without any useful outcome): 별 의미 없는 내용으로 계속 문자 메시지나 이메일을 하는 것.

- **smartphone shuffle**(= the act of walking slowly or shuffling because you are too preoccupied with tasks being done on your smartphones such as browsing the Internet, texts): 스마트폰을 시도 때도 없이 하는 것.

- **wi-five**(= a high five that does not involve actual contact, normally over a long distance where a real high-five is not possible.): 온라인상 하이파이브.

- **textual satisfaction**(= the feeling you get when your phone has a new message or missed email): 휴대전화로 새로운 메시지나, 기다리던 전화를 받을 때 느끼는 기분 좋은 감정.

- **textpectation**(text와 expectation의 합성어) (= the anticipation one feels when waiting for a response to a text message): 텍스트를 기다리다.

- **textually frustrated**(= when you are desperately waiting for a text and you either get a text from a person you don't want it to be or it takes time to come through): 문자 메시지를 기다리거나, 문자 메시지가 너무 길게 와서 본인이 답장을 못 쓸 경우 느끼는 좌절감.

- **social plagiarism**(= when you uses a story, saying, information and anecdote that you received or overheard from another individual you know and you do not cite the source): SNS상에서 취득한 정보를 자기 정보인 양 퍼뜨리는 것.

- **status texting**(= when someone texts you completely random and insignificant information only pertaining to themselves, as if they were updating their Facebook status): 자신의 중요도를 높이기 위해 자기 자랑만 하는 메시지.

- **text slurring or slurring your text**(= similar to slurring your words or slurring your text): 휴대전화로 문자를 잘못 쓴 경우.

- **phone groping**: 휴대전화가 있는지 없는지 가끔 호주머니를 만져보는 행동.

- **obsessive computer disorder, Internet coma**: 컴퓨터 중독증.

- **Merry textmas**: 성탄 축하 문자.

- **Myspace whore**(= a person who consumes most of their time on the Internet website): 마이스페이스에서 시간을 보내는 사람.

- **LAN party**(= a party where people bring their own computers, hook them up and game all night): 컴퓨터를 가져와 랜에 연결하고 노는 파티.

- **Life password**(= the password that you use for every website): 모든 인터넷 프로그램에서 똑같이 쓰는 비밀번호.

- **iPhony**(= a cell phone which copies the look and features of an iPhone): 아이폰같이 깜찍한 스마트폰.

- **iPerbole**(hyperbole에서 유래) (= the hype surrounding any product Apple unveils): 애플 상품만 보면 호들갑 떠는 것.

- **i-Peeper**(= a person who looks at someone's iPod screen to see what it is they are listening to): 다른 사람 아이폰 스크린을 보려는 사람.

- **intexticated**(취하다 intoxicated에서 유래): 휴대전화 텍스트 중독 현상.

공식 6

기사를 쉽게 읽게 하는
필수 문법

10가지 필수 문법만 숙지하면 기사 읽는 속도가 빨라진다.

다음에 나오는 필수 문법 10가지는 영자신문에 매일 나오는 주요 구문을 뽑아 그 특징을 분석하여 정리한 것이다. 가장 자주 나오고, 가장 핵심이 되는 구문들을 엄선하였으므로, 이를 알면 보다 빠르고 정확하게 기사를 이해할 수 있다.

기사를 쉽게 읽게 하는 필수 문법 10가지 공식

❶ reportedly(보도된 바에 의하면), purportedly(~라고 알려진, 사실이 아닐지 모르지만), allegedly(주장한 바에 의하면, 이를테면) 등은 사실 확인이 안 된 기사를 전할 때 사용한다. 같은 뜻으로 it is reported that, it is purported that, it is alleged that, it is claimed that 등이 있다.

❷ is quoted (reported, cited) as saying that 등은 인용했음을 나타내는 표현이다.

❸ could, would, should 등은 가정법을 의미한다. 기사는 실제 일어난 일을 기사화하기 때문에 가정법을 그리 많이 사용하지는 않는다. 다만 가정법의 의미를 포함하는 could, would, should를 자세히 분석해 가정법을 의미하는지의 여부를 판단해야 한다.

❹ 문장 중에 주어 없이 '동사 + ing' 혹은 '동사 + ed'인 경우: 이런 경우는 긴 문장을 짧게 쓰려고 시도한 문장으로 두 문장을 한 문장으로 만든 경우이다. 이 점을 파악하면 기사 읽는 것이 훨씬 쉬워진다. 이 경우는 (1) 문장 중에 콤마(,) 다음에 ing가 오는 경우, (2) 문장 중에 콤마(,) 다음에 과거분사형이 오는 경우, (3) with 다음에 동사가 ~ing인 경우, (4) with 다음에 동사가 과거분사형인(동사 + ed) 경우, (5) with 이하에 동사가 없는 경우로 나누어 볼 수 있다.

❺ with, without이 포함된 문장: with는 as, because 등으로 해석할 수 있다.

❻ that, which, who 등의 관계대명사가 빠진 문장: 신문 기사에서는 압축과 생략의 특징에 따라 that, which, who 등이 빠지는 경우가 많다.

❼ provided that과 given that 등은 조건을 나타내는 표현이다.

❽ while은 (1) 반면에, (2) 한편으로는, (3) ~동안의 용례가 있다.

❾ argue, claim, maintain 등이 들어가면 본인의 주장을 강하게 나타낸다.

❿ 주어가 동사 뒤에 나오는 경우는 강조하기 위한 도치 구문이다.

1. reportedly(보도된 바에 의하면), purportedly(~라고 알려진, 사실이 아닐지 모르지만), allegedly(주장한 바에 의하면, 이를테면): 같은 뜻으로 it is reported that, it is purported that, it is alleged that, it is claimed that 등이 있다.

The Norwegian Nobel Prize committee <u>reportedly</u> requested governments to respond whether or not they were going to send delegates to the award ceremony no later than Nov. 15.
☞ <u>It is reported</u> that the Norwegian Nobel Prize committee requested governments to respond whether or not they were going to send delegates to the award ceremony no later than Nov. 15.
보도에 의하면(It is reported that), 노르웨이 노벨평화상위원회는(the Norwegian Nobel Prize committee) 각국 정부에(governments) 11월 15일까지(no later than Nov. 15) 노벨평화상 수상식에(to the award ceremony) 자국의 대표를 파견할 것인지(whether or not they were going to send delegates) 답변해 줄 것을(to respond) 요청했다(requested).

Over the past few months, Minerva's analytical style and sometimes prescient forecasts have <u>purportedly</u> affected foreign exchange markets.
☞ <u>It is purported</u> that over the past few months, Minerva's analytical style and sometimes prescient forecasts have affected foreign exchange markets.
알려진 바에 의하면(It is purported that), 지난 수개월간(over the past few months), 미네르바의 분석적인 스타일(Minerva's analytical style), 그리고 때로 선견지명이 있는 예측이(prescient forecasts) 외환 시장에 영향을 주었다고 한다(have affected foreign exchange markets).

The alleged arsonist of the South Gate <u>allegedly</u> thought about committing a terrorist attack on public transportation such as a bus or subway train but abandoned this idea for fear of causing massive casualties.

☞ <u>It is alleged</u> that the arsonist of the South Gate thought about committing a terrorist attack on public transportation such as a bus or subway train but abandoned this idea for fear of causing massive casualties.

전하는 바에 의하면(It is alleged that), 남대문(숭례문) 방화 용의자가(the alleged arsonist of the South Gate) 버스나 지하철 등 공공 교통 시설에 테러를 하려 했다고 한다(thought about committing a terrorist attack on public transportation such as a bus or subway train). 그러나 대량 사상자를 우려해(for fear of causing massive casualties) 이 계획을 포기했다고 한다(abandoned this idea).

This excludes the case of an Iranian national known locally as Peter Talebi, who <u>it is claimed</u> was deported from South Korea in July with no time to gather his belongings.

여기서 국내에서 피터 탈레비로 알려진(known locally as Peter Talebi) 이란 국적인의 사건은(the case of an Iranian national) 제외한다(excludes). 그는 개인 물품을 정리할 틈도 없이(with no time to gather his belongings) 지난 7월 한국에서 추방되었다고(was deported from South Korea) 전해지고 있다(it is claimed).

It is said that the rich CEO paid a New York-based concierge firm $15,000 to look for a summer camp for his child that didn't have any rich kids.

이 부유한 CEO는 자기 아들을 어떤 부자집 아들도 참가하지 않는(that didn't have any rich kids) 여름 캠프에 보내는 조건으로(to look for a summer camp), 뉴욕에 있는 고객 서비스 회사에 1만 5,000달러를 지급했다고(paid) 전해진다(It is said).

2. is quoted(reported, cited) as saying that의 표현

An intelligence source was quoted as saying that a train carrying a long cylinder-shaped object has recently been spotted by U.S. and South Korean intelligence agencies, adding it is believed to be a Taepodong-2 missile.

정보에 정통한 소식통에 의하면(An intelligence source was quoted as saying that), 커다란 실린더 모양의 물체를 실은 열차가(a train carrying a long cylinder-shaped object) 미국과 한국의 정보 당국에(by U.S. and South Korean intelligence agencies) 최근 포착되었으며(has recently been spotted), 이것은 대포동-2 미사일로 여겨진다고 덧붙였다(adding it is believed to be a Taepodong-2 missile).

The leader of the nation's largest charity group was reported to have received a substantial amount of money from suppliers.

국내 최대 자선 단체의 대표는(The leader of the nation's largest charity group) 납품업자로부터(from suppliers) 상당한 금액을(a substantial amount of money) 수수한 것으로 전해지고 있다(was reported to have received).

3. 가정법을 의미하는 could, would, should: 기사는 실제 일어난 일을 기사화하기 때문에 가정법을 그리 많이 사용하지 않는다. 다만 가정법의 의미를 포함할 수 있는 could, would, should를 자세히 분석하여 가정법을 의미하는지의 여부를 판단해야 한다.

Chinese President Hu Jintao told President Barack Obama in a phone call that tension on the Korean Peninsula <u>could</u> get out of control, if (it were) not handled properly.

중국의 후진타오 대통령은 버락 오바마 대통령과의 전화에서(in a phone call), 적절하게 처리되지 않으면(if not handled properly) 한반도 긴장이 통제 불능의 상태로 전개될 수 있다고 (tensions on the Korean Peninsula could get out of control) 말했다.

Roughly 95 percent of Korea-US trade <u>would</u> become duty free within three years and most of the other tariffs would be lifted within a decade.

(한미 FTA 발효 이후) 한미 교역의 약 95%는 3년 내에 관세가 없어질 것이며(would become duty free within three years), 기타 대부분의 관세도(most of the other tariffs) 10년 이내에 해제될 것이다(would be lifted within a decade).

According to the U.S. International Trade Commission, the elimination of South Korean tariffs alone <u>should</u> add $10 billion to $12 billion to the U.S. GDP. Demand for American audiovisual, financial, and telecommunications services also likely <u>would</u> increase substantially.

미국 국제무역위원회에 의하면(According to the U.S. International Trade Commission), 한국 정부의 관세 철폐만으로(the elimination of South Korean tariffs alone) 미국 경제에

(to the U.S. GDP) 연간 100~120억 달러의 부가가치를 더해야 한다(add $10 billion to $12 billion). 미국의 시청각, 재무 및 텔레커뮤니케이션 서비스 역시 상당히 증가할 것으로 보인다 (likely would increase substantially).

4. 문장 중에 주어 없이 '동사 + ing' 혹은 '동사 + ed'인 경우: 기사 중에 주어가 없는 경우 독자가 당황하기 쉽다. 이런 경우는 긴 문장을 짧게 쓰려고 시도한 것으로 두 문장을 한 문장으로 만든 것이다. 이는 (1) 문장 중 콤마(,) 다음에 ing가 오는 경우, (2) 문장 중 콤마(,) 다음에 과거분사형이 오는 경우, (3) with 다음에 동사가 ~ing인 경우, (4) with 다음에 동사가 과거분사형인 경우, (5) with 이하에 동사가 없는 경우로 나누어볼 수 있다.

(1) 한 문장 뒤에 콤마(,)가 나오고 다음에 동사에 ing가 오는 경우

- writer-friendly 기사

Jim O'Neil, director of the Goldman Sachs Global Economic Research pointed out the rise of China can be both an opportunity and a threat to Korea, <u>suggesting</u> that Korea undertake policy steps to boost productivity and move to higher value added businesses.

- reader-friendly 기사

Jim O'Neil, director of the Goldman Sachs Global Economic Research pointed out the rise of China can be both an opportunity and a threat to Korea. He suggested that Korea undertake policy steps to boost productivity and move to higher value added businesses.

짐 오닐 골드만삭스경제연구소장은 중국의 부상이(the rise of China) 한국에게는 기회이자 위기가 될 수 있다고(can be both an opportunity and a threat to Korea) 지적했다(pointed out). 그는 한국이 생산성을 높이는 정책 방안에 착수하고(Korea undertake policy steps to boost productivity) 고부가가치 업종으로 나아가야 한다고(move to higher value added businesses) 제안했다(suggested).

……→ 새로 고쳐본 reader-friendly 기사는 Jim O'Neil이 말한 두 문장을 분리한 것이다. 즉 (1) Jim O'Neil, director of the Goldman Sachs Global Economic Research pointed out the rise of China can be both an opportunity and a threat to Korea. (2) (and he suggested) that Korea undertake policy steps to boost productivity and move to higher value added businesses로 나누어 독자들이 읽기 편하게 하였다. 즉 문장 뒤에 콤마(,)가 나오고 다음에 '동사 + ing'인 경우는 and he(or she) suggested이다.

(2) 문장 중 콤마(,) 다음에 과거분사형이 오는 경우

In a press conference, <u>held</u> at a Seoul hotel Monday, Park Chul said that he had filed a criminal suit against his wife Ok So-ri for adultery.
박철은 월요일 서울의 한 호텔에서 열린 기자회견에서(In a press conference, held at a Seoul hotel Monday) 부인 옥소리에 대해(against his wife Ok So-ri) 간통죄로(for adultery) 형사 고발했다고(had filed a criminal suit) 말했다.

……→ In a press conference 다음에 콤마(,)가 오고 hold의 과거분사형이 held가 나오고 있다. 이런 경우는 In a press conference, which was held at a Seoul hotel Monday에서 의미 전달상 없어도 되는 which was를 생략한 것이다. 다르게 표현하면 In a press conference and the press conference was held at a Seoul hotel Monday라는 내용이다. In a press conference at a Seoul hotel Monday로도 쓰인다.

(3) with 다음에 ~ing인 경우

> Authorities are on a high alert over the foot-and-mouth disease (FMD), <u>with</u> more than 3 million cows and porks dying of the deadly disease.
> 방역 당국이(Authorities) 구제역으로 인해(over the foot-and-mouth disease) 비상이 걸린 가운데(on a high alert) 소와 돼지 300만 마리가 이 치명적인 가축병으로(the deadly disease) 폐사했다(dying of).

……→ (1) Authorities are on a high alert over the foot and mouth disease (FMD). (2) More than 3 million cows and porks died of the deadly disease. 두 문장을 합친 것이다. 여기서 with 다음에 주어가 나오고 ing가 나오는 이유는 두 문장의 주어가 다르기 때문이다.

다시 풀어 써 보면 Authorities are on a high alert over the foot and mouth disease (FMD) (because) more than 3 million cows and porks died of the deadly disease로 나타낼 수 있다.

(4) with 다음에 동사가 과거분사(동사 + ed)인 경우

> The mercury across the country is forecast to go down further Thursday, <u>with</u> some snow expected in mountainous areas in Gangwon Province.
> 목요일 전국적으로(across the country) 수은주가(The mercury) 더욱 떨어질 것으로 예상되는 가운데(is forecast to do down further) 강원도 산간 지역에는(in mountainous areas in Gangwon Province) 일부 눈이 올 것으로 전망된다(with some snow expected).

……→ (1) The mercury across the country is forecast to go down further Thursday (2) (and) some snow (is) expected in mountainous areas in

Gangwon Province. 두 문장을 합친 것이다.

(5) with 다음에 명사가 올 경우

<u>With</u> the subsequent success of the sequel "New Moon," and the third installment, "Eclipse," in post-production, Justin Chon, 28, an Asian-American actor, has fans all around the world, including a retinue of self-proclaimed "Twilight moms."
(트와일라잇 시리즈의) 2편 〈뉴문〉과 3편인 〈이클립스〉의 계속된 흥행 성공으로(With the subsequent success), 아시아계 미국 배우인 저스틴 천(28)은 자칭 황혼기 엄마 부대(Twilight moms)를 포함, 전 세계 수많은 팬을 확보하고 있다(has fans all around the world).

┈┈> (1) Justin Chon enjoyed the subsequent success of the sequel "New Moon," and the third installment, "Eclipse," in post-production. (2) Justin Chon, 28, an Asian-American actor, has fans all around the world, including a retinue of self-proclaimed "Twilight moms." 두 문장을 합쳐서 'with + 명사'(the subsequent success of the sequel "New Moon," and the third installment, "Eclipse," in post-production)로 표현했다. 여기서 주목할 점은 with를 이용하여 긴 문장을 짧게 쓴 것이다. with를 사용한 표현은 주어가 같은 경우에만 쓴다.

(6) 문장에 주어 없이 '동사 + ed'로 시작하는 경우

<u>Asked</u> about the most important factor he weighs in designing a chair, he answered: "The person who will be using it and the environment the chair is going to be placed in. That will determine everything from

color, material and shape."
의자를 디자인하는 데(in designing a chair) 가장 중요한 요소가(the most important factor) 무엇이냐는 질문에(Asked about) 그는 "의자를 사용하는 사람과(The person who will be using it) 의자가 위치할 곳(the environment the chair is going to be placed in), 바로 그것이 색상, 소재 모양 등(from color, material and shape) 모든 것을 결정한다(determine everything)"고 대답했다.

······› asked about은 무조건 when he was asked about이다. 뒤에 나오는 주어와 시제에 따라, When she was asked about, when they asked about 등의 능동형, 수동형으로 변형될 수 있다.

다른 문장, 같은 표현은 On questions about the most important factor he weighs in designing a chair, he answered: "The person who will be using it and the environment the chair is going to be placed in. That will determine everything from color, material and shape."과 같이 나타낼 수 있다.

5. with, without이 포함된 문장

A popular female TV celebrity from Germany is creating a heated debate, if not controversy, <u>with</u> her book that apparently focused on the less glamorous side of the Korean society.
유명한 독일인 여성 TV 명사가(a popular female TV celebrity from Germany) 한국 사회의 좋지 않은 부분에 초점을 둔 책 때문에(with her book that apparently focused on the less glamorous side of the Korean society) 문제는 아니지만(if not controversy) 열띤 논쟁을 일으키고 있다(is creating a heated debate).

······› 여기서 with는 as, because 등을 의미한다. 이것은 As (because)

her book apparently focused on the less glamorous side of the Korean society로 풀어볼 수 있다.

> Rep. Na Kyung-won of the ruling Grand National Party, said, "We cannot win voters' hearts without any party reform. <u>Without</u> that, there won't be any election victory."
> 여당인 한나라당의 나경원 의원은 "당 개혁 없이는(without any party reform) 유권자의 마음을 사로잡을 수 없다(cannot win voters' hearts). 이것이 없으면(Without that) 선거에서 승리할 수도 없다(there won't be any election victory)"고 말했다.

······▸ 여기서 without은 if we did not win voter's heart의 현재가정법이다.

6. that, which, who 등의 관계대명사가 빠진 문장

> "It's not true that there was <u>intelligence indicating North Korea</u> might attack the five islands in the West Sea," said Joint Chief of Staff spokesman Lee Bung-woo said.
> 이병우 합참 대변인은 북한이 서해 5도를 공격할 가능성이(North Korea might attack the five islands in the West Sea) 있었음을 암시하는 첩보는(intelligence indicating) 사실이 아니라고(It's not true) 말했다.

······▸ It is not true that there was intelligence that was indicating that North Korea might attack the five islands in the West Sea에서는 that이 세 개나 된다. 즉 It is not true that there was intelligence, intelligence that was indicating, indicating that North Korea might attack the five islands in the West Sea 등으로 문장 세 개를 합친 것을 알 수 있다. 문장의 길이를 줄이기 위해 intelligence that was indicating에서 that was가 삭제된 것이다.

신문 기사에서는 that, which, who 등이 빠지는 경우가 많다.

> An immigration <u>official familiar</u> with the issue said the government will pay "particular attention to people from countries notorious for supporting terrorism such as Iran, Syria, Cuba, Sudan and Pakistan."
> 이 문제에 정통한 이민국 관계자는(An immigration official familiar with the issue) 정부가 이란, 시리아, 쿠바, 수단, 파키스탄과 같이 테러를 지원하는 것으로 악명 높은 국가의 국민에게 (to people from countries notorious for supporting terrorism) 특별한 관심을 기울일 것 이라고(will pay particular attention) 말했다.

……⟩ 여기서 An immigration official familiar with the issue는 An immigration official who is familar with the issue로 who is가 빠진 경우이다. 또한 from countries notorious for에서 from countries which (that) are notorious for로 which나 that 등이 빠져 있다.

7. provided that과 given that 등의 표현

> Several wealthy businessmen were arrested, but most were let off, <u>provided that</u> they set up companies in certain designated industries.
> 몇몇 부유한 기업인이 구속되었다(were arrested). 그러나 대부분은 지정된 산업에 회사를 차 린다는(they set up companies in certain designated industries) 조건으로(provided that) 풀려났다(were let off).

……⟩ provided that은 조건을 나타내는 표현으로 if it is provided that, on condition that, if 등으로 해석될 수 있다. 즉 무엇을 하면 무엇이 발생한다는 표현이다. 그러나 이 표현은 최근 들어 사용이 급격히 줄어드는 추세다. 표현 은 다음과 같이 바꾸어 볼 수 있다.

☞ on condition that they set up companies in certain designated industries.

☞ if they promise that they set up companies in certain designated industries.

☞ if they promise to set up companies in certain industries.

☞ in return for their establishment of companies in certain designated industries.

> Sri Lanka was the first Asian nation to condemn Kosovar independence — not surprising given that this could give new impetus to the struggle for a separate Tamil state.
>
> 스리랑카는 코소보 독립을 비난한 아시아의 첫 국가였는데(the first Asian nation to condemn Kosovar independence), 이는 놀랍지 않다(not surprising). 왜냐하면 코소보의 독립이(this) 타밀 독립 자치 정부에 대한 투쟁에(to the struggle for a separate Tamil state) 새로운 추진력을 줄 수 있기(could give new impetus) 때문이다.

······› given that은 조건적 가능성conditional probability을 표시할 때 쓰는 표현이다. 여기서 전자의 행동(코소보 독립을 반대한 아시아의 첫 국가)은 후자의 행동이 일어날 수 있다는 조건적 가능성을 암시한다. 표현 역시 다음과 같이 바꾸어 볼 수 있다.

☞ This is not surprising as (because) this could give new impetus to the struggle for a separate Tamil state.

☞ in view of the possibility that this could give new impetus to the struggle for a separate Tamil state.

8. while의 용례

ex 01 반면에, 한편으로

China thinks America's position will play a decisive role in the Dokdo dispute, <u>while</u> it sees Japanese military power far outstrips that of Korea, in the case of a full-blown military conflict between the two nations.

중국은 독도 분쟁에서(in the Dokdo dispute) 미국의 입장이 결정적인 역할을 할 것으로(will play a decisive role) 생각하는 반면(while) 한일 양국 간(between the two nations) 전면적 군사 분쟁이 일어날 경우(in the case of a full-blown military conflict) 일본의 군사력이 한국의 군사력을 훨씬 압도할 것으로(far outstrips) 보고 있다.

ex 02 ~하는 동안

The driver filed the suit when he was caught watching DMB <u>while</u> he was driving in September 2008 and slapped with the penalty.

운전사는 2008년 9월 운전하는 동안(while driving) 디지털 미디어 방송을 보다 잡혀(was caught watching DMB) 벌금형을 당하자(slapped with the penalty) 소송을 냈다(filed the suit).

9. argue, claim, maintain, asset 등이 나오는 경우

Ahn Jung-keun <u>argued</u> that only if the national sovereignty of China, Korea and Japan were respected, would it be possible to have a true and lasting peace in East Asia.

안중근은 중국, 한국, 일본의 주권이 존중되면(were respected) 동아시아의 진정하고 항구적인 평화가(true and lasting peace) 가능할 것이라고(would it be possible) 주장했다.

……→ 기사에서 서술어는 90% 이상 say, said로 쓴다. argue 등이 들어가면 본인의 주장을 강조하는 것이다. 기사에 argue, maintain, claim, contend 등이 나오는데, 이는 said로 이해하되 주장이 반영된 opiniated 의견으로 이해하면 된다. 저널리즘의 핵심은 객관성인 만큼 argue, claim 등 주장이 들어간 단어를 무절제하게 사용해서는 안 된다. 꼭 필요한 경우 예외적으로 사용한다.

10. 주어가 동사 뒤에 나오는 경우는 강조 의미(도치)

주어 앞에 동사가 오는 경우 주어가 무엇인지 모를 수도 있다. 이 경우는 강조하려고 하거나 주어가 너무 긴 경우이다. 영어 문장은 주어-동사 순으로 배치되나 주어가 긴 경우에는 순서가 바뀔 수도 있다. 또한 영문에서 간단한 것은 앞에 오고, 복잡한 것은 뒤로 간다는 원리에 따라 대개 긴 부분은 뒤로 간다.

> Before it's too late, the government ought to drastically enhance its financial and other incentives to revive the nation's moribund science and engineering education. The government and businesses need to promise privileges in pay and employment, and schools, advantages in entrance exams. Seoul also ought to consider exempting top scientists and engineers from military duty, as it does for Olympic champions. At stake is <u>nothing less than Korea's economic survival or the nation's future itself</u>.

너무 늦기 전에(Before it's too late) 정부는 빈사 상태의 이공계 교육이 되살아 나도록(to revive the nation's moribund science and engineering education) 금융과 기타 유인책을 대폭 강화해야 한다(ought to drastically enhance its financial and other incentives). 정부와 재계는 급여와 고용에 있어서, 그리고 대학들은 입학 시험에서 특혜를 약속해야 한다 (need to promise privileges). 정부는 또 올림픽 우승자들처럼 최고 수준의 과학자와 기술자들에게 병역을 면제해 주는 것을 고려해야 한다(ought to consider exempting top scientists and engineers from military duty). 한국의 경제적 생존, 아니 나라의 미래 자체가(nothing less than Korea's economic survival or the nation's future itself) 걸린 문제이기 때문이다(At stake is).

······> At stake is nothing less than Korea's economic survival or the nation's future itself는 도치 문장의 전형적인 예이다. 주어는 nothing less than Korea's economic survival or the nation's future itself로 동사 뒤에 나온다. 이 경우는 주어가 너무 길어서 독자의 이해를 돕기 위해 도치한 것이다.

Yes, those government economists who point to the welfare diseases in many European countries may be right, especially considering Korea's state debt could double or triple if it includes liabilities held by a myriad of state enterprises and pseudo-corporate entities. Nor can <u>what worked in North Europe be</u> directly applied to Korea, as there are wide differences in the sizes of their economies and populations.

많은 유럽 국가들의 복지병을 지적하는 정부의 경제 전문가들이(those government economists who point to the welfare diseases) 옳을 수도 있으며(may be right), 특히 (especially) 수많은 국영 기업들과 유사 기업들이 지고 있는 부채까지 포함하면(if it includes liabilities held by a myriad of state enterprises and pseudo-corporate entities) 한국의 국가 부채가(Korea's state debt) 2배 내지 3배가 된다는 사실을 고려해 볼 때 (considering could double or triple) 더욱 그렇다. 또 북유럽에서 통한 것이 직접 한국에 적용될 수는 없는 것이(Nor can what worked in North Europe be directly applied to Korea) 이들 간에는 경제와 인구의 규모에 있어서 커다란 차이가 있기 때문이다(as there are wide differences in the sizes of their economies and populations).

……⟩ Nor can what worked in North Europe be directly applied to Korea. 이 문장의 주어는 what worked in North Europe이다. 원래 what worked in North Europe cannot be directly applied to Korea라는 문장인데, 불가능하다는 것을 강조하고 주어가 길기 때문에 주어를 동사 뒤에 배치한 것이다.

> Most worrisome is <u>the possibility that the government will put political calculations ahead of economic principles</u> to "re-create" power in 2012.
> 가장 걱정되는 것은(Most worrisome) 정부가 2012년에 정권을 '재창출'하기 위해(to "re-create" power in 2012) 경제 원칙보다 정치적 계산을 우선할 가능성이다(the possibility that the government will put political calculations ahead of economic principles).

……⟩ 여기서 주어는 (1) possibility that the government will put political calculations ahead of economic principles to "re-create" power in 2012 이다. 주어가 너무 길어서 동사 뒤에 배치하였으며 Most worrisome을 강조한 효과도 있다.

애매한 수식어

독자가 기사를 읽을 때 가장 어려운 부분이 수식어다. 특정 단어가 어떤 단어나 구를 수식하는지를 파악하는 것이 그리 쉽지만은 않다. 기자가 의도했던 것과 독자가 이해하는 의미가 다를 수가 있다. 이런 혼선으로 인해 뜻하지 않은 오역이 생기고, 예상치 못한 웃음거리가 생긴다. 이를 피하기 위해 최근 저널리즘journalism계에서는 확실하지 않은 수식어를 사용하지 않는 방법을 모색하고 있다.

● 주어 불일치 예

ex 01 Turning the corner, a handsome school building appeared.

멋있는 건물이 코너를 돌자 나왔다.

☞ As he turned the corner, a handsome school building appeared.

그 사람이 코너를 돌자 멋있는 건물이 나왔다.

ex 02 At the age of eight, my family finally bought a dog.

나의 가족이 여덟 살이 되자, 개를 드디어 구입했다.

☞ As I turned eight, my family finally bought a dog.

내가 여덟 살이 되자 우리 가족은 드디어 개를 구입했다.

ex 03 Walking down Main Street, the trees were beautiful.

나무들이 메인 도로를 걷자 아름다웠다.

☞ Walking down Main Street, the man saw the beautiful trees.

그 남자는 메인 도로를 걸으면서 아름다운 나무를 보았다.

ex 04 Reaching the station, the sun came out.

해가 역에 도착하자 해가 나왔다.

☞ The sun came out as the woman reached the station.

그 여자가 역에 도착하자 해가 나왔다.

● 수식어 위치가 잘못된 예

ex 01 I saw the trailer peeking through the window.

나는 창을 통해 쳐다보는 트레일러를 목격했다.

☞ Peeking through the window, I saw the trailer.

창을 통해 나는 트레일러를 목격했다.

ex 02 She left the room, fuming.

그녀는 방을 떠났다. 그런데 방은 화가 나 있었다.

☞ Fuming, she left the room.

화가 나서 그녀는 방을 떠났다.

ex 03 One morning I shot an elephant in my pajamas.

어느 날 아침 나는 내 파자마에 있는 코끼리를 쏴버렸다.

☞ One morning in my pajamas, I shot an elephant.

어느 날 아침 나는 파자마 바람에(파자마를 입고) 코끼리를 쏴버렸다.

ex 04 Hopefully, the sun will be shining tomorrow.

바라건대 내일의 태양은 밝게 빛날 것이다.

☞ He was hopeful that the sun will be shining tomorrow.

그는 내일 태양이 밝게 빛나기를 바랐다.

ex 05 Regrettably, both groups are typically put into the same English classroom in Korean schools.

두 그룹에게는 유감스럽게도, 일반적으로 한국 학교에서는 같은 영어 수업을 수강한다.

☞ It is regrettable that both groups are typically put into the same English classroom in Korean schools.

두 그룹이 한국 학교에서 같은 영어 강의를 듣는 것이 유감스럽다.

공식 7

논설 읽는 법

 논설은 신문사의 영혼soul이다. 스트레이트 기사에서 얻을 수 없는 특정 이슈에 대한 정보가 논리적으로 정리되어 있다.

논설을 읽을 줄 알면 이제 영자신문을 다 읽을 수 있다는 자부심을 가져도 좋다. 코스 요리를 먹을 때 전채 요리, 찬 음식, 더운 음식, 그리고 후식을 먹는 순서가 있듯이, 논설을 읽을 때도 차근차근 접근하는 법을 알면 기쁨과 보람이 배가 된다.

논설 읽기 10가지 공식

❶ 어떤 논설이든 네 가지 조직body으로 구성된다. 전반 첫 2~3개 문장은 도입부 introduction라 하여 전개하려는 주제의 상황과 현황을 포함하고, 이 기사의 방향이나 결론을 미리 암시한다. 두 번째 부분은 도입 부분을 부연 설명하거나 문제점을 제시한다. 세 번째 부분은 사설 방향과 반대되는 내용을 소개하고 이를 객관적 자료나 설득형으로 반박한다. 마지막 부분은 해결책을 기술하고 결론을 내린다. 다시 말하면, 전개–주장–반대되는 주장에 대한 객관적 반박–결론으로 나눠지는 게 일반 원칙이다.

❷ 큰제목, 소제목, 마지막 문장을 읽어 보고, 무슨 메시지를 전하려 하는지 일단 추측하고 연상해 본다.

❸ 일독을 하면서 모르는 단어는 표시해 놓고, 일단 문맥으로 연상해 보다가 나중에 사전을 찾아 본다.

❹ 각 문장마다 키워드가 무엇인지 파악해 본다. 논설위원들은 항상 각 문장에서 강조할 키워드를 염두에 두고 쓴다.

❺ 같은 뜻이라도 같은 단어를 반복하지 않는 것을 원칙으로 한다. 이 점을 알면 논설을 읽으면서 같은 표현을 어떻게 다양하게 썼는지 알 수 있다.

❻ 서로 반대되는 단어를 찾아서 유추해 본다.

❼ 긴 문장은 짧게 쓸 수 없는지 연구해 본다.

❽ 논설의 관점, 즉 글쓴이의 주장에 내가 동의하는지 아니면 내 생각과 다른지 비판적으로 생각해 본다.

❾ 논설을 몇 번 숙독한 후, 다시 기사를 보면서 써본다. 그리고 〈코리아 타임스〉 홈페이지에서 제공하는 음성 서비스text to speech service를 이해할 때까지 들어 본다.

❿ 내용을 완전히 숙지한 후 원문을 보지 않고 같은 주제로 직접 글을 써 본다.

짧은 논설 읽기

이제 짧은 논설의 예를 통해 잘 쓰인 논설의 특징을 알아보자. 이 글에 좋은 영작을 위한 기본 원칙이 망라되었다는 점을 포인트로 본다.

♠ 기사 미리 보기

Point 01 같은 단어의 중복 사용을 배제하고 있다.
Internet curfew(인터넷 규제)를 the ban, the bill, from midnight to 6 a.m., the Cinderella law, the shutdown, shut off the computer 등으로 써서 한 번도 같은 단어나 표현으로 다시 반복하지 않았다. 앞에서도 강조했듯, 이는 모든 영문 작성에 있어서 굉장히 중요한 포인트이다. 논설을 읽을 때에도 이런 원칙을 알면 읽기가 쉬워진다.

Point 02 문장을 거의 1형식으로 통일하고 있다. 즉 주어-동사 구성의 짧은 문장을 씀으로써 저자보다 독자 친화적으로 접근하고 있다.

Point 03 장황한 문장이 없다. 모든 문장을 가능한 20~30단어 내외로 표현하고 있다. 한 문장이 30단어 이상이면 독자들은 이해하는 데 어려움을 느끼고 두 번, 세 번 읽어야 하는 수고가 생긴다.

Point 04 which, that, if, when 등을 가능한 한 사용하지 않고, 긴 문장은 두 문장으로 나누어 표현하고 있다.

Point 05 애매한 수식어를 사용하지 않고 있다.

Point 06 각 문장 사이에 상반되는 내용이 나열되었을 때 but, although 등을 사용하지 않고 있다. 두 문장이 상반될 경우 굳이 but을 사용하지 않아도 독자가 이해할 수 있기 때문이다.

Point 07 대체로 쉬운 단어를 사용하고 있다. 다만 여기서 어려운 단어는 freaks(괴물)인데, 이것은 내용을 전개하는 데 불가피하게 사용된 것이다. 영어를 잘하는 사람은 쉬운 단어로 표현한다.

Point 08 가장 시사적인 주제를 다루고 있다. 요즘 모든 청소년들이 생각해 볼

만한 문제로, 취직이나 대학 영어 에세이 시험의 주제가 될 수도 있는 내용을 장단점을 열거하여 쉽게 다루고 있다.

Point 09 논설의 4대 원칙인 (1) 현황 설명과 문제점 제기(발제), (2) 찬성 의견, (3) 반대 의견 개진과 문제점, (4) 결론을 충실히 따르고 있다.

Point 10 모든 주요 이슈에 대해 장단점을 정리하는 습관을 키울 수 있도록 글의 기승전결을 갖추고 있다.

Internet curfew
인터넷 사용 규제

Seoul considers an Internet curfew on youngsters to prevent gaming addiction in the online world. Under a proposed bill, the youngsters aged less than 16, would be unable to get online gaming access from midnight to 6.a.m. The bill has many loopholes, however.

정부는(Seoul) 청소년들의(on youngsters) 온라인 게임 중독을 예방하기 위해(to prevent gaming addiction in the online world) 인터넷 사용 규제를(an Internet curfew) 고려하고 있다(considers). 이 법률안에 따르면(Under a proposed bill) 16세 이하 청소년들은(the youngsters aged less than 16) 자정부터 아침 6시까지(from midnight to 6.a.m.) 온라인 게임에 접속을 할 수 없게 된다(would be unable to get online gaming access). 그러나 이 법안은 많은 허점을 드러내고 있다(has many loopholes).

The so-called Cinderella law will go into effect one year after the National Assembly approval. The one-year grace period is necessary to help online gaming companies prepare for the change.

이른바 신데렐라법이라고 하는 이 법안은(The so-called Cinderella law) 국회의 승인을 받고 1년 뒤에(one year after the National Assembly approval) 시행된다(will go into effect). 이 유예 기간 1년은(The one-year grace period) 온라인 게임 업체들이 이러한 변화에 대비하도록 하기 위해(to help online gaming companies prepare for the change) 필요한 것이다(is necessary).

The bill is an answer to cope with the growing Internet addicts numbering as many as two million. The world's one of the most wired countries has seen the death of a man in his 30s after a five-day nonstop online gaming in an Internet cafe. A 15-year-old boy killed himself after killing his mother for scolding him to shut down the computer. A couple neglected their baby and eventually starved him to death while they were raising a virtual child online.

이 법안은(The bill) 무려 200만 명에 달하는(numbering as many as two million) 인터넷 중독자들의 증가에 대처하기 위한(to cope with the growing Internet addicts) 하나의 해결책이다(is an answer). 세계에서 인터넷이 가장 발달한 나라 가운데 하나인 우리나라에서(The world's one of the most wired countries) 한 30대 남성이 PC방에서(in an Internet cafe) 5일 연속 온라인 게임을 한 뒤(after a five-day nonstop online gaming) 사망한 것이 확인됐다. 또 15세 남자 아이가 컴퓨터를 그만하라고 잔소리한 엄마를 죽인 뒤(after killing his mother for scolding him to shut down the computer) 스스로 목숨을 끊었다(killed himself). 한 부부는(A couple) 온라인에서 가상 아이를 키우는 동안(while they were raising a virtual child online) 자신들의 아기는 방치하여(neglected their baby) 결국 아기를 굶겨 죽였다(eventually starved him to death).

The bill also contains an option for parents to set the maximum number of hours the youngsters can use online gaming daily. The government stresses the necessity of the law for the health of adolescents and their right amount of time for sleep.

신데렐라법은(The bill) 청소년들이 매일 게임을 할 수 있는(the youngsters can use online gaming daily) 최대 시간을 부모가 정하는(for parents to set the maximum number of hours) 선택권도 포함한다(contains an option). 정부는(The government) 청소년들의 건강과 충분한 수면 시간을 위해(for the health of adolescents and their right amount of time for sleep) 이 법의 필요성을 강조하고 있다(stresses the necessity of the law).

Many high-school students complain about the shutdown as they stay at school until midnight. They claim the adults are exaggerating the online addictions. Even without Internet, these freaks would have found outlets for their mental illness.

많은 고교생들은(Many high-school students) 자정까지 학교에 있으므로(as they stay at school until midnight) 인터넷 사용 규제에 대해 불평하고 있다(complain about the shutdown). 이들은(They) 어른들이 온라인 중독에 대해 과장하고 있다고(the adults are exaggerating the online addictions) 주장한다(claim). 인터넷이 없었더라도(Even without Internet) 이 괴물들(인터넷 중독자들)은(these freaks) 자신들의 정신적 고통을 해소하는(for their mental illness) 다른 배출구를 찾았을 것이다(would have found outlets).

The law has loopholes. The young students could access the online gaming sites during the curfew hours by using the accounts of the adults. Online gaming companies might enforce the rule loosely not to lose business contraction.

신데렐라법은 많은 허점을(loopholes) 가지고 있다. 어린 학생들은 규제 시간 동안(during the curfew hours) 어른들의 계정을 통해(by using the accounts of the adults) 온라인 게임에 접속할 수 있다(could access the online gaming sites). 온라인 게임 회사들은(Online gaming companies) 영업 감소를 막기 위해(not to lose business contraction) 수칙을 느슨하게 적용할 수도 있다(might enforce the rule loosely).

> Parental guidance and persuasion are more influential than the law itself. Parents should persuade children that the online addiction is a dangerous distraction.
>
> 부모의 지도와 설득이(Parental guidance and persuasion) 이 법안 자체보다도 더 많은 영향을 끼친다(are more influential than the law itself). 부모들은(Parents) 인터넷 중독이 위험한 방해물이 될 수 있다며(the online addiction is a dangerous distraction) 아이들을 설득해야 한다(should persuade children).

논설이 항상 문제 제기만 하는 것은 아니다. 어떤 국가적 이슈나 공동체 프로젝트에 대해 독자를 설득하여 참여를 유도하는 설득형 논설도 있다. 다음에 살펴볼 예시는 국가적 이슈에 대해 전 세계 네티즌의 참여를 유도하는 논설이다. 찬반양론을 대비하는 게 아니라 참여의 당위성을 제시하고 있다. 어떻게 읽어야 할지 포인트를 알아 보자.

♠ 기사 미리 보기

Point 01 제목이 이상하다? New7Wonders of Nature라는 제목은 독자들에게 온라인 투표를 할 수 있는 주소(http://www.new7wonders.com)를 알려 주어 참여를 권장하고자 New7Wonders를 한 단어로 썼다.

Point 02 이 논설은 반대 의견이 없는 설득형이다.

Point 03 정운찬 캠페인 위원장을 ambassador(대사)로 표기했다. 모든 위원장을 chairman(위원장)으로 번역하면 안 된다. 여기서 정운찬 캠페인 위원장은 전 세계를 대상으로 제주도의 아름다움을 대표하는 대사에 가깝다.

Point 04 이미 알고 있는 기존 단어에 under만 잘 활용해도 영어 어휘가 2배로 늘어난다. valued에 under를 합치면 undervalued, appreciated에 under를 합치면 underappreciated이다. 일상생활에서 under, out, over를 포함한 단어를 알아두면 좋다. outdo(압도하다), underachieve(목표를 달성하지 못하다), overlook(감독하다) 등이다. 그러나 모든 단어에 under나 out, over를 쓸 수는 없다. (under, out, over로 시작하는 용례는 이 chapter의 뒷부분에 나와 있다.)

Point 05 좋은 숙어도 포함되어 있다. (1) from generation to generation(대대손손), (2) one-time honor(일시의 영광), (3) stand behind(누구 뒤에 서다), 즉 support(협조하다, 지원하다)의 뜻, (4) Olle trails(올레길).

New7Wonders of Nature
세계 7대 자연경관

Jeju Island is one of the 28 finalists for the New7Wonders of Nature. Voting is now under way to select the final seven on Nov. 11 next year.
제주도가 세계 7대 자연경관 경진 대회에 28개 최종 엔트리에 선정되었다. 투표는(Voting) 현재 진행 중이며(is now under way) 최종 7개 명소는 2011년 11월 11일에 확정된다.

Koreans are proud that the island is competing with the Amazon, Dead Sea, Galapagos Islands, Grand Canyon, Great Barrier Reef, Iguazu Falls, Kilimanjaro, and other natural wonders worldwide. It is currently running in 13th place. Jeju belatedly named former Prime Minister Chung Un-chan as an ambassador for the scenic island in the international New7Wonders of Nature campaign.
한국인들은 제주도가 아마존, 사해, 갈라파고스 섬, 그랜드캐니언, 호주의 대 산호초, 이과수 폭포, 킬리만자로 그리고 다른 명소와 함께 세계 7대 자연경관 선정 경쟁에 참여하는 것에 큰 자부심을 느끼고 있다(are proud). 현재 28개 최종 경합 지역 중 13위를 달리고 있다(is currently running in 13th place). 제주도는 늦게나마(belatedly) 정운찬 전 국무총리를 세계7대자연경관선정범국민추진위원장으로 임명했다(named).

Chung said Jeju is undervalued and underappreciated worldwide. He will campaign to promote the true beauty of the island. He appealed to Chinese, Japanese and other Asian citizens to vote for the island.

정 전 총리는 제주도가 현재 국제적으로 저평가되고 있고(underappreciated worldwide) 널리 알려져 있지 않다고 말했다. 그는 제주도의 아름다움을(the true beauty of the island) 전 세계에 알리는 데 노력하겠다고 했다(will campaign to promote). 그는 제주도가 선정되도록 중국, 일본 그리고 동아시아 전체 네티즌(사람들)에게 온라인 투표 참여를 호소했다 (appealed to Chinese, Japanese and other Asian citizens to vote for the island).

He said if crowned a New7Wonders of Nature, the island will see substantial benefits that will last from generation to generation. It will not only stimulate tourism but also upgrade the prestige and brand power of South Korea.

만약 7대 자연경관에 선정되면(if crowned a New7Wonders of Nature), 제주도는 대대손손(from generation to generation) 큰 혜택과 영광을 누릴 것이다(will see substantial benefits). 관광이 증진되는 것뿐만 아니라(not only stimulate tourism) 대한민국의 국가 이미지와 브랜드 파워 제고에도 큰 도움이 될 것이다(but also upgrade the prestige and brand power of South Korea).

It would not be a one-time honor like an international sports competition. It would be an eternal pride, glory and asset of the country.

그것은 국제 경기 유치 한 번으로 생기는 영광과는(a one-time honor) 비교가 안 되는 큰 국가적 영광이다. 선정되면 한국인의 자부심, 한국의 영광이자(an eternal pride, glory) 한국의 자산인(asset of the country) 것이다.

Seoul's brand image jumped by 900 billion won after the city was named the World Design Capital this year. A Swiss-based foundation has been organizing the contest since 2007. The beauty of Jeju is sometimes less appreciated by locals than by foreigners. UNESCO has already recognized its untapped natural beauty. The Olle trails have wowed trekkers. The central government should stand behind Jeju's campaign.

서울이 국제 디자인 도시로 선정되는 것 자체로 9,000억 원의(by 900 billion won) 브랜드 이미지가 제고된다는(brand image jumped) 것이다. 스위스에 본부를 두고 있는(A Swiss-based foundation) 이 행사를 주관하는 재단은 이 행사를 2007년부터 진행해 왔다(has been organizing the contest since 2007). 때때로 내국인보다는 외국인이 제주도의 아름다움을 더 높이 평가하는 것 같다. 유네스코에서는 제주의 아름다움에 대해 문화 유산으로 벌써 몇 곳을 선정했으며(has already recognized), 특히 올레길은(The Olle trails) 관광객의 감탄을 자아내고 있다(have wowed trekkers). 중앙 정부도(The central government) 제주도의 선정 유치 노력에 적극 지원해야 한다(should stand behind Jeju's campaign).

Jeju must ponder whether the beauty of the island is undervalued worldwide for its poor marketing campaign. Foreigners in Korea and foreign visitors to the island are encouraged to join in the online voting as they receive a heavy weighting in online voting.

제주시는 제주도의 아름다움이 평가 절하된(undervalued) 이유가 마케팅의 부족 때문은(for its poor marketing campaign) 아닌지(whether) 생각해 보아야 한다(must ponder). 한국에 있는 외국인(Foreigners in Korea), 그리고 제주도를 방문한 전 세계 외국인에게(foreign visitors to the island) 제주도가 선정되도록 투표에 참여하기를 적극 권유한다(are encouraged to join in the online voting). 외국인의 투표 비중이 내국인 투표 비중보다 큰 점을 유의해야 한다.

긴 논설 읽기

앞서 짧은 논설을 통해 논설 읽는 법을 익혔으니 이번에는 긴 논설을 예로 들어보자. 다음과 같은 단계를 포인트로 삼으며 읽어 보면 매우 효과적이다.

♠ 기사 미리 보기

Point 01 제목과 마지막 문장을 읽어 본다.

제목: **Good Samaritan law** ☞ 착한 사마리아인 법.

부제: *Clear codification needed to win public support* ☞ 공공의 지지(국민 지지)를 받을 수 있는 명확한 조문을 만들어야.

마지막 문장: **The bill should codify the scope of responsibilities and immunities in order to encourage people's voluntary participation.** ☞ 이 법안에 국민의 자발적 참여를 유도하기 위해서는(in order to encourage people's voluntary participation) 책임 범위와 면책 범위를(the scope of responsibilities and immunities) 조문화해야(codify) 한다.

제목과 마지막 문장을 읽으면 이 사설의 내용을 거의 유추할 수 있다. 이 사설은 지하철 사고시 등에 목숨을 걸고 도움을 주는 사람들에게 칭찬과 격려를 하고, 구조 활동을 하면서 예상치 않은 손해를 보지 않도록 법제화하겠다는 내용이다. 또, 책임과 면책 범위를 명확하게 하는 게 이 법안 입법시 가장 중요한 사항이라는 결론이 마지막 문장에 나온다. 결론을 유추할 수 있도록 논설의 제목을 **Clear codification needed to win public support**로 단 것도 알 수 있다. 신문 제목과 마찬가지로 be 동사가 빠져 원래 is needed였던 것이 needed가 되었다. 이렇게 제목과 마지막 결론 문장을 보면 이 논설에서 전하려는 메시지를 거의 다 알 수 있다. 논설을 다 읽을 시간이 없는 경우, 제목과 마지막 문장만 읽어 봐도 된다.

Point 02 잘 모르는 단어, 생소한 단어를 유추해 보고 줄을 쳐본다. 모르는 단어가 나온다고 당황할 필요 없다. 모르는 단어가 포함된 문장을 읽는 법도 하나의 기술이다. 일일이 사전을 찾아보지 말고 맥락 안에서 최대한 그 의미를 유추해 보도록 한다. 이런 과정을 거치면 다음에 그 어휘를 다시 만났을 때 확실히 기억할 수 있다. 이 논설에 나온 주요 어휘를 살펴보자.

(1) codification: 법의 체계화. 즉 법조문 문구 작성. 동사 codify의 명사형이다.

(2) penalize: 처벌. penalty는 다 아는 단어이니 penalty의 동사형임을 유추할 수 있다.

(3) solidarity: 연대. social solidarity는 사회적 연대라는 뜻.

(4) bystanders: 방관자. stand와 by의 합성명사. 옆에 서있다는 의미로 방관자라는 뜻을 유추해 볼 수 있다.

(5) immunity: 면책. immune from은 무엇으로부터 면책받다라는 뜻.

(6) paralysis: 불구. paralyze(불구가 되다)의 명사형이다.

(7) civil and criminal immunity: 민형사상의 법적 책임 면책.

(8) administrating treatment: 치료하다.

(9) seek legislation: 입법을 추진하다(= to submit the bill to the National Assembly for passage, push the legislation).

(10) hesitant: 주저하다.

Point 03 각 단락의 키워드를 찾아본다.

전개 부분의 키워드는 Good Samaritan Law, Bad Samaritan Law이다. 두 번째 부분 Second body의 키워드는 mandatory이다. 즉 구조자를 돕는 것을 의무화한다는 것이다. 세 번째 부분 Third body은 penalty, too harsh이다. 벌칙이 너무 가혹하다는 것이다. 결론 부분 Conclusion은 scope of responsibilities and immunities와 people's voluntary participation이다. 이 네 부분의 키워드만 잘 파악하면 이 내용을 다 이해했다고 볼 수 있다.

Point 04 같은 단어와 구절을 계속 반복하지 않는다 one meaning—multiple words. 같은 의미의 표현을 다양한 어휘로 써서 독자에게 지루함을 주지 않는다. 이 논설에서 눈여겨볼 중복 어휘 사용을 배제한 사례는 다음과 같다.

(1) in danger of accidental injury or death(사고로 인한 부상·사망의 위험에 처

하다); the sick and the injured(환자와 부상자); at risk of dying or physical damage(사망 또는 신체적 손상의 위험); others in danger and victims of crime(위험에 처한 타인과 범죄의 피해자); strangers in trouble(어려움에 처한 타인, 잘 모르는 사람); the lives of those exposed to danger and crime(위험과 범죄에 노출된 사람의 생명); a tourist who had been robbed and beaten(강도당하고 매 맞은 관광객); the wounded from the wreckage of something(어떤 잔해로 인한 부상자)

(2) bystanders(방관자); reluctant to help others(타인을 도우려 하지 않는); people refusing to help(돕는 것을 거부하는); to encourage people's active participation(사람들의 활발한 참여를 장려하기 위해); to respect courageous acts of volunteers(자원봉사자의 용감한 행동에 존경을 표하기 위해)

(3) strangers(잘 모르는 타인); the wounded(부상자); the travellers beaten and robbed(강도를 당하고 맞은 여행객)

(4) The bill을 차후 it으로, 또 다른 문장에서는 legislation 등으로 줄여 썼다.

(5) danger(위험); exposed to the risk or the accident(사고의 위험에 처한)

(6) mandatory; obligatory(의무적인, 강제적인)

(7) legal repercussion(법적인 반향); legal responsibility(법적 의무)

(8) cash reward(현금 보상); compensation(보상)

(9) penalize(처벌하다); face prosecution(형사 처벌에 직면하다)

(10) litigation; lawsuit(소송)

(11) petty demeanor(경범죄); fine in cash(과태료)

Point 05 서로 반대되는 표현을 유추해 본다. 논설은 찬반을 열거하기 때문에 상반된 단어가 많이 나온다. 이 논설에서는 다음과 같은 단어들이 있다.

(1) Good Samaritan Law와 Bad Samaritan Law(곤경에 처한 사람을 도와주고 위로하는 사람을 위한 법, 곤경에 처한 사람을 본체만체하는 사람들을 처벌하는 법)

(2) bystanders(방관자)와 rescuers, supporters(도움을 주는 자, 협조자)

(3) harsh와 lenient(법이 너무 가혹한, 너무 온정적인)

(4) well-intentioned(선의의 = good-intentioned)와 some would abuse(일부 사람

들이 악용할 수도 있다. 여기서 some은 일부 사람들이라는 명사로 쓰이고 있다.)

(5) compensation(보상)과 liability(배상 책임)

(6) the sick, the wounded(the와 형용사가 함께 써서 ~한 사람들. 즉 아픈 사람들, 상해를 입은 사람들)와 the rescuer(구조자)

(7) hesitating(머뭇거림)과 volunteering(자발적)

(8) courageous act(용감한 행동)와 unnecessary and reckless act(불필요하고 무모한 행동)

(9) immunity(면책)와 penalty(형사 책임)

Point 06 가능한 문장을 짧게 쓴다. 이 사설을 보면, which, that, if, although 등을 써서 문장을 길게 하려는 기교를 피했다. 주어-동사로 시작하고 종료되는 1형식이 가장 좋은 문장임을 강조하고 있다. 즉 독자 친화적 방식을 유지하고 있다.

Point 07 전개, 도입, 결론 부분을 찾아본다. 이 세 부분을 나누어 읽어 보고 분석한다.

Point 08 이 사설의 주장에 동의하는지 확인한다. 착한 사마리아인 법은 필요한데, 과연 나쁜 사마리아인 법까지 도입해야 하는지에 대해 문제를 제기할 수도 있다. 이것은 각 개인의 시각 차이이다. 꼭 두 개의 법안으로 해야 하는지, 상반되는 법안을 한 개의 법으로 합칠 수는 없는지 등의 관점을 제기해 본다.

Point 09 사설에 등장했던 주요 어휘를 다시 한 번 정리함으로써 자신의 것으로 만드는 시간을 갖는다. 앞서 소개한 이 논설의 주요 어휘를 되새겨 본다.

Point 10 마지막 과정은 사설 원문을 직접 그대로 베껴 써보거나 키워드가 되었던 부분에 밑줄을 그어 보면서 주요 논리 구조를 되새겨 보는 시간을 갖는 것이다. 번역문만 가지고 자신이 직접 영작을 해보고 원문과 비교해서 어느 정도 수준에 근접해 있는지 연습해 보는 것도 좋다.

이제 이 논설의 전개, 도입, 결론 부분을 하나씩 살펴보자.

● **전개 부분**: 사설의 첫 단락. 법안 내용의 골격을 말해 줌으로써 무슨 내용인지 독자에게 파악하게 한다.

> Korea may join other countries in introducing the Good Samaritan Law and Bad Samaritan Law. The bill would provide partial or full civil and criminal immunity to rescuers of a victim in danger of accidental injury or death. At the same time, the bill would penalize bystanders hesitating to serve the sick or injured for fear of facing a lawsuit for misconduct.
>
> 한국은(Korea) 다른 국가와 마찬가지로 착한 사마리아인(곤경에 처한 사람에게 위로와 도움을 주는 사람) 법과, 나쁜 사마리아인(곤경에 처한 사람을 도와주려 하지 않는 사람) 법 제정을(in introducing) 서두르고 있다. 이 법안은(The bill) 예상치 못한 사고로 부상이나 사망 위험에 있는(in danger of accidental injury or death) 피해자를(a victim) 도와주는 구조자들에게(rescuers) 부분 또는 전체적인 민형사상의 책임을 면제해 주려 한다(would provide partial or full civil and criminal immunity). 동시에(At the same time), 이 법안은 법정 소송이 두려워(for fear of facing a lawsuit) 병자나 부상자 도와주기를 꺼리는(hesitating to serve the sick or injured) 방관자(bystanders)의 처벌을 추진하고 있다(would penalize).

……› 여기서 The bill would는 아직 입법을 추진하는 단계이니 통과된 법이 아니고, '통과가 되면'이라는 가정법이다. 일반적으로 다 풀어 쓰면, If the bill were to become a law, it should provide partial or full civil and criminal immunity~로 쓰나 문장을 짧게 쓰려고 would를 사용해 가정법을 썼다.

● **도입 부분**: 이 법안의 취지를 설명한다. Good Samaritan, Bad Samaritan 법의 입법을 추진하고 있는 여당인 한나라당의 임동규 의원의 내용을 소개하고 있다.

Under the bill proposed by Rep. Lim Dong-kyu of the governing Grand National Party, it would become mandatory for people to aid strangers at risk of dying or physical damage. Not assisting would be subject to up to 3 million won in fines or a maximum two years in prison. It would also become obligatory to report the accidents to the police or rescue team.

여당인 한나라당의 임동규 의원이 추진하는 이 법안은(Under the bill proposed by Rep. Lim Dong-kyu of the governing Grand National Party), 죽음이나 신체적 손해에 직면한 모르는 사람을(strangers at risk of dying or physical damage) 돕는 것을(to aid) 의무 사항으로 하고 있다(would become mandatory). 만약 돕지 않으면(Not assisting) 최고 300만 원의 벌금 또는 2년의 징역(up to 3 million won in fines or a maximum two years in prison) 대상이 될 것이다(would be subject to). 또한 이 법안은 경찰이나 구조대에 사건을 보고하는 것을(to report the accidents to the police or rescue team) 의무 사항으로 하고 있다(would also become obligatory).

Lim and other lawmakers will submit the bill to the National Assembly for approval next week. Lim says he is pushing the legislation as many people are reluctant to help others in danger and victims of crime for fear of litigation.

임 의원 및 다른 동료 의원들은(other lawmakers) 이 법안을 다음 주에 국회에 상정하여(will submit the bill to the National Assembly) 통과를(for approval) 목표로 하고 있다. 임 의원은 소송에 휘말리는 것이 두려워(for fear of litigation) 위험에 처한 사람이나 범죄 피해자(others in danger and victims of crime) 돕기를 꺼리는(are reluctant to help) 사람들이 많은 까닭에(as many people are) 이 법안 제정을 추진하고 있다고(is pushing the legislation) 한다.

He said the bill is to strengthen social solidarity and encourage people to help strangers in trouble without fear of legal repercussions for any possible mistakes while administering treatment. The National Assembly Research Service said 31 American states and 14 EU countries have put in place Good and Bad Samaritan laws. Australia and Canada have also adopted the law.

임 의원은 이 법안이 사회 연대를 강화하고(to strengthen social solidarity), 또한 위기에 처한 타인을(strangers in trouble) 응급 처치할 경우(while administering treatment) 혹시 생길지 모르는 실수로 인해(for any possible mistakes) 법적인 파장을 두려워하는 사람들에게 도움이 될 것이라고(encourage people without fear of legal repercussions) 말했다. 국회입법연구소에 의하면(The National Assembly Research Service said) 미국 32개 주, EU 14개국이 이 법을 시행하고 있다. 호주, 캐나다 또한 이 법을 채택하고 있다(have also adopted the law).

He hopes the principle of responsibility would help save the lives of those exposed to danger and crime.

임 의원은 이 책임 원칙이(the principle of responsibility) 위험과 범죄에 직면한 사람의 생명을 구하는 데(save the lives of those exposed to danger and crime) 도움이 되기를(would help) 희망한다.

The Good Samaritan comes from a parable told by Jesus in Luke 10:25–37. It recounts the assistance one traveler in the Samaria area gave to a tourist who had been robbed and beaten.

착한 사마리아인이란 성경의 누가복음 10장 25절에서 37절에 나오는 예수가 말한(told by Jesus) 우화이다(comes from a parable). 이 우화는 사마리아인이 강도, 폭행을 당한 여행객을(a tourist who had been robbed and beaten) 도와준다는 내용이다.

이제 도입 부분에 대한 반대 의견과 이 법안의 문제점을 열거하고 있다.

The bill needs a sophisticated touch during parliamentary deliberation, however. Violations should be a petty misdemeanor. The penalty currently suggested in the bill is too harsh. For example, The U.S. State of Vermont levies a fine of up to $100 for idle bystanders.

그러나(however), 이 법안은 국회 심의 과정에서(during parliamentary deliberation) 좀 더 섬세한 접근이 필요하다(needs a sophisticated touch). 규정 위반이(Violations) 경범죄가 되어야 한다(should be a petty misdemeanor). 법안에서 추진하는 벌칙은 너무 가혹하다(is too harsh). 예를 들면 미국의 버몬트 주는 위기에 도와주지 않는 방관자에게(for idle bystanders) 최고 100달러의 과태료를(a fine of up to $100) 부과하고 있다(levies).

Another question is how to define the concept of imminent danger or peril. For example, an ordinary citizen may volunteer to rescue the wounded from the wreckage of a car collision. The well-intentioned but inexperienced rescuer may cause paralysis of the wounded. This could lead to litigation as the court may eventually regard the act as unnecessary and reckless. If a professional had treated the victim, his or her paralysis might not have occurred.

또 하나 문제점은 직면한 위험의 개념을 어떻게 정의 하느냐 하는(how to define the concept of imminent danger or peril) 문제이다. 예를 들면 일반 시민이 교통사고 부상자를(the wounded from the wreckage of a car collision) 도와주려 할 수 있다(may volunteer to rescue). 그러나 의도는 좋더라도 미숙한 구조자가(The well-intentioned but inexperienced rescuer) 부상자의 신체를 마비시킬 수도 있다(may cause paralysis of the wounded). 이 경우 소송으로 전개되고(could lead to litigation) 법원에서는 궁극적으로(eventually) 이 구조를 불필요하고, 신중하지 못한 행동으로 인정할 수 있다(regard the act as unnecessary and reckless). 만약 전문 구조대원이 피해자를 처치했다면(If a professional had treated the victim) 그 피해자의 전신마비는 없었을 것이다(his or her paralysis might not have occurred).

Some would abuse the Good Samaritan Law to gain compensation. It is, therefore, necessary to minimize cash rewards for aiding strangers although society should respect courageous acts of volunteers.

일부 사람들은(Some) 보상을 받기 위해(to gain compensation) 이 좋은 사마리아인 법을 악용할 수도 있다(would abuse). 따라서(therefore) 타인을 도운 것에 대한(for aiding strangers) 현금 보상을 최소화하여야 한다(is necessary to minimize cash rewards). 그렇지만(although) 자원자들의 용기있는 행동은(courageous acts of volunteers) 우리 사회가 존경해야 한다(society should respect).

● **결론 부분**: 어떤 방향으로 법안이 완성되어야 하는지 제시한다.

The United States features the Good Samaritan Law, meaning shielding the rescuer from liability. The EU adopts the Bad Samaritan Law, criminalizing bystanders. People refusing to help may face prosecution. Korea seeks to adopt both. The bill should codify the scope of responsibilities and immunities in order to encourage people's voluntary participation.

미국의 착한 사마리아인 법에도 구조자에게 면책이 되도록(shielding the rescuer from liability) 명시하고 있다(features). EU에서는 방관자에게 형사처벌을 요하는(criminalizing bystanders) 나쁜 사마리아인 법을 채택하고 있다(adopts). 만약 도와주지 않으면(People refusing to help) 검찰 조사를 받을 수도 있다(may face prosecution). 한국은 이 두 가지 법안 모두를 추구하고 있다(to adopt both). 이 법안은 책임과 면책 범위를 명시화해서(codify the scope of responsibilities and immunities) 민간의 자발적인 참여를 유도해야 한다(to encourage people's voluntary participation).

>>>>> **실전 문제**

이 사설을 가지고 실전 연습을 해보자. 다음 보기 중에서 각 번호에 들어갈 단어를 넣어보자.

> obligatory, criminalizing, voluntary, reluctant, shielding, administering, imminent, exposed, compensation, criminal

Good Samaritan law
Clear codification needed to win public support

Korea may join other countries in introducing the Good Samaritan Law and Bad Samaritan Law. The bill would provide partial or full civil and (1) _____ immunity to rescuers of a victim in danger of accidental injury or death. At the same time, the bill would penalize bystanders hesitating to serve the sick or injured for fear of facing a lawsuit for misconduct.

Under the bill proposed by Rep. Lim Dong-kyu of the governing Grand National Party, it would become mandatory for people to aid strangers at risk of dying or physical damage. Not assisting would be subject to up to 3 million won in fines or a maximum two years in prison. It would also become (2) _____ to report the accidents to the police or rescue team.

Lim and other lawmakers will submit the bill to the National Assembly for approval next week. Lim says he is pushing the legislation as many people are (3) _____ to help others in danger and victims of crime for fear of litigation.

He said the bill is to strengthen social solidarity and encourage people to help strangers in trouble without fear of legal repercussions for any possible mistakes while (4) _____ treatment. The National Assembly Research Service said 31 American states and 14 EU countries have put in place Good and Bad Samaritan laws. Australia and Canada have also adopted the law.

He hopes the principle of responsibility would help save the lives of those (5) _____ to danger and crime.

The Good Samaritan comes from a parable told by Jesus in Luke 10:25–37. It recounts the assistance one traveler in the Samaria area gave to a tourist who had been robbed and beaten.

The bill needs a sophisticated touch during parliamentary deliberation, however. Violations should be a petty misdemeanor. The penalty currently suggested in the bill is too harsh. For example, The U.S. State of Vermont levies a fine of up to $100 for idle bystanders.

Another question is how to define the concept of (6) _____ danger or peril. For example, an ordinary citizen may volunteer to rescue the wounded from the wreckage of a car collision. The well-intentioned but inexperienced rescuer may cause paralysis of the wounded. This could lead to litigation as the court may eventually regard the act as unnecessary and reckless. If a professional had treated the victim, his or her paralysis might not have occurred.

Some would abuse the Good Samaritan Law to gain (7) _____. It is, therefore, necessary to minimize cash rewards for aiding strangers although society should respect courageous acts of volunteers.

The United States features the Good Samaritan Law, meaning (8) _____ the rescuer from liability. The EU adopts the Bad Samaritan Law, (9) _____ bystanders. People refusing to help may face prosecution. Korea seeks to adopt both. The bill should codify the scope of responsibilities and immunities in order to encourage people's (10) _____ participation.

* 정답: 1. criminal 2. obligatory 3. reluctant 4. administering 5. exposed 6. imminent 7. compensation 8. shielding 9. criminalizing 10. voluntary

논설과 영어 인증 시험과의 상관관계

다음 문제들은 앞서 소개한 'Good Samaritan law' 논설에서 나왔던 주요 어휘를 바탕으로 TOEIC, TOEFL, TEPS 등 영어 인증 시험에서 출제 가능한 예상 문제 유형을 정리한 것이다. 앞서 나온 논설을 예로, 논설 읽기가 공인 시험 대비에 어떻게 활용될 수 있는지 확인해 보자. TOEIC에서 Reading Section Part 5와 TEPS의 Grammar Section의 Part 2, Vocabulary Section의 Part 2는 문장의 빈칸에 적절한 표현을 고르는 문제이다. 이러한 유형의 문제들은 〈코리아 타임스〉에 등장하는 어휘를 꾸준히 학습하고, 논설에 나오는 논리 구조에 익숙해지면 자연스럽게 해결하는 힘이 생긴다.

＊ Choose the one word or phrase that best completes the sentence.

1. Unauthorized reproduction of this recording is _____ prohibited by federal law and subject to criminal prosecution.
(a) efficiently
(b) strictly
(c) dramatically
(d) productively

2. The crime which your client has committed is so heinous in nature that this court is _____ to listen to your plea for bail before the trial.
(a) reduced
(b) difficult
(c) impossible
(d) reluctant

3. Matron International is reluctant to reduce its workforce, _____ there appears to be no choice.

(a) for all

(b) in spite of

(c) although

(d) even although

4. Rumors about the company's imminent sale were _____ around the office.

(a) went

(b) goes

(c) go

(d) going

5. The rabbit regained consciousness during an experimental surgery due to the inadequate amount of _____ being administered.

(a) anesthetic

(b) euthanasia

(c) aesthetics

(d) euphoria

6. Employees _____ in an assembly area must wear the protective clothing or they can be exposed to the radioactivity and the products also can be polluted by small particles from employees.

(a) have worked

(b) worked

(c) working

(d) to work

7. Our travel agency will provide full compensation for any _____ vacation bookings or plane tickets our clients have bought this summer.

(a) disused

(b) excused

(c) unused

(d) accused

8. Your compliance _____ this new policy is completely voluntary, but we think it is in the public interest that you do so.

(a) in

(b) with

(c) to

(d) for

9. Sociologists use the term "victimless crime" to describe the willing exchange among adults of widely desired, but illegal, goods and services. Many Americans view gambling, prostitution, public drunkenness, and the use of marijuana as victimless crimes in which there is no "victim" other than _____. As a result, there has been pressure from some groups to decriminalize various activities which fall into the category of victimless crimes.

(a) the innocent

(b) the offender

(c) the alcoholic

(d) the addict

10. From July next year, when the new traffic laws come into effect, it will become _____ for all drivers under the age of 25 to abide by passenger number restrictions.

(a) essential

(b) illegal

(c) requisite

(d) obligatory

※ 정답

1. (b) 이 음반을 불법 복사하는 것은 연방법에 의해 엄격히 금지되었고 형사 처벌의 대상이 된다. ☞ 문맥상 '엄격히strictly'가 타당하다.

2. (d) 당신의 고객이 자행한 범죄는 본질적으로 너무나 극악무도하여 법정은 재판 전에 당신의 보석 신청을 받아들이기 꺼리는 것이다. ☞ 문맥상 '꺼리는, 내키지 않아 하는reluctant'이 정답이다.

3. (c) 메이트론 인터내셔널은 다른 선택 사항이 없어 보이긴 하지만 인력을 감축하기를 꺼리고 있다. ☞ 빈칸 이하 there appears to be ~ 주어와 동사의 형태를 갖추고 있으므로 접속사가 필요하다. for = in spite of = despite(~에도 불구하고): 양보의 의미를 갖는 전치사. although = even though = though: 양보의 의미를 갖는 접속사.

4. (d) 그 회사의 임박한 공매에 관한 소문이 사무실 주위에 떠돌고 있었다. ☞ 진행형 문제. 과거진행형을 표현하기 위해서는 ~ing형이 되어야 한다.

5. (a) 토끼는 불충분한 마취제가 투여되고 있었기 때문에 실험적인 수술 중에 의식을 되찾았다. ☞ 한편 euthanasia(안락사)도 administer라는 동사와 같이 쓰이지만 안락사는 절대적이기 때문에 inadequate(불충분한)라는 형용사와 조화가 되지 않으며 문맥상 anesthetic(마취제)이 정답이다.

6. (c) 조립 공정에서 일하는 근로자들은 보호복을 입어야 한다. 그렇지 않으면 그들은 방사능에 노출될 수도 있고 제품이 그들로부터 나온 미세먼지에 오염될 수도 있다. ☞ 빈칸부터 area까지가 Employees를 꾸며 주는 분사 구문. Employees와 빈칸 사이에 '관계대명사 who + be동사'가 생략되어있다. work는 자동사이므로 ~ing형이 적절하다.

7. (c) 우리 여행사는 아직 쓰지 않은 휴가 예약이나 우리 고객들이 올 여름에 구입한 비행기 티켓에 대해 완전한 보상금을 지급할 것입니다. ☞ 사용하지 않은 휴가를 unused vacation이라고 한다.

8. (b) 당신이 이 새 방침에 따른다는 것은 완전히 자발적인 것이지만, 우리는 당신이 그렇게 하는 것이 공공의 이익에 합치한다고 생각한다. ☞ comply with와 같이 그 명사형인 compliance에도 with가 사용됨.

9. (b) 사회학자들은 성인 사이에 널리 욕구의 대상인 재화와 용역을 불법적으로 거래하는 것을 "피해자 없는 범죄"라고 일컫는다. 많은 미국인들은 도박, 매춘, 공공장소에서의 추태, 마리화나 사용을 범죄자를 제외하곤 피해자가 없는 범죄라고 부른다. 결과적으로, 어떤 집단들에 의해 피해자 없는 범죄에 속하는 여러 불법 행위를 합법화하려는 압박이 있다. ☞ 피해자 없는 범죄의 피해자를 정의한다면 의외의 주제를 예측할 수 있으며 범주적인 용어로써 (c)나 (d)와 같은 구체적인 명사를 탈락시킬 수 있다. 따라서 '(b) 범죄자'가 적당하다.

10. (d) 내년 7월부터 새로운 교통법규가 시행되면서 25세 미만의 모든 운전자들은 승객 수 제한 규정의 준수가 의무적이 될 것이다. ☞ 법적, 규정적의 문맥상 obligatory(의무적)가 적당하다. abide는 "지키다, 따르다"라는 뜻으로 illegal(불법)과는 조화가 되지 않는다.

out과 under, over를 포함한 핵심 어휘

out, under, over를 포함한 어휘를 익히면 어휘를 기존의 두 배로 늘릴 수 있으며, 영작이나 대화에서 긴 표현을 간결하고 프로페셔널하게 사용할 수 있다.

● out이 들어간 유용한 표현

outperform	앞서다
outbid	입찰에서 이기다
outclass	이기다, 압도하다(= outmuscle)
outwit	선수치다
out–out lie	처음부터 끝까지 거짓말
outlook	전망, 세계관
outstanding	뛰어난, 눈에 띄는
outshine	이기다, 뺨치다
outline	개요를 말하다, 요약하다
outright	노골적인, 전면적인
outhouse	별채, 화장실
outgoing	외향적인
outsmart	의표를 찌르다
outsell	많이 팔리다
outsmell	냄새가 강하게 나다
outcall	출장
outachieve	능가하다
outact	보다 앞서다
outargue	말로 압도하다

outplay	훨씬 잘하다
outplan	훨씬 계획을 잘 세우다
outback	오지
outbalance	무게가 더 나가다
outcry	격렬한 반응
outdistance	능가하다
outdate	구식화하다
outfox	한 수 앞서다
outfly	더 날아가다
outface	대담하게 물리치다
outfight	싸워 이기다(= outmatch, outmarch)
outguess	낌새를 미리 알아차리다
outgrow	너무 커서 맞지 않다
outgeneral	좋은 전술로 이기다
outjockey	꾀를 써서 이기다(= outmaneuver)
outjump	보다 멀리 뛰다
outlast	오래 가다
outlaw	금지하다
outlive	오래 살다
outmeasure	~보다 크다
outnumber	수로 압도하다
outpace	앞지르다
outplay	이기다
outrace	이기다
outrage	격노하다
outstrip	능가하다(= outtop)

outtrade	바가지 씌우다
outtalk	입씨름으로 이기다
outthink	보다 깊이 생각하다
outtech	기술적으로 압도하다
outvalue	보다 가치 있다
outvote	투표에서 이기다
outvoice	목소리로 압도하다, 설득력이 있다
outwait	~보다 오래 기다리다, 보다 참다
outwork	재택 근무
outweigh	압도하다
outyield	~보다 많이 생산하다

● under로 시작하는 유용한 표현

underline	밑줄 치다, 강조하다
undergo	겪다
understand	이해하다
underachieve	자기 실력보다 성적이 잘 안 나오다
underage	미성년자
underbuy	가격보다 싸게 사다, 팔다(= undercut)
underbid	저가 입찰하다
undercharge	가격보다 싸게 청구하다
underdress	너무 간소한 옷을 입은
underdevelop	개발되지 않은
underemphasize	너무 강조하지 않은
undereducated	교육을 덜 받은
underexpose	노출을 적게 하다
underestimate	과소평가하다

underfeed	덜 먹이다
undergraduette	여자 대학생
underhoused	주택 부족인
undermanned	인력 부족인
undernourished	영양 부족인
underpaid	저임금의
underperform	기량을 발휘하지 못하다
underrate	과소평가
underreact	미온한 대응을 하다
undertax	과소 과세하다
underused	과소 사용된(= underutilized)
undervalue	과소평가
underwhelm	감명을 주지 못하다

● over로 시작하는 유용한 표현

overcrowd	(~에 사람을) 너무 많이 들이다
overdue	(지급) 기한이 지난, 늦은
overhear	어쩌다 듣다
overlap	겹치다
overload	너무 많이 싣다
overlook	내려다 보다, 전망하다, 감독하다
overnight	밤새도록
overpower	(힘으로) 제압하다
override	짓밟다, 유린하다
overwhelm	압도하다, 제압하다
overestimate	과대평가하다
overcharge	부당한 값을 요구(청구)하다

overweight	중량이 초과된
overland	육로의(육로로)
overrun	만연하다, (범위 등을) 초과하다
overall	전체의, 총체적인
overcast	흐리게(어둡게) 하다
overhaul	전면 개편하다, 수리하다
overflow	넘쳐나다
overtime	초과 근무
overturn	뒤집(히)다
overview	개관, 개요
over and over	여러 번 되풀이하여

공식 8

칼럼 읽는 법

핵심 포인트

논설은 we 혹은 this paper라는 표현을 쓰면서 신문사의 논조를 나타내고 칼럼은 칼럼니스트가 본인의 주장(I)을 전개하면서 특정 이슈에 대한 정보를 독자와 공유하고자 의견을 개진한다. 칼럼은 내부 칼럼(신문사 논설위원이 쓰는 것)과 외부 칼럼(외부 전문가가 쓰는 것)으로 나뉘지만, 엄밀히 말하면 둘 다 개인의 의견이다. 내부 칼럼은 보편적으로 신문사 논조 범위 내에서 쓰고, 신문사 논조와 맞지 않지만 다양한 정보의 전달을 위해서 외부 칼럼도 많이 게재한다.

칼럼 읽기 10가지 공식

① 칼럼은 스트레이트 기사와는 전개가 다르며 칼럼니스트 개인의 의견을 나타낸다.

② 칼럼 작성은 일반 기사 작성법과는 달리 정형이 없다. 다만 전반 도입부는 독자에게 흥미를 끌 수wow 있는 방법과 기사 전체의 요지를 정리한다는 점, 주요 내용을 앞에 쓴다는 점(역피라미드식 기사 작성)에서는 일반 기사 작성법과 비슷하다. 후반부에 주장이나 결론을 내는 점은 사설과 동일하다.

③ 칼럼은 정보 제공 외에도 다음과 같은 10가지 요소가 많이 포함될수록 좋다. 즐겁고 entertaining and funny, 효과적이고punchy, 비정형적이고informal, 친밀감friendly, 통찰력insightful, 확신conviction이 있고, 열정적passionate, 개인적personalized, 비판적critical이고, 유사성analogous이 있으면 좋다.

④ 주제는 시의적절한 내용timely이 흥미를 끈다. 이 점은 뉴스든, 사설이나 칼럼이든 동일하다.

⑤ 칼럼은 보통 600~850개의 단어를 사용한다. 900단어 이상이 되면 독자의 집중도를 떨어뜨릴 수 있다.

⑥ 칼럼은 주간, 격주간 등 정기적으로 Opinion면에 나온다. 칼럼은 고정 독자와의 대화이다.

⑦ 칼럼은 연구 자료, 경험을 기반으로 수석 논설위원이나 외부 전문가가 쓴다.

⑧ 칼럼과 논설은 신문사가 지향하는 이념을 간접적으로 암시한다.

⑨ 칼럼니스트는 판사에 가깝고 독자는 검사나 변호사에 가깝다. 양쪽의 의견이 일치할 경우 잘 쓴 칼럼이다. 독자는 칼럼에서 다룬 주제를 비판적으로 볼 수 있는 능력을 키울 수 있다.

⑩ 칼럼은 일반 기사나 논설보다도 개인적 주관을 내포한 용어를 많이 사용한다.

♠ 칼럼을 읽는 포인트

Point 01 칼럼의 형식은 변화무쌍하고 특별한 정형이 없어서 스트레이트 기사와는 전개가 다르다. 리드만으로 기사 전체의 절반 이상을 알기 힘들다. 칼럼의 시작 부분은 관심을 끌기위해 농담joke을 사용하는 경우도 많다. 에세이와 거의 비슷한 전개를 한다.

Point 02 우리 시대의 주요 키워드가 많이 포함되어 있다.

(1) Baby-boomer generation: 베이비붐 세대. Baby-gloomer, 즉 Baby-boomer라는 단어에서 칼럼니스트가 gloom(비관적인, 어두운)의 단어에 er을 붙여 베이비붐 세대 부모들이 자식을 노후에도 돌봐야 하는 세대로 변했다는 용어로 변형해서 쓴 것을 볼 수 있다.

(2) Trophy Generation, Trophy Kids: 칭찬만 받으며 자라온 젊은 세대.

(3) Twixters: 여자 같은 남자, 남자 같은 여자.

(4) Parasite Single: 일본에서 생긴 용어로 성인이 되어도 직장을 갖지 않고 부모에게 기생하는 젊은 세대.

(5) Boomerang Generation: 대학을 졸업하고도 더 공부를 하기 위해, 혹은 직장을 잡았어도 집을 사기가 힘들어서 부모와 같이 살려는 세대. 즉 Baby boomer 세대인 부모 밑에서 기생하려는 세대를 뜻한다.

(6) Peter Pan Generation: 피터팬처럼 성인이 되려하지 않고 부모에게 의존하는 세대.

(7) Empty Nest: 빈 둥지. 자녀를 출가시키고 부모만 남은 가정을 표현하는 용어이다. 이 반대는 Crowded Nest(번잡한 둥지)로 자식이 성인이 되어도 독립하지 않고 같이 살려는 가정을 뜻한다.

Point 03 칼럼은 보통 600~850단어를 사용한다. 기사가 900단어 이상이 되면 독자의 집중도가 떨어질 수 있다.

Point 04 이 주제는 모든 세대를 망라했기에 모든 독자의 관심을 끌 수 있다. 이 내용만 잘 파악하면 오늘날 한국 사회의 현실을 외국인에게 잘 설명해 줄 수 있다.

Point 05 긴 칼럼 읽기를 소화하면 영자신문의 어느 기사든 읽을 수 있다는 자신감이 생긴다.

Point 06 영어 에세이나 이메일을 쓸 때도 우리 일상 생활에서와 같이 즐거운 fun 요소가 들어가야 관심을 끈다. 본문에서도 한국 사회의 가장 큰 문제점 중 하나를 재미있게 funny 전개하고 있다.

Point 07 각 문장마다 키워드를 하나씩 포함하여 메시지를 명확하게 하고 있다.

Point 08 내용이 추상적이지 않도록 했다.

Point 09 기사나 영어 에세이 작성시에는 객관성을 높이기 위해 꼭 자료를 인용한다. 여기서는 4대 보험의 내용, OECD 인구 추계, 출생률, 고령화 사회 진입 단계 등을 인용하고 있다.

Point 10 공식 7에서 열거한 짧은 논설 기사의 원칙이 다 포함되어 있다.

(1) 단문이나 장문의 기사나 에세이를 쓸 때 길이의 차이가 있을 뿐 구성 요소는 거의 같다. 즉 같은 표현을 중복하지 않으며, 대부분 주어-동사 구조의 1형식 문장을 사용해 장황한 문장이 없다.

(2) 모든 문장을 가능한 20단어 내외로 표현했다.

(3) which, that, if, when 등의 사용을 자제하고 긴 문장은 두 문장으로 나누어 표현하고 있다.

(4) 애매한 수식어를 사용하지 않고 있다.

(5) 각 문장 사이에 상반되는 내용이 나열되었을 때 but, although 등을 사용하지 않는다. 이러한 표현을 쓰지 않아도 상반된 구조라면 독자가 이해할 수 있기 때문이다.

(6) 쉬운 단어를 사용하고 어려운 단어나 용어가 나올 경우에는 부연 설명을 하고 있다.

(7) 가장 시사적인 주제를 다루고 있다.

(8) 영어 회화에 유용하도록 짧은 단어를 쓰고 있다.

(9) 너무 길게 기교를 부리지 않고 독자 친화적 입장을 취하고 있다.

(10) 특정 이슈에 대한 현상을 설명하고 앞으로의 해결책을 제시하고 있다.

Clash of generations

세대 간 갈등

Financial issues have become the fodder for potential clashes among generations in Korea. On a family level, there is a joke. If parents want to get respect from their children, they must support them until they are 60. Parents must throw a party for them on their 60th birthday.

한국에서 금전 문제는(Financial issues) 세대 간 갈등의(for potential clashes among generations) 빌미가 되어 왔다(have become the fodder). 만약 부모가 자식에게 존경 받고 싶다면(want to get respect from their children), 자식을 회갑 때까지 도와주어야 하며 (they must support them until they are 60), 그들의 회갑 때는(on their 60th birthday) 자식을 위해 잔치를 열어야만 한다는(throw a party) 우스갯소리가 있기도 하다.

The baby-boomer generation, born after World War II, faces a dilemma. They must take care of their post-retirement life. Additionally, the duty of looking after their children does not end when they get married.

2차 세계 대전 이후에 태어난(born after World War II) 베이비붐 세대는 딜레마에 빠져 있다 (faces a dilemma). 그들은 은퇴 이후에도 자신들의 생활을 돌봐야 하며(must take care of their post-retirement life), 게다가(Additionally) 자식이 결혼한 이후에도 돌봐야 한다 (the duty of looking after their children does not end when they get married).

Some of them want to live with their parents as they delay marriage and are unable to find jobs. And even after finding jobs, they want to extend living with their parents due to expensive home prices.

그들 중 일부는(Some of them) 결혼을 미루고(delay marriage) 직업을 구하지 못하기 때문에(are unable to find jobs) 부모와 함께 살기를 원한다(want to live with their parents). 그리고 직업을 구한 후에도(And even after finding jobs) 비싼 집값 때문에(due to expensive home prices) 부모와 함께 살기를 더 원하고 있다(want to extend living with their parents).

Many married people rely on their parents financially — they are called the Boomerang or Peter Pan Generations. Like the character in the story, Peter Pan, the mischievous boy refuses to grow up. They are also called Twixters, a term that describes young people who are trapped between adolescence and adulthood.

결혼한 많은 사람들은(Many married people) 금전적으로 부모에게 의지하고 있는데(rely on their parents financially), 이들은 부메랑 또는 피터팬 세대라고 불린다(they are called the Boomerang or Peter Pan Generations). 이야기의 등장 인물처럼(Like the character in the story), 피터팬은 성장하기를 거부하는 장난꾸러기 소년이다(Peter Pan, the mischievous boy refuses to grow up). 그들은 청소년과 어른의 사이에(between adolescence and adulthood) 끼어 있는 젊은이들을(young people who are trapped) 일컫는 남자 같은 여자, 여자 같은 남자라는 뜻의 트윅스터라고 불리기도 한다(are also called Twixters).

This Western neologism is equivalent to the Japanese "parasite single." They want to live with their parents as they are not financially independent, having unsteady and low-paying irregular jobs. They marry later than usual and receive more college or career training.

이 서양 신조어는(This Western neologism) 일본의 '파라사이트(기생충) 싱글'과 같은 의미를 가지고 있다(is equivalent to the Japanese "parasite single"). 파라사이트 싱글들은 월급이 적은 비정규직을 가지고 있어서(having unsteady and low-paying irregular jobs) 금전적으로 독립하지 못해(not financially independent) 부모와 살고 싶어 한다. 이들은 남들

보다 결혼을 늦게 하고(marry later than usual), 대학원이나 직업학교를 간다(receive more college or career training).

Baby-boomer generation parents have become "baby-groomers" as they must look after their unemployed and unmarried adult children.

베이비붐 세대인 부모는 직업이 없고 결혼하지 않은 어른이 된 자식들을(unemployed and unmarried adult children) 돌봐주어야만 하는(must look after) '아이들의 양육자'가 ("baby-groomers") 되어 있다.

A family cycle revolves from creating a nest, having babies, sending off married children, the death of spouses and disintegration. In the past when children got married, homes became "empty nests" where only parents lived. Now the empty nest has become a "cluttered nest" or "crowded nest." The primary cause is the high jobless rate, and the result creates tension between parents and children.

가족이란 가정을 만들고(creating a nest), 아이를 갖고(having babies), 그 아이들을 결혼시키며(sending off married children), 배우자가 죽은 후 해체되는(the death of spouses and disintegration) 주기로 흘러간다(revolves). 과거엔 아이들이 결혼을 하면 집은 부모들만 사는 '빈 가정'이었다(became "empty nests"). 현재는 이 빈 집이 '어수선한 가정' 혹은 '붐비는 가정'이 되었다(has become a "cluttered nest" or "crowded nest"). 주된 원인은 (The primary cause) 높은 실직률이며(the high jobless rate), 이러한 결과(the result)는 부모 자식 간의 갈등을 일으키고 있다(creates tension between parents and children).

On a company level, two different generations coexist. Sometimes communications are difficult between baby-boomer executives and boomerang employees, who are often called the "Trophy Generation" here.

회사에는(On a company level) 이 서로 다른 두 세대가 공존한다(two different generations coexist). 가끔 '트로피 세대'라고 불리기도 하는(often called the "Trophy Generation") 젊은 직원과, 베이비붐 세대인 임원(Baby-boomer executives)의 의사소통이 원활하지 않을 때도 있다(communications are difficult).

Parents have fostered their children in such a way as to help them get trophies and awards. They cheered, not scolded, their children.

부모들은 자신들의 아이들이 트로피를 타거나 상을 받도록 도와주는(as to help them to get trophies and awards) 방식으로(in such a way) 양육해 왔다(have fostered). 그들은 아이들을 절대 꾸짖지 않으며 항상 칭찬해 줬다(cheered, not scolded).

Having not been put in a losing environment during their adolescence, these children have grown up with a sense of entitlement, and are now becoming the core workforce.

청소년기 동안(during their adolescence) 손해 보는 환경을 거치지 않은 아이들은(Having not been put in a losing environment) 특권 의식과 함께 자라 왔으며(have grown up with a sense of entitlement), 지금은 노동력의 중심이 되고 있다(are now becoming the core workforce).

These "Trophy Kids" have high expectations from the workplace and want to adjust their jobs to their lives rather than gear their lives to work. Baby-boomer workers have regarded admonishment from supervisors as a fact of office life. Even minor scolding from their boss unnerves Trophy-generation workers. Young employees want trophies, not penalties in their workplaces.

이러한 '트로피 아이들'은 직장에서 높은 기대를(high expectations from the workplace) 받고 있으며, 그들이 직장에 맞춰 나가기보다는(rather than gear their lives to work) 직장

이 그들에게 맞춰 주기를 원하고 있다(want to adjust their jobs to their lives). 베이비 붐 세대의 노동자들은 상사에게 책망 받는 것을(admonishment from supervisors) 회사 생활의 현실로 여겨왔다(a fact of office life). 상사로부터의 사소한 꾸짖음조차도(Even minor scolding from their boss) 트로피 세대 일꾼들을(Trophy-generation workers) 불안하게 한다(unnerves). 젊은 직원들은 직장에서 벌이 아닌 상을 원하고 있다(want trophies, not penalties in their workplaces).

Many large firms are currently studying the conflict between two generations in a single workplace.

많은 대기업들은(Many large firms) 개인 사무실에서 일어나는 두 세대 간의(between two generations) 갈등을 연구하고 있다(are currently studying the conflict).

The Trophy Generation believes they are all stars. As they have grown up following the introduction of the Internet in 1992, they can upload their photos, open blogs and use multiple social media websites such as Cyworld, Youtube, Facebook, MySpace, Blogger and Twitter.

트로피 세대는 스스로가 모두 대단하다고(they are all stars) 믿고 있다. 1992년 도입된 인터넷과 함께 자라 온 그들은 자기의 사진을 올릴 수 있는 블로그를 만들고, 싸이월드, 유튜브, 페이스북, 마이스페이스, 블로거, 트위터 같은 다양한 소셜 미디어를 이용할 수 있다(use multiple social media).

They are comfortable with smartphones, and iPods, and do not hesitate to skip lunch to buy Starbucks coffee; something over which even wealthy seniors have second thoughts. Trophy-generation children are neoliberal on politics and the economy. They complain about their seniors, and have enough reason to be worried over the financial burden when they fill their shoes.

그들은 아이폰과 같은 스마트폰과 아이팟에 익숙해져 있고(comfortable), 스타벅스 커피를 마시기 위해 점심을 거르는 걸 주저하지 않는데(do not hesitate to skip lunch), 이것은(something about) 부유한 연장자들조차 심사숙고하는 것이다(even wealthy seniors have second thoughts). 트로피 세대의 아이들은 정치와 경제의 신자유주의파다(neoliberal on politics and the economy). 그들은 연장자들의 자리를 대신했을 때(when they fill their shoes) 떠맡아야 되는 경제적 부담감 때문에(over the financial burden) 연장자들에게 불평할 충분한 이유가 있다(enough reason to be worried).

In 2050, four out of every 10 Koreans will be aged 65 or older, as the population will decline by 6.4 million to 42 million. The world population will grow from 6.8 billion now to more than 9 billion in 2050. Korea and Japan will be the only Asian countries where population will decline.

2050년 10명 중 4명의 한국인이(four out of every 10 Koreans) 65세, 또는 그 이상이 될 것이며 640만 명의 인구가 줄어들어 총인구는 4,200만 명이 될 것이다. 2050년 전 세계 인구는 현재의 68억 명에서 90억 명 이상으로 증가할 것이다. 한국과 일본은 인구가 줄어드는 유일한 아시아 국가가 될 것이다(the only Asian countries where population will decline).

One young worker will have to take care of two or three retired senior citizens, due to the country having the world's lowest birthrate. For the past four consecutive years, Korea has ranked lowest in the world with a birthrate of 1.15 per couple, and in 2030 Korea will become the fourth most-aged country. This means that Trophy-generation workers will shoulder the financial burden for the elderly.

세계에서 출산율이 가장 낮은 나라이기에(due to the country having the world's lowest birthrate) 젊은 노동자 한 명이 은퇴한 연장자 두세 명을 돌봐야만 할 것이다. 한국은 지난 4년 연속 한 부부당 자녀 1.15명을 둔다는 결과와 함께 세계에서 가장 출산율이 낮은 국가로 기록됐다(has ranked lowest in the world with a birthrate of 1.15 per couple). 이것은 트로피 세대의 노동자들이 연장자들을 돌봐야 하는 금전적 문제를 안고 있다는 것을 의미한다(will shoulder the financial burden for the elderly).

In Korea, those born between 1955 and 1963 account for 15 percent of the total population or more than 7 million people. Most of them will stop working by 2018, so the financial burden will be serious.

한국은 인구의 15% 또는 700만 명 이상이 1955~1963년생이다. 그들의 대부분은 2018년까지 은퇴를 할 예정으로 경제적 부담감이 심할 것으로 보인다(the financial burden will be serious).

A report predicted that the National Health Insurance will return to a deficit in 2011, and by 2024, Korea will be ranked first in per-capita medical insurance expenses.

한 보고서는 2011년에 국민 건강 보험이 다시 적자로 돌아서며(will return to a deficit next year) 2024년도에는 한국이 1인당 의료보험 비용 세계 1위를 차지할 것이라고(will be ranked first in per-capita medical insurance expenses) 예측했다(predicted).

The news is a shock to most Koreans as the country has drawn international acclaim for its cost-effective and comprehensive medical insurance system. Other social security bills, including employment, pensions, industrial accident compensation and basic livelihood protection will go up.

한국은 그동안 비용 효과가 높고 포괄적인(cost-effective and comprehensive medical) 의료보험 제도로(medical insurance system) 국제적인 칭송을 받았었기 때문에 이러한 뉴스는 국민들에게 충격을 안겨 줬다(a shock to most Koreans). 취업(employment), 연금(pensions), 산업 재해 보상 보험(industrial accident compensation), 기초 생활 보장(basic livelihood protection)을 포함한 또 다른 사회 보장 제도 비용이 늘어날 것이다.

Incurring debt is a sin the older generation commits as they transfer the burden to the future generation. The government should no longer cite OECD statistics to explain that Korea's fiscal deficit and its debts are internationally low. Policymakers pay little attention to the fact that Korea is one of the fastest aging societies. The nation must also brace for astronomical spending for a unified Korea.

부채는(debt) 지난 세대가 미래 세대에게 고스란히 떠넘겨주는 것이자(transfer the burden to the future generation) 죄스러운 행동이다(is a sin). 정부는 이제 더 이상 OECD의 통계 자료를 인용하여 한국의 국가 예산 낭비와 부채가(Korea's fiscal deficit and its debts) 다른 나라들보다 낮다고 설명해서는 안 된다. 정책 입안자들은(Policymakers) 한국이 가장 빨리 고령화되고 있는 나라라는 점을 무시하고 있다(pay little attention to the fact). 더불어(also) 이 나라는 통일된 한반도를 위한(for a unified Korea) 천문학적인 지출도(astronomical spending) 대비해야 하는 상황이다(must brace for).

알아두면 유용한 영어 상식

● **영어 단어의 수는 얼마나 될까?**

영어는 세계에서 사용되는 약 2,700개의 언어 중 가장 어휘 수가 많다. *Oxford English Dictionary*에는 약 500,000개의 영어 단어가 등재돼 있고, 여기에는 기술, 과학과 관련된 약 500,000개의 단어는 포함돼 있지 않다.

(1) 1999년 발간된 *Eycyclopedia Americana*는 원래 Old English(구영어 Anglo-Saxon English. 1150~1500년)에서는 60,000단어에서 시작되어 현재 650,000~750,000 단어로 추정하고 있다.

(2) *Webster's Third New International Dictionary*는 450,000단어로 추정하고 있다.

(3) 전 세계 8억여 명이 영어를 사용하고 있고 이 중 절반 정도는 미국, 영국, 캐나다, 호주 등 영어가 모국어가 아닌 나라에서 사용되고 있다. 미국 인구 3억 명 중 신문을 못 읽는 문맹자는 5,000만 명 정도 되는 것으로 추산된다.

(4) 미국의 16세 청소년의 영어 어휘 수는 1만~1만 2,000단어, 미국 평균 대학생은 2만~2만 5,000단어, 공부를 잘하는 미국 대학 졸업자의 active English 단어 수는 6만 단어, passive English 단어 수는 7만 5,000단어로 파악하기도 한다. 이를 통해 유추해 보면 알고 있는 단어의 10% 정도를 active하게 쓰고, 나머지 90%는 책에 나오거나 문장 속에서 나올 경우 이해할 수 있다는 이야기다.

(5) 전 세계 컴퓨터에 저장된 정보의 80%가 영어로 기록되어 있다.

● **인터넷 시대 단어 변화: 시대에 따라 단어의 의미도 빠르게 바뀐다**

요즘 단어의 뜻이 변해가는 속도를 보면 세상이 얼마나 빨리 변하는지 알 수 있다. tablet은 둥글넓적한 모양의 약제가 본래 뜻으로, 예를 들면 vitamin tablet은 비타민제라는 뜻이다. 그러나 요즘은 메모지, 도화지라는 뜻을 담아 넓적한 메모지 같은 스마트패드(i-Pad) 등을 지칭한다. 또 log on은 장작을 차곡차곡 쌓는다는 뜻이었는데, 요즘은 PC를 연다는 뜻으로 바뀌었다. 노트북은 공책이라는 뜻인데, 이제 휴대용 PC를 지칭한다.

(1) mouse pad는 쥐들이 노는 장소라는 뜻, 지금은 PC에서 사용한다.

(2) chip은 나무의 한 조각이란 뜻이었다.

(3) hardware는 딱딱한 철제였고 software라는 단어는 원래 없었다.

(4) hard drive는 먼 길을 힘들게 운전하는 것을 의미했다.

(5) CD는 certificate of deposit(양도성 예금증서)의 약자였다.

(6) window는 창문, virus는 감기 바이러스였다.

(7) backing up은 토하다vomiting라는 뜻이었다.

(8) Fast food는 원래 기독교인들이 예수의 고행을 기리는 성회인 사순절에 먹는 음식이었다.

신문을 보면 시대에 따라 변하는 단어의 사용을 알 수가 있다. 요즘에는 문제점을 problem보다 challenge로 많이 쓰고, 해결하다를 solve보다 resolve로 쓰는 횟수가 늘고 있다. 이유는 없다. 많이 사용되고 이해되면 어휘는 보편화된다.

● *Chicken Soup for the Soul* 시리즈를 읽어 보자!

주변의 일상생활을 영어로 표현하는 것은 상당히 어렵다. 단문으로 일기, 에세이 등, 일상적인 신변잡기를 영어로 쓰기가 쉽지 않다. 이런 고민은 *Chicken Soup for the Soul* 시리즈를 보면 해소할 수 있다. 이 책에서는 아래와 같은 아주 쉬운 영어 표현을 배울 수가 있다.

가슴이 뛰다 ☞ my heart is racing

감정 기복이 심하다 ☞ have deep emotional swings

기억력이 상실되다 ☞ memory lapse

여성의 정조 관념 ☞ woman's fidelity

생각이 같다 ☞ have the same wavelength

그녀의 눈에서 눈물이 글썽거리다 ☞ her eyes welled up with tears

그녀는 감정을 자제할 줄 안다 ☞ emotional restraint has been ingrained in her

모든 계산은 내가 한다 ☞ charge everything to my account

잘 때는 침대로 만들 수 있는 의자 ☞ hide–a–bed chair

눈물 자국이 있는 얼굴 ☞ tear–stained face

혼수 상태, 정신이 오락가락하다 ☞ drifting in and out of consciousness

공식 9

에세이 작성법

 영어는 읽기, 듣기, 말하기, 쓰기로 구성된다. 쓰기는 영어 습득의 종착역이다. 에세이 작성 공식을 숙지하면 영어로 자기 생각을 표현할 수 있고 훨씬 세련된 고급 영어로 독자를 설득할 수 있다.

에세이 작성 10가지 공식

① 주제를 선정하면 찬반 논리를 일단 메모한다. 메모는 키워드를 중심으로 정리한다.

② 독자에게 꼭 남기고 싶은 메시지를 미리 정리한다.

③ 찬반 논리에 대한 유명인사의 말, 이미 게재된 기사나 에세이를 인용한다. 이는 자기 주장을 객관화시켜 설득력을 높일 수 있다. Google 등 검색 엔진search engine을 통해 인용하고 싶은 문장을 참조하고, 숙어·속담·격언을 적절히 사용한다.

④ 에세이는 '문제 제기 → 주장 내용의 예시 → 결론' 등의 전개 방식을 채택하고 있다. 즉 문제점을 제기하고 기사 후반으로 갈수록 본인의 결론에 접근해 가는 방법이다. 신문 기사에서 결론을 얘기하고 내용을 전개하는 방식과는 차이점이 있다.

⑤ 메시지를 명확하게 하기 위해 KISS(Keep It Simple and Short) 전략을 사용한다.

⑥ 같은 표현의 단어를 중복해서 사용한 경우 가능한 한 같은 뜻의 다른 단어를 사용할 수 있는지 사전을 찾아본다.

⑦ 불필요한 형용사가 사용되었는지 확인한다.

⑧ 문장체와 회화체의 표현의 차이를 잘 숙지한다.

⑨ 외부 기사의 표절은 절대 삼가해야 한다.

⑩ 본인이 작성한 에세이를 미리 채점해 보며 문법적 완벽도를 높인다. www.grammarly.com에 들어가서 본인 기사를 올리면 1분 이내에 점수가 나오고 문제점을 지적해 준다. 그러면 프로그램이 지시하는 대로 문제점을 고쳐 본다.

평소에 영문 에세이 쓰는 연습을 하는 사람과 하지 않는 사람의 차이는 매우 크다. 그러나 영문 에세이 작성 방법 10가지를 숙지하고 나면 그 차이는 종이 한 장 차이로 줄 수도 있다. 〈코리아 타임스〉에서는 학생들의 영문 에세이 작문 능력을 장려하기 위해 학생 기고란Student Corner을 만들어 한 주제에 600~800단어 길이의 기사를 매주 게재한다. 또한 일반 독자는 Opinion Page의 Thoughts of The Times라는 섹션에 600단어 정도로 기고할 수 있다. 에세이 작성에 관심이 많다면 이 두 섹션을 눈여겨볼 필요가 있다.

〈코리아 타임스〉 학생 기고란에 게재된 기사를 예로 들어 에세이 작성법 10가지를 살펴보자. 이 에세이를 쓴 학생은 미국의 고교 2학년생이다. 고교생이 이 정도 수준의 작문을 하였으니, 대학생이나 일반 직장인도 이 정도 수준만 쓰면 자기 의견을 모두 표현할 수 있다. 즉 미국 고교생 정도의 영어 문장이면 우리나라에서 영어를 잘한다고 할 수 있다.

♠ 기사 미리 보기

Point 01 주제를 선정하면 찬반논리를 키워드를 중심으로 메모해 둔다.
☞ 이 학생은 키워드를 체벌corporal punishment과 사랑의 회초리spank로 정하고, 이 두 단어로 에세이 전체를 전개하고 있다.

Point 02 이 에세이를 읽는 독자에게 꼭 남기고 싶은 메시지를 정리해 본다.
☞ The cessation of corporal punishment has long been overdue. 체벌을 없애는 게 너무 늦은 감이 있다는 마지막 문장을 결론으로 썼다. 미리 결론을 내리고 에세이를 작성해야지, 사용할 수 있는 단어만 생각하다 보면 어휘 부족으로 정작 전하고 싶은 내용이 무엇인지를 몰라 전개의 방향성을 잃을 수 있다.

Point 03 주장에 대한 유명 인사의 말, 이미 게재된 기사나 에세이를 인용한다. 이는 자기 주장을 객관화시켜 설득력을 높일 수 있다. Google 등 검색 엔진을 통해 인용하고 싶은 문장을 참조한다.
☞ 이 학생은 세 가지의 인상적인 인용을 사용했다.

(1) 제목은 To spank or not to spank. 즉 버릇을 고치기 위해 부모님과 선생님의 사랑의 회초리가 필요한가라는 주제의 제목이다. 일단 Shakespeare의 to live or not to live의 문구를 변형하는 시도로 강한 인상을 주었다.

(2) 에세이 전반부에 템플대학교 체벌전문연구소 소장의 학생 체벌에 대한 비판적인 의견을 인용함으로써 본인의 주장을 피력했고, 다음에 나오는 문장에서 이 분야 전문가의 글을 인용하여 주장의 객관성을 더욱 높이고 있다.

As Dr. Irwin Hyman, the director of the National Center for the Study of Corporal Punishment at Temple University lamented, "How the hell can we eliminate child abuse when schools are allowed to do these things?"

(3) 뉴햄프셔대학교의 가정문제연구소장이며 사회학과 교수의 연구 결과를 인용함으로써 본인의 주장을 더욱 강화하고 있다. 두 번째 인용은 문제 제기 형으로 설득하고, 다음 인용은 구체적인 결과를 인용하여 논리적이다.

Murray Straus, a professor of sociology and the director of the Family Research Laboratory of the University of New Hampshire states: "Children who are frequently and aggressively spanked have more social problems than other children and are much more likely to become child-abusers when they are adults. Such children are also more likely to hit their siblings, have lower self-esteem and exhibit more symptoms of depression as adults."

뉴햄프셔대학교의 가정문제연구소 소장이자 사회학과 교수에 따르면, 자주 그리고 공격적으로 회초리를 맞는 어린이가(Children who are frequently and aggressively spanked) 그렇지 않은 어린이보다(than other children) 사회에서 더 문제를 일으킬 수 있고(have more social problems), 어른이 되어(when they are adults) 아동학대자가 될 가능성이 많다(much more likely to become child-abusers). 이런 어린이가(Such children) 부모가 되어 자식을 구타할 확률이 높고(are also more likely to hit their siblings) 성인이 되어서(as adults) 자신감 결여(lower self-esteem)와 우울증 증상을 보일 가능성이 높다고(exhibit more symptoms of depression) 한다.

Point 04 에세이는 '문제 제기 → 주장 내용의 예시 → 결론' 등 피라미드형 전개 방식을 채택하고 있다. 즉 문제점을 제기하고 기사 후반으로 갈수록 본인의 결론에 접근해 가는 방법이다. 신문 기사에서 결론을 얘기하고 내용을 전개하는 방식과는 차이점이 있다.
(1) 체벌의 문제점으로 본인의 경험을 열거하고, 본인에게 어떤 영향을 미쳤나를 개인적인 사례를 들어 설명한다.
(2) 또한 이 개인적 경험을 일반화하여 체벌을 한 선생님, 부모, 체벌을 받은 전체 학생이 성인이 되었을 때까지의 영향을 기술해 객관성을 높였다. ex. cheating(속이기) → bullying(협박) → lying(거짓말) → child abuser(아동학대자) → symptoms of depression(우울증 증세) → lower self-esteem(본인에 대한 낮은 자긍심) 등.
(3) 이를 바탕으로 최근 서울시 교육청에서 채택한 체벌 금지 정책이 전국의 학교에서 채택되어야 한다고 주장한다.
(4) 체벌에 대한 대안으로, 비폭력적인 사제지간의 교류 non-violent teacher-student interaction / 문제 있는 학생에 대한 경고 warning / 그 후 부모에게 알려 같이 해결하는 방법 engage parents into situation / 그 다음에 강제 격리 mandatory detention나 지역 봉사 활동 명령 community service 등의 단계별 해결 방법을 논리적으로 제시한다.

Point 05 메시지를 명확하게 하기 위해 KISS(Keep It Simple and Short) 전략을 사용한다. 이 에세이를 쓴 학생도 이 전략을 잘 채택하여 단문으로 본인의 메시지를 잘 전달하고 있다. which, that, if, although 등으로 문장을 길게 늘이지 않고 가능한 한 짧은 표현 사용하고 있다. 그러나 더 짧게 쓰는 방법에는 아직 개선의 여지가 있다.

Point 06 같은 표현의 단어를 중복해서 사용할 경우 같은 뜻의 다른 단어가 있는지 사전을 찾아본다. 이 학생은 체벌을 corporate punishment ☞ physical punishment ☞ infliction of pain as a form of punishment 등으로 가능한 한 다르게 표현하려 노력하고 있다.

Point 07 불필요한 형용사가 사용되었는지 확인한다.

It is also commonly asserted that without physical punishment, a child turns out spoiled. 이 문장에서 commonly asserted에 commonly가 들어가지 않아도 메시지 전달이 된다. 또 한 예로 Children who are frequently and aggressively spanked have more social problems than other children and are much more likely to become child-abusers when they are adults. 이 문장에서 frequently and aggressively spanked에서는 체벌을 너무 자주, 심하게 당한 학생이라는 뜻으로 형용사를 삭제하면, 즉 spanked children하면 저자의 메시지가 약화될 수 있기에 여기서는 사용하는 게 좋다.

Point 08 문장체와 회화체 표현의 차이를 잘 숙지한다.

Regardless, the other cities should shortly follow Seoul's lead.

☞ 문장의 시작 부분에 regardless, but, due to 등을 쓰면 덜 세련되고 비전문적unprofessional으로 보인다.

Point 09 본인이 작성한 에세이를 채점해 보며 문법적 완성도를 높인다. www.grammarly.com에 들어가서 본인 기사를 올리면 1분 이내에 점수가 나오고 문제점을 지적해 준다. 그러면 프로그램이 지시하는 대로 문제점을 고쳐 본다. 처음에 50점이 나와도 실망할 필요 없다. 이 프로그램이 지시하는 대로 고치면 100점까지 갈 수 있다. 원어민의 도움을 받지 않아도 이 프로그램을 사용하면 영문 작성이 완벽해진다.

To spank or not to spank

때리느냐 마느냐

By Kelly Sein Oh

There is one tradition that many people can relate to, but is seldom talked about: corporal punishment or one of its most common forms, spanking. Everyone, at one time or other in her youth, has been spanked by a teacher or parents. Adults deem it discipline; children call it unfair.

많은 사람들이 관련되어 있지만, 거의 거론되지 않는 전통이 있다(is seldom talked about): 체벌(corporal punishment) 또는 가장 보편적인 엉덩이 때리기(spanking)이다. 모든 사람들은 유년 시절 한 번쯤은(Everyone, at one time or other in her youth) 선생님이나 부모에게 맞아 본 적이 있을 것이다(has been spanked by a teacher or parents). 어른들은 훈육이라고 여기지만(Adults deem it discipline), 아이들은 때리는 것이 불공평하다고 한다(children call it unfair).

Corporal punishment by definition is the infliction of pain as a form of punishment. The nature of the infliction, nevertheless, raises a question of the validity of the punishment: Doesn't it lead to child abuse? As Dr. Irwin Hyman, the director of the National Center for the Study of Corporal Punishment at Temple University lamented, "How the hell can we eliminate child abuse when schools are allowed to do these things?"

체벌의 정의는(Corporal punishment by definition) 처벌의 한 형태로써(as a form of punishment) 고통을 가하는 것이다(is the infliction of pain). 그럼에도 불구하고

(nevertheless) 이런 고통을 가하는 본질이(The nature of the infliction) 타당한 처벌인가에 대한(of the validity of the punishment) 의문점이 일고 있다(raises a question): 처벌이 아동 학대를 초래하지는 않는가?(Doesn't it lead to child abuse?) 템플대학교 체벌연구국립센터의 윈 하이먼 박사는 "학교가 체벌을 허용하는 데(when schools are allowed to do these things), 우리가 어떻게 아동 학대를 없앨 수 있겠는가?(How the hell can we eliminate child abuse?)"라며 한탄했다(lamented).

Seoul has already banned corporal punishment throughout its schools. This has invited a mixed response — relief from the students, mostly protests from the teachers who complain that "they have no positive alternative measures to replace corporal punishment." Regardless, the other cities should shortly follow Seoul's lead. Corporal punishment should be illegal in public settings such as educational institutions, as it is not an appropriate form of discipline — being unnecessary and often abusive.

서울은 학교에서의 체벌을(corporal punishment throughout its schools) 이미 금지했다(has already banned). 이를 두고 학생들은 안도를, 교사들은 "체벌을 대체할 만한(to replace corporal punishment) 알맞은 조치는 없다(have no positive alternative measures)"며 불평하고 항의하는 등 갖가지 반응을 초래했다(has invited a mixed response). 개의치 않고(Regardless), 다른 지역들도 서울을 본받아야만 한다(should shortly follow Seoul's lead). 체벌은 교육 기관 같은 공공 기관에서는(in public settings such as educational institutions) 적법하지 않으며(should be illegal), 때론 모욕적이고 불필요하여(being unnecessary and often abusive) 적절한 형태의 훈육이 아니다(is not an appropriate form of discipline).

"I was spanked as a child." Many adults use this as a common excuse for corporal punishment; and they quickly add, "But I turned out just fine." That is not the point, however; rather it is that they turned out fine despite the spanking. It is also commonly asserted that without physical punishment, a child turns out spoiled. This has proved fallible.

"나는 유년 시절에 맞은 적이 있어요." 많은 어른들은 체벌을 위해 이런 핑계를 댄다(use this as a common excuse for corporal punishment). 그리고 "그러나 나중엔 괜찮았어요"라며 얼른 덧붙인다. 그러나 그건 중요하지 않다. 오히려 그들이 체벌에도 불구하고 괜찮았던 것이다. 또한 체벌이 없다면(without physical punishment) 아이가 버릇이 나빠질 것이라고(a child turns out spoiled) 주장하고 있다. 그건 틀렸다는 것이 입증됐다(This has proved fallible).

Corporal punishment produces more negative outcomes than the supposed intentional good. Murray Straus, a professor of sociology and the director of the Family Research Laboratory of the University of New Hampshire states: "Children who are frequently and aggressively spanked have more social problems than other children and are much more likely to become child-abusers when they are adults. Such children are also more likely to hit their siblings, have lower self-esteem and exhibit more symptoms of depression as adults."

체벌은 의도적으로 내재된 좋은 의미보다는(than the supposed intentional good) 더 나쁜 결과를 초래한다(produces more negative outcomes). 뉴햄프셔대학교의 가족연구소 소장 겸 사회학 교수 머레이 스트라우스는 "자주 공격적으로 맞은 아이들은(Children who are frequently and aggressively spanked) 다른 아이들보다 사회에서 더 많은 문제를 일으키며(have more social problems than other children), 그들 자신이 어른이 되었을 때(when they are adults) 아동 학대자가 될 가능성이 더 높다(more likely to become child-abusers)"고 했다. 그러한 아이들은(Such children) 또한(also) 형제들을 때리고(to hit their siblings), 자존감이 낮으며(have lower self-esteem), 성인이 되었을 때 우울증을(symptoms of depression) 보일 가능성이 더 높다(are more likely).

These are just a couple of the damaging effects along with the likelihood of cheating, lying, and bullying. As citizens of Korea, shouldn't we strive to raise the next generation to its full potential? The adult's "attempt" to discipline the child, in actuality, may very well be setting him up for a damaged future.

이는 또한 부정 행위, 거짓말, 왕따 문제(the likelihood of cheating, lying, and bullying) 같은 여러 가지의 악영향을(a couple of the damaging effects) 불러일으킨다. 한국 국민으로(As citizens of Korea), 다음 세대의 우리 아이들을 이 같은 문제로부터 구해내야만 하지 않을까? 사실 아이를 훈육한다는 어른들의 '시도'는(The adult's "attempt" to discipline the child) 실제로(in actuality) 아이를 손상된 미래로(for a damaged future) 밀어 넣는 것일지도 모른다.

Corporal punishment, in a split second, can turn into abuse. Who can exactly measure when it becomes illegal or when it's right to stop? For years, corporal punishment has been used as a common tool of discipline. Before it's too late, we should break the tradition and create a new one that involves a nonviolent teacher–student interaction.

체벌은 아주 짧은 순간(in a split second) 학대로 변할 수 있다(can turn into abuse). 체벌이 불법적이 되거나(when it becomes illegal) 멈춰야 할 때를(when it's right to stop) 누가 정확히 판단할 수 있겠는가(Who can exactly measure)? 몇 년 동안 체벌은 훈육의 흔한 용도로 여겨졌다(has been used as a common tool of discipline). 더 늦기 전에(Before it's too late) 우리는 이런 전통을 깨고(should break the tradition) 교사와 학생 간의 대화를 통한 비폭력적인 방법을 만들어 내야만 한다(create a new one that involves a nonviolent teacher–student interaction).

The teacher should initially warn the student, then, after several misdemeanors, engage their parents into the situation and/or assign mandatory detention or community service.

교사는 처음엔 주의를 주어야 하며(should initially warn the student), 그러고 나서(then) 향후 몇 번의 비행을 더 저지른다면(after several misdemeanors) 부모에게 상황을 알리거나(engage their parents into the situation and/or) 방과 후 강제 감금 또는 사회 봉사를 시켜야만 한다(assign mandatory detention or community service).

With negotiation, compromises and rules with consequences, along with the genuine commitment and determination, teachers can ease away from corporal punishment. The cessation of corporal punishment has long been overdue.

진실한 헌신과 결정에 따른(along with the genuine commitment and determination) 절충, 타협, 규제가 존재한다면 교사들은 체벌이라는 짐에서 벗어날 수 있다(can ease away from corporal punishment). 체벌 금지는(The cessation of corporal punishment) 오래 전에 없어져야 했는데 현재까지 지속되고 있다(has long been overdue).

kelly.s.oh@hotmail.com

Kelly Sein Oh is a sophomore at Bellevue High School in Washington State. She is currently working as a reporter for the school newspaper, The Baroque.

동일 주제에 대한 사설

다음으로 위의 에세이와 동일한 주제를 다룬 〈코리아 타임스〉 사설을 통해 이 에세이와의 차이점을 살펴보자.

위의 에세이와 주장은 비슷하지만, 사설은 문제 제기 → 방향 제시 → 찬반 의견을 취합 → 해결책을 내놓았다. 다시 말해 사설은, (1) 국제적 추세로서 한국의 체벌을 없애야 한다는 논점과 (2) 학교에서 일어나는 선생님의 실제 경험, (3) 체벌의 긍정적인 면도 있음을 인정하나 부정적인 면이 더 크다는 논리를 제공하며, (4) 선생님도 학생의 인권을 높이는 차원에서 체벌 금지 문제에 인내심을 가지고 접근하자는, 설득력을 주는 방식으로 접근한 것이 위 에세이와의 차이점이다. 사설은 얼핏 보면 에세이와 논리 전개를 비슷하게 하는 듯하나 교사와 학생의 고민을 같이 열거해 주었다.

에세이는 첫 전개 부분에 명확한 결론을 내지 않으나, 사설은 결론을 전개 부분에 미리 정하며, 찬성 또는 반대 입장에 대한 양쪽 주장을 제시하고 반대 주장을 인용하면서 객관적인 논리로 반박하고 있다. 사설의 핵심은 해결책 제시이다. 결론은 간명하면서도 힘이 있어야punchy 한다.

Ban on corporal punishment

Teenaged students are humans too

체벌 금지

10대 학생 역시 인격체이다

Korea joins in a global trend toward banning corporal punishment of students. Seoul and the nearby Gyeonggi Province have prohibited inflicting physical punishment on primary, middle and high school students for their misbehavior. Initial confusion prevailed in class.

Schools need to devise ways of keeping discipline among students without the use of corporal punishment.

한국도 학생 체벌을 금지하는(banning corporal punishment of students) 세계적인 추세에(in a global trend) 동참하고 있다(joins). 서울시와 경기도는 초·중·고교생의 비행에 대해(for their misbehavior) 체벌을 가하는 것을 금지했다(prohibited inflicting physical punishment). 시행 초기에 각 학급에서 혼선이 야기되었다(Initial confusion prevailed in class). (그러나) 각 학교는 체벌을 가하지 않고도(without the use of corporal punishment) 학생들이 규율을 잘 지키도록 하는 방법을(ways of keeping discipline) 고안해야 한다(need to devise).

Europe, Japan, Canada, New Zealand, South Africa and other countries have outlawed the practice in public education. It is still legal in many Asian, African and Caribbean nations.

유럽, 일본, 캐나다, 뉴질랜드, 남아프리카, 그리고 많은 나라들이 공교육에서 체벌을 금지하고 있다(outlawed the practice). 그러나 많은 아시아, 아프리카, 그리고 캐리비언 국가에는 아직도 체벌이 법적으로(legal) 가능하다.

In Korea, corporal punishment has long been in practice despite many negative effects. From this month, teachers in Seoul are unable to hit students, to ask them to hold both of their hands out and to run laps around the playground as disciplinary punishment. The rest of the schools in the nation will also prohibit physical punishment in the future.

한국에서는 그동안 많은 부작용에도 불구하고(despite many negative effects) 체벌이 시행되어 왔다(has long been in practice). 이 달부터 서울의 교사 등은 학생에게 체벌을 가하고(to hit students), 양손을 들게 하고, 운동장을 뛰게 하는(to ask them to hold both of their hands out and to run laps around the playground), 규율 차원의 처벌을(disciplinary punishment) 못하게 되었다.

Leaders of the Korean Federation of Teachers Associations have recently visited the Education Ministry to express concern that the prohibition is out of tune with the reality at schools. They claimed the ban is theoretically and morally convincing but causes problems in student guidance. Its survey showed that more than half of the schools opposed the ban.

교직원총연합회는(Leaders of the Korean Federation of Teachers Associations) 최근에 교육부를 방문하여(have recently visited) 이런 금지가 학교 내의 현실과 괴리가 있다는(is out of tune with the reality at schools) 우려를 전달했다(to express concern). 이들은 체벌 금지가(the ban) 이론적으로나 도덕적으로는 납득이 간다고 인정하나(is theoretically and morally convincing but), 학생 훈육에는 상당한 문제를 초래한다고(causes problems) 주장했다(claimed). 이 연합회의 자체 조사로는(Its survey) 학교의 절반 이상이(more than half of the schools) 체벌 금지를 반대했다(opposed the ban).

For example, a Seoul teacher reportedly encountered embarrassment when he gave a warning to a student who was smoking. A class disturber threatened to report the teacher to police for alleged bullying. A teacher received an angry reaction from a parent, while consulting about the wayward behavior of the student.

예를 들면, 서울의 한 교사가 담배를 피우는 학생에게 경고하다가 봉변을 당했다는 이야기가 있다(reportedly encountered embarrassment). 수업 시간에 말썽을 부린 한 학생은(A class disturber) 선생님한테 자기를 괴롭힌다고(for alleged bullying) 경찰에 신고하겠다고 협박했다(threatened to report the teacher to police). 한 선생님은 학생의 다루기 힘든 고집스런 태도에 대해(about the wayward behavior of the student) 상담하는 동안(while consulting) 부모들의 성난 반응을 얻었다(received an angry reaction).

The federation only highlights the negative effects of the ban. Teachers sometimes confuse corporal punishment with lashing out on the spur of the moment. This is illegal violence and brutality. It has not provided positive effects. Many teachers say spanking or paddling should be allowed to deter childish misbehavior.

이 연합회는(The federation) 체벌 금지의 부작용만 부각시키고 있다(highlights the negative effects of the ban). 가끔 교사들은 체벌과 순간의 충동으로(on the spur of the moment) 감정을 이기지 못하고 학생을 때리는(lashing out) 것의 차이점을 혼동하기도 한다(confuse).

Teachers need to seek ways to introduce programs and manuals to maximize the positive effects. It is understandable that it is difficult to gauge the positive effects numerically. Teachers' complaining about the ban means they are lacking in proper teaching qualities. Even light physical punishment may provoke resentment and further misbehavior.

교사들은 체벌 금지의 긍정적인 효과를 최대화할 수 있는(to maximize the positive effects) 프로그램과 매뉴얼을 도입하는(to introduce programs and manuals) 방법을 모색해야 한다(need to seek ways). 긍정적인 효과를 수적으로 평가한다는 것이(to gauge the positive effects numerically) 어렵다는 것은(it is difficult) 이해할 수 있다(understandable). 체벌 금지에 대한 교사들의 불만은(Teachers' complaining about the ban) 적절한 훈육 자질이 부족하다는 것을(are lacking in proper teaching qualities) 의미한다(means). 심지어 가벼운 체벌도 분노와 더욱 잘못된 행동을(resentment and further misbehavior) 유발할 수 있다(may provoke).

It is experimentation that may take time to take root in schools. The government can distribute manuals and establish practices Europe and many advanced countries have adopted to strengthen student discipline without corporal punishment.

체벌 금지는 학생 훈육이 정상화되기까지 상당한 시간이 걸리는 일종의 실험이다. 정부(교육부)도(The government) 체벌 없이 학생 훈육을 강화하기로 방침을 정한 많은 유럽 국가의 관행을 배우고 매뉴얼을 배포해야 한다(can distribute).

Schools have yet to install the Thinking Room where unruly students repent over their misdeeds. Professional counselors are also necessary. Schools should use the behavior score card to grade rule-abiding of students. Teachers need to communicate with parents to help problematic students behave themselves. Schools can share information on effective ways of restraining student misbehavior.

학교에서는 잘못한 학생이 반성하도록 하는(unruly students repent over their misdeeds) Thinking Room도 아직 도입하지 않고 있다(have yet to install the Thinking Room). 학교에서는 규칙을 잘 지키는 정도를 측정하는(to grade rule-abiding of students) 각 학생의 행태에 대한 점수표도(the behavior score card) 사용해야 한다(should use). 학교에서 학생들의 잘못된 행동을 자제시키기 위한(of restraining student misbehavior) 효과적인 방법도 서로 공유할 수 있다(can share information on effective ways).

Teachers need patience and adolescent students need basic human rights. Like the Western countries, Korea also can introduce the Student Bill of Rights, a guidebook highlighting the freedom and responsibilities of students. Schools without corporal punishment will help students learn that human rights entail responsibility.

교사는 인내심을 가져야 하며(need patience), 청소년기의 학생들도 기본적인 인권이 필요하다(adolescent students need basic human rights). 다른 서방 국가와 같이(Like the Western countries), 한국도 학생 권리장전을 도입할 수 있다(can introduce the Student Bill of Rights). 즉 이것은 학생의 자유와 책임을 명시화하는 가이드북이라 할 수 있다(a guidebook highlighting the freedom and responsibilities of students). 체벌이 없는 학교에서(Schools without corporal punishment) 학생들로 하여금 인권에는 책임이 따른다는 것을(human rights entail responsibility) 배울 수 있도록 해야 한다.

The new system is a short-term pain for teachers but a long-term gain for students. The positives will ultimately outweigh the negatives in the system.

체벌 금지는(The new system) 단기적으로는 교사에게 고통일 수 있으나(is a short-term pain for teachers) 장기적으로는 학생들에게 좋은 제도이다(but a long-term gain for students). 궁극적으로는 체벌 금지의 긍정적인 효과가(The positives) 부정적인 효과보다 많을 것이다(will ultimately outweigh the negatives).

알아두면 유용한 영어 표현

● nuclear plant, nuclear power plant, nuclear weapons plant의 차이

원전 발전소와 핵무기 공장의 차이는 하늘과 땅 차이다. 국문 신문의 online용 영문 기사 사이트에 South Korea to complete nuclear weapons plant this month라는 내용의 기사가 나와 백악관과 국무성의 한국 담당자들이 깜짝 놀랐다는 이야기가 있다. 우리나라 외교부 장관이 워싱턴에 갔을 때 대화를 하다가 우스갯소리로 나온 말이다. 원전과 핵무기 공장의 구분은 확실히 할 필요가 있다. 원전은 nuclear power plant로 쓰는 것이 안전하다. nuclear plant는 핵무기 공장으로 오인 받을 수 있다. Nuclear push prompts competition이란 제목도 논란의 소지가 있다. 핵무기 경쟁인지, 원전 공장 건설 경쟁인지 오해가 생길 수 있다. 한반도와 관련하여 nuclear라는 용어는 국제적으로 굉장히 민감한 사안이다.

● 장애인을 배려하는 영어 표현

영어로 장애인은 흔히 handicapped 혹은 disabled 등으로 표현한다. 그러나 이러한 표현의 뉘앙스가 실제 장애인에게는 모멸감을 줄 수도 있다. 우리도 언젠가 불의의 사고로 장애인이 될 수 있다. 약자에 대한 표현에 있어서도 사회적인 배려가 필요하다.

• 신체적 장애(인): physically challenged, 여기에다 the만 붙이면 신체적 장애가 있는 사람이 된다. the + 형용사 = ~한 사람의 용례이다.

• 정신적 장애(인): the mentally challenged

• 시각적 장애(인): the visually challenged. 일반적으로는 visually impaired로 많이 써왔다.

• 청각 장애(인): the auditorily challenged

• 장애인 선수: the physically challenged athlete

• 장애인 선수 대회: competition for the physically challenged athletes보다, the Special Competition이라 하는 게 더 배려하는 용어다.

• 한국장애인단체총연맹: Korea Differently Abled Federation

• 길눈이 어두운 사람: the directionally challenged로 쓰기도 한다.

● have + (something) + 동사의 과거분사형

이 형태의 문장은 중고등학교에 배운 표현이다. 그런데 이런 용법을 실제 생활에서 쓰는 한국인은 많지 않다. 이 용례만 잘 사용해도 일상 대화에서 수많은 현상을 쉽게 설명하고 표현할 수 있다. 이 방법을 꼭 사용해 보자. 수동태의 뜻이다.

☞ have my schedule changed(내 스케줄을 자기네 맘대로 조정했대) 본인의 뜻과 관계없이 조정했다는 수동태의 의미를 가진다.

☞ have teeth pulled out(치과 의사가 이를 뽑다)

☞ have my hair cut(머리를 깎다)

● 역전驛前 앞 영어?

역전을 풀어 쓰면 역의 앞이라는 뜻이다. 그런데 우리는 일상생활에서 역전에서 만나자는 말보다 역전 앞에서 만나자는 말을 더 많이 쓴다. 영어를 사용할 때도 이런 경우가 많다. 예를 들어 의사doctor를 medical doctor라고 하거나, 노점상vendor을 street vendor라고 하는 경우가 이런 같은 의미를 중첩하여 잘못 사용한 예이다.

● English institute, English kindergarten, English teacher의 뜻

외국 사람은 영국 학원, 영국 유치원, 영국 교사로 이해하기 쉽다. 영어 학습 학원은 English immersion institute, 영어 학습을 하는 유치원은 English immersion kindergarten, 원어민 영어 강사는 native English-speaking teacher이다. English teacher, American teacher는 영국, 미국인 교사로 다양한 과목을 전공하는 모든 교사를 지칭한다. 원어민 한국어 교사는 Korean teacher가 아니라 native Korean-speaking teacher이다. 영어 마을은 English immersion village이지 English village가 아니다.

● 좌파, 우파, 보수, 진보

우리나라에서는 이 단어들의 개념이 혼란스럽다. 즉 남북 대치 상황에서 좌파라 하면 빨갱이란 이미지를 연상시키는데 사실 좌파당이라고 불리는 민주당the Democratic Party은 진보적인liberal 정당이다. 민주노동당the Democratic Labor Party은 더 급진적인 진보 정당이다.

우파는 conservative한 the Grand National Party(한나라당을 지칭)이다. 아직 영자신문에서도 개념 정리를 명쾌하게 하고 있지 않아 외국인은 혼란스럽다.

● Divide의 진화

Divide는 원래 나눈다는 뜻을 가진 단어지만, 요즘은 격차gap라는 뜻으로 더 많이 사용되고 있다. 예를 들면 English Divide는 영어를 잘하는 사람과 못하는 사람의 차이, 즉 영어 실력의 격차라는 표현이다. Digital Divide는 디지털 기기를 쓸 수 있는 사람과 못쓰는 사람의 격차를 뜻한다. 최근에는 강남에 사는 사람과 그 외의 지역에 사는 사람 간의 빈부 격차를 의미하는 Address Divide라는 콩글리시도 등장했다.

공식 10

영문 작성법

> **핵심 포인트**
>
> 한국어 내용을 완전히 이해하고 영어적 사고로 영작을 한다. 영자신문 리드로 영문 작성을 연습하는 것이 가장 효과적이다. 영문 작성 공식을 숙지하면 좀 더 세련된 영작이 가능하다. 본인이 작성한 영문을 인터넷 영문 첨삭 프로그램(www.grammarly.com)을 통해 평가하고 고쳐 본다. 이 프로그램을 이용하면 스스로 본인의 영작을 평가할 수 있다.

영문 기사 작성 10가지 공식

❶ KISS 전략: Keep It Simple and Short. ABC라고도 한다. Accuracy, Brevity, Clarity. 주어 + 동사만으로 이루어진 1형식이 제일 좋다.

❷ Go on diet: 몸에서 군더더기 살을 빼듯 기사나 영작의 경우 불필요한 단어, 표현을 가급적 줄인다.

❸ 수동태 passive sentence 지양: 우리가 쓰고 말하는 경우 수동태가 많다. 그러나 영어에서 수동태는 가능하면 안 쓰는 게 좋다. 능동태 active sentence가 힘이 있다.

❹ 형용사 adjective 사용 자제: 형용사는 굉장히 주관적이다. 영자신문에서는 가능하면 형용사를 쓰지 않는 것을 원칙으로 한다.

❺ 비교 문장일 경우 비교 대상이 명확해야 한다.

❻ 문장과 문장 사이에 but 사용 자제: 상반된 내용의 두 문장을 전개할 때 but을 사용하지 않으면 문장이 더욱 간결해진다. 연결된 두 문장이 상반된 내용일 경우 굳이 but을 사용하지 않아도 의미가 통한다.

❼ 같은 단어, 표현의 반복 사용 지양: 에세이, 사설, 칼럼, 이메일 등은 하나의 주제를 가지고 이야기를 전개하기에 같은 단어가 계속 반복된다. 같은 의미라도 한 가지 표현만 계속 사용하는 경우 지루함을 줄 수 있다.

❽ 애매한 용어는 google이나 wikipedia에서 확인한다.

❾ 한국적인 용어를 번역할 때 외국인이 이해할 수 있는 표현인지 확인한다.

❿ 한국어는 중국 한자의 영향으로 추상적이고 은유적이다. 영어는 실용적이고 구체적이다. 이 부분을 정확히 이해하고 영문 기사를 작성한다.

State of the Union(오바마 연두교서)을 통한 영작 연습

2011년 1월 28일에 발표한 오바마 연두교서 State of the Union 중 한국에 관한 발언 내용에서 영문 기사 작성 10가지 원칙이 잘 지켜지고 있는지 확인해 보자. 오바마의 연설은 백악관 최고의 수준 높은 연설문으로, 일본의 한 영어 학교에서는 이 연설문을 교재로 채택하고 있으며, 트위터에서는 200만 명이 넘는 사용자들이 매일 오바마의 연설 동영상을 보고 있다. 이것은 오바마의 연설문이 비영어권 국가에서 얼마나 강력한 영어 학습 교재인지를 입증하는 것이다.

♠ 기사 미리 보기

Point 01 거의 모든 문장이 KISS(Keep it simple and short) 용법에 의거해 간결하고 단순하다. 즉 독자 친화적으로 연설문을 작성하고 있다.

Point 02 한 문장이 30단어를 넘는 경우가 드물다(기사 리드는 32단어 정도로 써라).

Point 03 주어 + 동사로 이루어진 1형식이 많고 if, which, when, because 등을 배제하여 군더더기가 없다.

Point 04 문장이 긴 경우, 가급적 두 문장으로 나누어 쓰고 있다.

Point 05 수동태 사용이 드물다. 문장은 능동태로 써야 힘이 있기 때문이다.

Point 06 a trade agreement → this agreement → it → deal 등으로 같은 표현에 다른 단어를 사용하고 있다 one meaning—multiple words.

Point 07 문장이 and나 but으로 연결되는 경우, 앞에 콤마를 사용하여 독자들이 쉽게 이해할 수 있도록 했다.

Point 08 비교 문장일 경우 비교 대상을 명확히 하고 있다.

Point 09 추상적인 형용사 사용을 자제하고 있다.

Point 10 애매한 용어나 난해한 전문 용어를 사용하지 않고 있다.

State of the Union
오바마 연두교서

We stand with our ally South Korea, and insist that North Korea keeps its commitment to abandon nuclear weapons.
미국은(We) 한국과 확고한 동맹 관계를 유지하고 있습니다(stand with our ally South Korea). 그리고(and) 우리는 북한이 핵무기를 포기하겠다는(to abandon nuclear weapons) 약속을(its commitment) 지킬 것을(keeps) 강력히 주장하는 바입니다(insist).

······▶ 한 문장이 30단어를 넘는 경우가 드물다(기사 리드는 32단어 정도로 썼다).
······▶ 문장이 긴 경우, 가급적 두 문장으로 나누어 쓰고 있다.
······▶ 문장이 and나 but으로 연결되는 경우, 앞에 콤마를 사용하여 독자들이 이해하기 쉽도록 하고 있다.

In South Korea, teachers are known as "nation builders." Here in America, it's time we treated the people who educate our children with the same level of respect.
한국에서는 교사들이 '국가 건설자'로(as nation builders) 알려져 있습니다(are known). 이곳 미국에서도 우리의 자녀를 교육하는 사람들에게(the people who educate our children) 같은 수준의 존경심으로(with the same level of respect) 예우할 때입니다(it's time we treated).

······▶ 주어 + 동사로 이루어진 1형식이 많고 if, which, when, because 등을 배제하여 군더더기가 없다.
······▶ 선생님을 teachers → the people who educate our children으로 사용해 중복 단어 사용을 배제했다.

We finalized a trade agreement with South Korea that will support at least 70,000 American jobs. This agreement has unprecedented support from business and labor, Democrats and Republicans –– and I ask this Congress to pass it as soon as possible.

미국은 한국과 자유무역협정을 맺었는데(a trade agreement with South Korea), 이 협정이 이행되면 최소 7만 개의 일자리를(at least 70,000 American jobs) 창출하게 될 것입니다(will support). 이 협정은(This agreement) 기업이나, 노동자, 민주, 공화 양당의(from business and labor, Democrats and Republicans) 유례없는 지지를 받고 있으므로(has unprecedented support) 나는 의회에(Congress) 가능한 한 빨리(as soon as possible) 비준해 줄 것을(to pass it) 요청하는 바입니다(ask).

······⟩ a trade agreement → this agreement 등으로 같은 표현에 다른 단어를 사용하고 있다.

······⟩ 문장이 and나 but으로 연결되는 경우, 앞에 콤마를 사용하여 독자들이 쉽게 이해하도록 하고 있다.

Before I took office, I made it clear that I would only sign deals that keep faith with American workers and promote American jobs. That's what we did with Korea, and that's what I intend to do as we pursue ag-reements with Panama and Colombia and continue our Asia-Pacific and global trade talks.

나는 취임 전(Before I took office) 미국 노동자들의 신뢰를 얻고(keep faith with American workers) 새로운 직업을 창출할 때만(promote American jobs) 무역 협정을 재가하겠다는 것을(would only sign deals) 분명히 했습니다(made it clear). 그것이 바로 우리가 한국과 이행한 것이며(That's what we did with Korea), 그것이 바로 우리가 파나마 및 컬럼비아와

무역 협정을 추구해(we pursue agreements with Panama and Colombia) 아시아 태평양 세계적인 무역 회담을 지속하도록(continue our Asia Pacific and global trade talks) 의도하는(intend) 까닭입니다.

······❯ 추상적인 형용사 사용을 자제하고 있다.
······❯ 수동태 사용이 드물다. 모든 문장은 능동태로 써야 힘이 있기 때문이다.
······❯ 애매한 용어나 난해한 전문 용어를 사용하지 않고 있다. 자유무역협정 free trade agreement이란 단어를 쓰지 않으면서도 내용을 잘 표현하고 있다.

Our infrastructure used to be the best, but our lead has slipped. South Korean homes now have greater Internet access than we do.
미국의 기반 시설은(Our infrastructure) 세계 최고였으나(used to be the best, but), 지금은 우위 자리를 내주게 되었습니다(our lead has slipped). 한국 가정이 미국 가정보다(than we do) 인터넷 접속에서 훨씬 앞서고 있습니다(have greater Internet access).

······❯ have greater Internet access than we do와 같이 비교 문장일 경우 비교 대상을 명확히 하고 있다.
······❯ if, which, when, because 등 문장을 지루하게 만드는 접속사 사용을 배제하고 있다.

The quality of our math and science education lags behind many other nations.
미국의 수학 및 과학 교육의 질은 다른 나라에 비해 뒤지고 있습니다.

······❯ 비교 문장일 경우 비교 대상을 명확히 하고 있다. 문장을 짧게 써서 독자 친화적으로 썼다.

> The dreams of a little girl in Tucson are not so different than those of our own children.
> 투손의 어린 소녀의 꿈은(The dreams of a little girl in Tucson) 우리의 자녀들과 그리 다르지 않습니다(are not so different than those of our own children).

……▸ 비교 문장일 경우 비교 대상을 명확히 하고 있다.

오바마도 틀리는 영어

위 오바마 연설문을 자세히 관찰해 보면 옥의 티를 발견할 수 있다. 오바마의 실수를 통해 몇 가지 사항을 알고 넘어가자. 문법에 관해서는 우리가 미국인을 앞서는 면도 있다.

(1) We stand with our ally South Korea, and insist that North Korea keeps its commitment to abandon nuclear weapons.

미국은(We) 한국과 확고한 동맹 관계를 유지하고 있습니다(stand with our ally South Korea). 그리고(and) 우리는 북한이 핵무기를 포기하겠다는(to abandon nuclear weapons) 약속을(its commitment) 지킬 것을(keeps) 강력히 주장하는 바입니다(insist).

……▸ command, order, ask, suggest, advise, recommend 등 명령·요구·주장·추천의 동사류는 뒤에 that 주어-동사의 구문으로 사용될 때 어떤 일이 행해져야 한다거나, 어떤 일이 중요하다는 개념을 나타낼 때 사용하므로 자연히 should의 개념을 내포한다. 따라서 여기서는 keeps가 아니라 keep이 되어야 정확한 문장이 된다. keeps 앞에 should가 생략되어 있다고 봐야 하기 때문이다.

(2) Our infrastructure used to be the best, but our lead has slipped. South Korean homes now have greater Internet access than we do.

미국의 기반 시설은(Our infrastructure) 세계 최고였으나(used to be the best, but),
지금은 우위 자리를 내주게 되었습니다(our lead has slipped).
한국 가정이 미국 가정보다(than we do) 인터넷 접속에서
훨씬 앞서고 있습니다(have greater Internet access).

······› 여기에도 문법적인 오류가 있다. 정확한 영문은 South Korean homes now have greater Internet access than our homes가 되어야 한다. South Korean homes(한국 가정)가 than we do(우리가 하는 것)와 비교될 수 없다. 즉 두 가지를 비교할 때는 비교의 대상이 동일 선상에 있어야 한다. 좀 더 쉬운 예를 들면 My sister is taller than I 또는 She has longer hairs than I 등이 있다.

(3) The quality of our math and science education lags behind many other nations.

미국의 수학 및 과학 교육의 질은 다른 나라에 비해 뒤지고 있습니다.

······› 앞의 (2)번과 같은 문법적인 오류이다. the quality of our math and science education이 many other nations(다른 나라)와 비교될 수 없는 것이다. 영작에서 흔히 틀리기 쉬운 예이다. 정확한 영문은 The United States lags behind many other nations in the quality of math and science education 또는 In the quality of math and science education, the United States lags behind many other nations이다.

(4) The dreams of a little girl in Tucson are not so different than those of our own children.

투손의 어린 소녀의 꿈은 우리의 자녀들과 그리 다르지 않습니다.

······› 숙어 표현의 오류이다. different 다음에는 from이 나와야 하는데, than 을 사용하는 오류를 범하고 있다. 아니면 not so가 나왔으니 not so different as those of our children이라고 해야 한다.

끝으로, 위 연설문에서 또 한 가지 살펴볼 중요한 문법적 용법이 있다.
Here in America, it's time we treated the people who educate our children with the same level of respect.

> 이곳 미국에서도 우리의 자녀를 교육하는 사람들에게(the people who educate our children) 같은 수준의 존경심으로(with the same level of respect) 예우해야 할 때입니다(it's time we treated).

……> 어떤 행위의 주체가 어떤 일을 해야 할 시간이라고 말할 때 It's time + 주어 + 과거시제의 동사로 된 구문을 많이 사용한다. 그러나 이 구문은 과거가 아니라, 현재 혹은 미래를 나타낸다.

ex It's time you went to bed. 네가 자야 할 시간이다.
ex I'm getting tired — it's time we went home. 피곤해지는군 — 집에 가야 할 시간이네.

단문 영문 작성 실전 연습

영문 작성이라면 엄두도 못내는 사람이 있다. 해보지도 않고 지레 겁을 먹는 경우도 허다하다. 그러나 이는 본인의 잠재력을 과소평가하는 것이다. 1,000 단어 정도의 긴 에세이 작성도 고민할 필요가 없다. 먼저 단문 영문 작성에 익숙해지고 나면, 장문은 단문을 합쳐놓은 것이라고 생각하면 된다.

1. 모든 영어 문장은 능동태로 써야 기사에 힘이 있다. 수동태는 되도록 쓰지 않는다.

ex 01 The Rev. Nicholas Cheong Jin-suk, archbishop of Seoul, was Tuesday appointed a cardinal by the Vatican.

정진석 서울 대주교, 바티칸으로부터 추기경으로 서훈 받아

수정 The Vatican appointed the Rev. Nicholas Cheong Jin-suk, archbishop of Seoul, a cardinal Tuesday.

ex 02 Another international school was used by a lawmaker to establish a slush fund.

국회의원, 비자금 만들 용도로 또 하나의 국제 학교 이용

수정 A lawmaker used another international school to establish slush fund.

ex 03 A car accident killed him.

교통사고로 사망

수정 He was killed in a car accident.

……▸ 수동태의 예외적 사용: 본인이 원하지 않은 불의의 사고. 즉 교통사고, 화재, 지진, 전쟁 등.

2. 문화적 차이에 기인한 잘못된 표현

ex 01 Foreign banks in Korea raked in huge profit:

수정 Foreign banks in Korea earned huge profit.

……▸ rake in은 갈퀴로 돈을 긁어모은다는 뜻으로 굉장히 부정적인 뉘앙스가 있다. 이 단어를 사용하면 외국 은행이 돈을 버는 것이 나쁘다는 의견이 포함된다. 문화적인 차이 때문에 rake in이나 demand라는 단어가 외국인에게는 불쾌하게 느껴질 수 있다는 것을 알아야 한다.

ex 02 Richard C. Warmington, president of the Chadwick International School Songdo, said Tuesday (his x-the) school will open in August.

리처드 워밍턴 채드윅 송도국제학교 교장은 학교 개교가 8월에 있다고 화요일 밝혔다.

……▸ 학교는 교장 것이 아니니 his school보다 the school이 정확하다.

ex 03 A man was charged with exposing himself in court Tuesday.

한 남자가 법정에서 신체 노출로 기소되다

수정 1 A man faced charges of misdemeanor(경범죄) for exposing himself in court Tuesday.

수정 2 A man faced charges of misdemeanor in court Tuesday for exposing himself on the street.

……▶ **syntax error** 문제: 이 남자가 실외에서 나체쇼를 해서 경범죄로 법정에 섰는지 아니면 법정에서 자신의 신체를 노출해 재판을 받는지 난해한 표현이다. syntax error란 단어나 숙어를 합쳐 문장을 만드는데 실수한 것을 의미한다.

3. 지루한 문장 wordy sentence을 단문으로 작성하는 법

ex 01 the profits of the company

수정 the company's profits

……▶ 두 표현이 다 맞기는 하나, 가능하면 한 단어라도 줄여서 써야 한다. 한 문장의 단어가 30~35단어를 넘으면 독자가 다시 한 번 읽어야 하는 번거로움이 생긴다. 가능하면 같은 표현이라도 짧게 쓰는 게 원칙이다.

ex 02 Ahn Sang-soo, floor leader of the ruling Grand National Party, is facing increasing pressure to admit his alleged abusive language used toward the head monk of a Seoul temple and attempts to meddle in the internal affairs of Korea's largest Buddhist sect.

안상수 한나라당 원내총무가 서울 시내 한 사찰 주지에게 욕지거리를 하고, 대한민국의 불교의 가장 큰 종파의 내부적인 일에 개입하려 했다는 주장을 인정하라고 압력을 받고 있다.

……▶ 이 기사는 얼핏 보면 틀린 데가 없는 것 같으나 자세히 보면 불필요한 표현이 많이 들어가 초점이 흐려져 있다. 문장을 둘로 나누어 주는 게 훨씬 이해하기가 쉽다.

수정 Ahn Sang-soo, floor leader of the ruling Grand National Party, is under pressure to retract his alleged abusive remarks against the head monk of a Seoul temple. He is suspected of seeking to remove the head monk and of meddling in the internal affairs of Korea's largest Buddhist sect.

······⟩ 한국어를 충분히 이해하고 영어적 사고로 문장을 쓴다. 긴 문장을 두 문장으로 나누어 본다.

cf. the ruling Grand National Party를 the majority Grand National Party, 제1야당은 the first minority party, the Democratic Party 등으로 표시하는 것이 더욱 정확하다. the ruling은 공산당에 존재하고, 현재와 같이 여당이 정부를 비판하는 경우도 있으니 the governing party라고 해도 부담스럽다.

ex 03 The coalition will be officially launched in May but it has already seen the number of registered unions increase to 52 last week with membership reaching 200,000.

52개 노조가 등록된 이 연합은 20만 명의 회원 수로 5월에 발족한다.

수정 The coalition will start business in May with 200,000 members in 52 registered unions.

······⟩ 단문이면서 수동태를 사용하지 않았다. 연결되는 문장의 내용이 전혀 반대되지 않기에 but을 삭제하여 문장을 세련되게 했다. 국문으로 보도 자료를 읽고, 기사는 영어적인 사고를 통해 실용적으로 표현한다.

ex 04 Minister Kim told reporters in a briefing의 표현의 경우 Minister told reporters 혹은 Minister Kim said하면 된다.

······⟩ told와 briefing은 중복된 내용이고 전하려는 메시지의 핵심이 아니므로 빼도 된다.

ex 05 One of reasons why she invested in European stocks is because of the currency factor.

수정 The currency factor is one of the reasons for her investment in European stocks.

······⟩ be 동사 다음에 because를 써서는 안 된다. 그리고 주어는 짧아야 훨씬 명확한 메시지를 전한다.

ex 06 The Ministry of Strategy and Economy Thursday warned that additional rate hike by the Bank of Korea would further strengthen the value of won against dollar.

기획재정부는 한국은행의 추가 금리 인상이 원화의 추가 절상으로 이어질 것이라고 목요일 경고했다.

수정 The Ministry of Finance and Economy yesterday warned the Bank of Korea against hiking an interest rate for strengthening won's appreciation.

······〉 여기서 warn ~against 구문만 쓸 줄 알아도 기사가 간결해진다.

ex 07 A draft of the guidelines on life insurer's listing on the stock exchange may be released next week, raising the possibility that life insurers' long-time dream of going public may be realized within this year.

생명보험회사 상장을 위한 지침안이 다음 주 발표되는데, 이는 생명보험회사의 숙원 사업인 증시 상장이 올해 가능하다는 가능성을 높임.

위 문장을 둘로 나누어 보자. (1) A draft of the guidelines on life insurer's listing on the stock exchange may be released next week. (2) This raises the possibility that life insurers' long-time dream of going public may be realized within this year.

수정 Regulators have issued a guideline for the listing of life insurers on the Korea Stock Exchange this year.

······〉 guideline(지침서)을 내면 생명보험사 상장을 위한 것이기에 raising the possibility that life insurers' long-time dream of going public may be realized는 삭제해도 큰 문제가 없다.

ex 08 The first-ever investment fund investing in North Korea was launched with regulatory approval from financial authorities.

최초의 북한 투자 펀드가 감독 당국의 허가를 받고 출범하였다.

수정 The financial regulator endorsed the launch of the first-ever fund investing in North Korea.

······〉 주어를 바꾸어 보면 문장이 더 명확하고 단순해지는 경우가 많다. investment fund investing in North Korea에서 invest가 두 번 나오는 것도

불필요하다.

ex 09 Sex offenders will be subject to tougher punishments to curb sex crimes.

성범죄를 억제하기 위해 성범죄자들은 보다 엄격한 처벌 대상이 될 것이다.

수정 Sex offenders will be subject to tougher punishments.

······> to curb sex crimes라는 표현은 tougher punishment에 내포되어 있기에 삭제해도 무방하다.

ex 10 After studying its policies and their results, the author argues that problems result from the Roh administration failing to play its proper role rather than from outside forces such as conservative forces.

정책과 결과를 검토한 후, 저자는 노무현 정부가 적절한 역할을 못해서 실패한 것이지 보수권 등과 같은 외부 세력으로부터 기인한 것이 아니라고 주장했다.

수정 The author argues that the problems came from the Roh administration's failure to play its proper role rather than from the opposition from conservatives.

······> 좋은 영어 문장은 한국어를 100% 번역해서 나오는 게 아니다. 불필요한 단어는 과감하게 삭제할 필요가 있다. 여기서 after studying its polices and their results는 쓰지 않아도 된다. 그런 연구를 했기에 저자가 노무현 정부의 문제점을 제시한 것이다. the Roh administration failing to play 또는 the Roh administration's failure to play가 잘못 사용된 예다.

4. 세련된 문장 쓰는 법

ex 01 In its statement, the business federation suggested to employers that they raise wage by 3 percent this year.

경제 단체는 성명서에서 올해 3%의 임금 인상을 제시했다.

수정 The federation suggested in its statement that employers raise wages. 혹은 The business federation suggested a 3 percent hike in wage this year.

……〉 문장 첫 부분에는 주어가 나오는 게 좋다. 그리고 in its statement는 문장 중으로 옮기는 게 좀 더 세련되어 보인다. suggest, propose, advise 등, 뒤에 that이 나오면 should가 삭제되는 대신 동사의 현재형을 쓴다. employers와 they는 같은 내용이니 하나로 줄인다. business federation은 경영자 단체로 고용주라는 뜻이 포함된 것이니 employers를 포함한다.

ex 02 But the opposition parties lashed out at the ruling party leader.

그러나 야당은 여당 지도자를 비판했다.

수정 The opposition parties lashed out at the ruling party leader.

……〉 문장과 문장 사이에 but은 사용하지 않아도 된다. 대비되는 문장 안에 but의 의미가 포함되어 있기 때문이다. 문장의 첫 시작을 but으로 하는 것이 틀린 것은 아니지만 불필요할 때가 많다.

5. 잘못된 단어의 사용

아무리 영어 단어를 외워서 TOEIC, TOEFL 만점을 맞아도 실제로 사용하지 못하는 것은 변화무쌍한 실제 상황에서 사용하는 연습을 못해 본 까닭이다. 영자신문을 읽으면 습득한 단어를 자유자재로 적재적소에 사용하는 능력을 키울 수 있다.

ex 01 dress와 costume의 차이: dress는 여성이 입는 옷을 총칭하고 costume은 남녀가 입는 옷을 총칭한다. 따라서 Hanbok은 남녀가 입으니 Korean costume이지 dress가 아니다.

ex 02 누적식 투표 제도: accumulative voting system이 아니라 cumulative voting system이다.

ex 03 이민 가다, 이민 오다: emigrate(이민 가다), immigrate(이민 오다). 여기서 migrate는 이주하다의 뜻인데 앞에 e가 붙느냐, im이 붙느냐에 따라 그 뜻이 달라진다. e가 붙으면 외국으로 이주하다의 뜻이고, im이 붙으면 국내로 이주하다의 뜻을 가진다. 영어에서 ex는 out을 뜻하고 im(또는 in)은 in(안으로)

을 뜻하기 때문이다. 비상구를 뜻하는 exit도 ex(out)와 it(to go)의 의미가 합쳐서 밖으로 나가다의 뜻을 가지는 것이다. it(to go)이 들어가는 단어의 예로 itinerary(순방)도 있다.

ex 04 gourmand는 '음료를 과식·과음하는 사람'을 말하고 gourmet은 '미식가'를 뜻한다.

ex 05 travel과 trip의 차이: trip은 비즈니스 성격이 강하고 travel은 관광하러 가는 의미가 강하다.

cf. trip은 때로 걸려 넘어지다의 뜻을 가질 때도 있다. ex) She tripped and fell down the stairs. 그녀는 발이 걸려 계단 아래로 떨어졌다.

ex 06 should, must, have to의 차이: Koreans using ATMs after hours should(should는 강한 제안이나 의무감이 없을 때 사용) pay 600 won extra. 여기서는 Koreans using ATMs after hours (have to/must) pay 600 won extra가 맞는 표현이다.

ex 07 politically neutral(정치적으로 중립인), apolitical(정치에 관심이 없는): 표현의 미묘한 차이가 있다.

ex 08 discuss <u>over</u> the matter before launching the bid.

discuss 뒤에 over, with 등이 나와선 안 된다. discuss 단어 자체가 with나 over의 뜻을 포함하고 있다. 비슷한 예로 expect 다음엔 that절이 나오는 경우가 드물고, 주로 to 부정사가 나온다.

The government expects that the total amount of humanitarian aid to Indonesia will exceed $3 million.

수정 The government expects the total amount of humanitarian aid to Indonesia to exceed $3 million.

ex 09 statute of limitation과 statutes of limitation은 틀린 표현이다. statute of limitations가 맞는 표현이다.

ex 10 후계자는 apparent heir가 아니고 heir apparent로 사용한다.

ex 11 provide with와 provide to 차이: Allegations that the lobbyist provided Kim with money와 provided money to Kim. 즉 provide to 뒤에는 사람, provide with 뒤에는 사람이 아닌 명사가 나온다.

ex 12 airline과 airliner의 차이: 전자는 항공사이고 후자는 항공기를 지칭한다.

6. 미묘한 표현

단어 하나가 기사의 정확도, 구체성 제고에 큰 영향을 준다. 모두 알고 있는 단어도 개념 정리가 안 되어 적절하게 사용하지 못하는 경우가 있다.

ex 01 target과 aim의 차이: target 다음에는 인물 등 고유명사가 나오고 aim 다음에는 주로 to와 동사가 나오거나 at이 나온다.
It also aims to become a representative international music festival of South Korea.
It targets Korean music fans.

ex 02 affirm과 confirm의 차이: affirm은 단언하는 것이고 confirm은 확인하는 것이다. Shinsegae confirmed that the department store will open today.

ex 03 resist와 boycott의 차이: resist는 저항하다는 뜻이고 boycott은 참석하지 않는다는 표현이다. He expressed his intention to (resist [x]– boycott [o]) the ruling party's primary.

ex 04 due to 사용법
Many securities firms record high profits thanks to the bullish stock market. Many securities firms turned in the red due to big loss in overseas business.

많은 증권사가 증시 활황 덕분에 사상 최대 이익을 냈다.
그러나 해외 산업 부진으로 많은 증권사가 적자를 기록했다.

……> 긍정적인 경우 thanks to를 사용한다. due to는 부정적인 원인을 설명할 때 사용한다. 또한 due to big loss in overseas business, many securities firms turned in the red는 세련되지 못한 표현이다. 문장의 시작은 주어로 하는 게 정형이다. 즉 문장 앞에 due to를 사용하는 것은 초점을 흐린다. 원인을 이야기하는 것이기에 문장의 뒤에 나온다.

ex 05 habitual과 routine의 차이

habitual은 습관적인, routine은 통상적인 것을 말한다. The large discount is a (habitual [x] ☞ routine [o]) corporate marketing practice.

7. 문장의 불완전성

ex 01 주어의 일치

This would create a power vacuum in the military–driven communist regime while (being [x] ☞ he was [o]) hospitalized. 여기서 this와 he가 일치하지 않으니 being hospitalized만 쓸 수 없다.

ex 02 hope 다음에는 문장이 나온다.

By 2015, we hope consumers (to [x] ☞ will [o]) watch 3D TVs without wearing special glasses.

ex 03 prefer (to) 사용

Korean English teachers prefer using Korean (over [x] ☞ to [o]) English.

ex 04 affect & effect: affect는 영향을 주다, effect는 영향이라는 명사이다.

have an (affect [x] ☞ effect [o]) on the economy.

ex 05 argue & say

Lone Star (argues [x] ☞ 주관적인 동사 argue, claim, contend 등의 사용을 주의한다. 신문에서는 명백하게 주장을 나타내는 경우가 아닌 경우 주로 say를 쓴다. argue 등은 주장이 표현된 어조이다. 객관성을 생명으로 하는 신문에서 argue, contend 등 주관적 단어를 사용하면 독자를 가르치려 하는 무례를 범하게 된다. 굳이 argue를 쓴다면 Lone Star는 주장하나 기자는 납득하지 않는다는 의미를 내포한다.

(says [o]) it purchased the building and paid due tax.

ex 06 exploit와 use의 차이

악용한다는 표현에는 exploit를 쓴다. 즉 exploit는 불법에 가까운 것을 표현할 때 사용한다. use는 합법적일 경우 일반적으로 사용한다.

They are suspected of having (used [x] ☞exploited [o]) the loopholes.

ex 07 behind-the-scene: Behind-the-scene에 s를 써서는 안 된다. behind-the-scene은 형용사적 의미로 사용된다.

The Korea Deposit Insurance Corp. said that the 2002 sale of Korea Life was flawed because the buyers' consortium was formed under (behind-the-scenes [x] ☞ behind-the-scene [o]) agreement between Hanwha and Macquarie.

ex 08 expert: 외국 기업이 한국에 진출하는데 intrusion이라고 하면 외국인 투자에 반감을 갖고 있다는 얘기이다. 기사 작성에서 experts point out은 기사의 신빙성을 떨어트린다. 전문가를 누구로 한정할 것인가는 상당히 주관적인 기준이기 때문이다.

Experts point out the main reason behind a massive (intrusion [x] ☞ influx [o]) of foreign firms into Korea.

8. 중복된 단어 사용 지양

비슷한 의미의 두 단어를 중복해서 사용하지 않고 한 단어로 표현할 수 있으면 영작에 상당히 유용하다. 예를 들면 outer periphery에서 periphery는 변방을 얘기하니 outer를 포함한다. 따라서 periphery하면 되지 outer를 따로 추가할 필요가 없다. 이러한 예는 무수히 많다.

ex 01 (absolutely) conclusive: 결론적인 것은 절대적이므로 conclusive만 쓰면 된다.

ex 02 (agricultural) crop: crop은 농산품을 지칭하므로 agricultural을 쓸 필요가 없다.

ex 03 (awkward) dilemma: 딜레마는 언제나 어색하다.

ex 04 (close) proximity: proximity는 close를 포함하여 가까움을 표시한다.

ex 05 (complete) monopoly: 독점은 완전하게 하는 것이다.

ex 06 (completely) full: 꽉 찼다는 말은 완전하게 꽉 찼다는 뜻이다.

ex 07 (divisive) quarrel: 논쟁은 항상 분열을 초래한다.

ex 08 (end) result: 결과는 끝을 의미한다.

ex 09 (entirely) absent: 부분적으로 출석하지 않을 수는 없으니 entirely는 필요 없다.

ex 10 (exact) counterpart: 상대는 지칭되므로 exact가 필요 없다.

ex 11 (future) plan: 계획은 미래를 의미한다.

ex 12 (general) public: 일반 국민, 서민을 지칭하는 것이므로 general을 포함할 필요가 없다.

ex 13 (grateful) thanks: 감사는 항상 grateful하다.

ex 14 (hired) mercenary: 용병은 고용을 내포한다.

ex 15 (irreducible) minimum: 최소한이라는 뜻은 더 이상 줄일 수 없다는 의미다.

ex 16 (lifeless) corpse: 시체는 생명이 없다.

ex 17 (lonely) hermit: 은둔은 외롭다.

ex 18 (meaningless) gibberish: 의미 없는 내용을 중얼거리므로 meaningless가 불필요하다.

ex 19 (mutual) cooperation: 협력은 상호 간에 있는 것으로 mutual은 불필요하다.

ex 20 (new) record: 기록은 새로운 것이므로 new가 필요 없다.

ex 21 (old) adage: 격언은 옛날을 얘기하는 것으로 old는 불필요하다.

ex 22 (organic) life: 생명은 유기적이다. 살아 있다는 organic이 포함된다.

ex 23 (original) founder: 설립자는 원래 최초라는 뜻인 original을 포함한다.

ex 24 (patently) obvious: 명확한 것은 진짜인 patently 것이다.

ex 25 (personal) friend: 친구는 개인적인personal 것이다.

ex 26 (pragmatic) realist: 현실론자는 실용적pragmatic이다.

ex 27 (present) incumbent: 현직은 현재present를 포함한다.

ex 28 (sworn) affidavit: 증언장은 서약한sworn 것이다.

ex 29 (true) facts: 사실은 진짜true를 포함한다.

ex 30 (ultimate) outcome: 결과는 최종적ultimate인 것이다.

ex 31 (thorough) investigation: 조사는 완벽한thorough 것을 포함한다.

ex 32 (old) veterans: 전역 군인은 old하다.

ex 33 (small) child: 어린이는 작다small.

ex 34 (5.a.m.) this morning: 오전 5시, 즉 a.m.은 this morning을 포함한다.

ex 35 (own) biography: 자서전은 자기만의own 얘기다.

ex 36 (self–)confessed: 토로는 본인이 하는 것이니 self가 필요 없다.

ex 37 (young) girls: 소녀는 원래 젊다young.

ex 38 (important) essentials: 요체는 원래 중요한 것만 포함한다.

ex 39 (completely) destroyed: 파괴는 완전히completely를 포함한다.

ex 40 (final) decision: 결정은 마지막에 이루어지는 것이므로 굳이 final을 쓸 필요가 없다.

출처: *AP Guide to News Writing Style Book*, 《박창석 ENIE 지침서 영어야 논술로 말할래》

9. 시제 일치의 문제

영자신문에서 한 기사에 시제를 과거, 현재 등으로 혼용하는 경우 독자는 혼동할 수 있다. 그럼에도 기사에서 종종 시제를 혼용하는 이유는 과거의 사건을 현재로 표현함으로써 기사에 생동감을 더하기 위함이다. 예를 들어 *USA Today*는 '누가 말했다'를 항상, says로 써서 독자에게 현재 이 시간의 사건인 것처럼 신선함을 주려고 한다.

ex 01 New York Attorney William Fitzpatrick says the 21–year–old man has been arrested on a charge of murder in the death of her on–again and off-again girl friend.

뉴욕 법무장관 윌리엄 피츠페트릭은 사귀다 말다 한 여자친구를 살해한 혐의로
21세 남자를 구속했다고 말한다.

······› 학교에서 배운 문법이라면 said가 맞지만, 사건 발생 24시간 내의 일일 경우 현재형(says)을 사용한다.

ex 02 The attorney said the remains have not been positively identified but were consistent in age and race with Jenni-Lyn Watsons, who disappeared after returning home for Thanksgiving break last week.

법무장관은 시체 전체가 발견된 건 아니지만 전반적으로 나이나 인종으로 볼 때
지난주 Thanksgiving 휴일 이후 행방불명된 Jenni-Lyn Watons임에 틀림없다고 말했다.

······› 여기서는 said를 사용하고 그 뒤에는 have not been positively identified, 그리고 were consistent with 등, 얼핏 보면 시제가 뒤죽박죽이다. 그러나 각 동사의 시제만 분석해 보면 현장감이 있다. (1) have not been positively identified는 시체를 찾아서 판독한 순간을 현재완료형으로 함으로써 현장감을 주었고, (2) were consistent with는 그 당시에는 일관성이 있었으나 앞으로 조사를 해보면 바뀔 수도 있다는 것을 암시하고 있다. 이처럼 교과서에서 배운 기계적인 시제 일치는 신문에서 많이 무시되고 있다.

ex 03 Three college students said in support of allegation that a lawmaker had indeed made remarks at a dinner gathering that constituted sexual harrassment.

······› 이 기사는 교과서의 문법과 일치하게 시제를 맞추고 있다. 그러나 Three college students say in support of allegation that a lawmaker has indeed made remarks at a dinner gathering that constitute sexual harrassment로 신문에 나와도 틀린 것은 아니다. 즉 said를 say로 함으로써 24시간 전에 상황을 현재같이 전개하고, a lawmaker has indeed made remarks에서 그런 발언을 했다는 시제를 과거완료에서 현재완료로 앞당겨 생동감을 주며 constitute라는 현재형을 사용하여 명백히 변할 수 없는 성적

희롱을 했다고 강조하고 있다.

시제는 교과서대로 하는 게 원칙이나 과거시제를 현재로, 과거완료를 현재완료로 표현하는 신문의 기법을 잘 이해하면 영자신문을 읽는 즐거움이 배가된다.

10. 공식의 예외

여기서 소개한 원칙들이 불변의 법칙은 아니다. 기자의 기사 작성 경험이나 상황의 불가피성으로 인해 이런 원칙들이 지켜지지 않아도 좋은 경우도 있다. 기본에 충실하면 모든 형태의 응용이 가능하다는 얘기다. 또한 미국의 신문 기자들이 한국 영자신문 기자보다 문법을 잘 모르는 경우가 허다하다. 우리 국문 신문도 문법적으로 보면 틀린 곳이 많지만 읽는 데는 지장이 없는 것과 같다. 모든 기사가 문법적으로 100% 맞다고 할 수 없다.

1,000단어 영문 작성해 보기: 직역과 의역의 차이점

번역에는 원문을 100% 단어 대 단어word-by-word로 번역하는 직역과 내용을 파악하여 주요 내용만 전달하는 의역이 있다. 직역은 계약서 등에서 필요하다. 그러나 영자신문 기사 작성은 직역의 영역을 벗어난 의역에 가깝다. 영자신문 기사를 작성할 때는 한국어 보도 자료나 기사 자료의 요지를 이해하고, 기사 작성은 영어식 사고로 접근한다.

신문 기사가 아니더라도 외국인과 이메일을 교환하거나, 외국인을 위한 영문 자료를 만들 때 word-by-word로 번역하면 간혹 외국인이 이해하기 힘들고, 문화적 배경의 부족으로 오해를 야기하거나, 너무 문장이 길어져 의역을 한 것보다 이해가 더 힘든 경우가 있다.

번역을 하고 나서 외국인이 이해할 수 있는지, 문화 차이로 오해할 부분이 있는지, 문장이 너무 길어 뜻이 혼동되지 않는지를 역으로 점검해 보아야 한다.

직장에서 영어 통신correspondence을 하는 사람도 영자신문에서 나오는 번역 원칙(보도 자료는 한국어로 이해하고, 기사 작성시는 영어적 사고를 한다)만 가지면 아주 세련된 비즈니스 영문을 만들 수 있다. 핵심 메시지를 뽑아서 최대한 단문으로 만드는 연습을 해보자.

기사의 리드 작성법을 습득하면 단문으로 된 비즈니스 영어 구사 능력이 향상되고, 단문을 계속 연결하면 장문이 된다. 1,000단어 에세이나 비즈니스 영작문을 쓰는 것도 자연스레 가능해진다.

영작 10가지 공식

1. 한국어와 영어는 다른 점이 많다. 한국어가 영어보다 더 추상적이라는 점을 인식한다. 영어 기사나 에세이 작성과 번역은 별개의 영역이다.

환경부는 환경론자의 강력한 반대에도 불구하고 전국의 국립공원에 케이블카 건설 제한 규정을 완화하기 위한 대책을 마련했다.

직역 The Ministry of Environment on Monday announced a set of measures designed to ease regulations restricting the construction of cable cars at national parks across the country despite fierce opposition from environmentalists.

수정 Authorities will allow the construction of more cable cars at national parks despite opposition from environmentalists.

······› 주요 키워드는 많은 케이블카cable car를 설치한다는 것이다. 직역을 하면 규제 완화 조치가 핵심 내용인 듯한 인상을 준다. 핵심 내용이 아닌 표현은 과감하게 생략한다. 비즈니스 서신 왕래에서도 이런 방식이 효과적이다.

(1) 국립공원에 케이블카 설치를 허락한다면, 당연히 정부에서 규제 완화를 해야 하므로 a set of measures designed to ease regulations를 사용 안 해도 무방하다. 이런 설명은 꼭 필요한 경우 다음 문장에서 해도 된다.

(2) The Ministry of Environment를 authorities(관계 당국)으로 짧게 바꾼다.

국립공원의 케이블카 설치는 환경과 밀접하므로 authorities라 해도 환경부를 연상할 수 있기 때문이다.

(3) despite fierce opposition from environmentalists에서 fierce(격렬한)를 삭제한다. 반대에도 미온적인 반대와 격렬한 반대가 있겠으나 굳이 fierce라는 형용사를 사용하지 않아도 큰 뜻이 변하지 않는다.

2. 한국어를 100% 완벽하게 영문으로 번역하는 것은 사실상 불가능하다. 한국어 직역이 외국인에게는 불완전하게 전달될 수도 있다.

60%에 가까운 외국인 오피니언 리더들이 북한의 세습 승계가 대한민국 국가 이미지에 부정적인 영향을 미치지 않을 것으로 월요일 발표한 한 여론조사에서 밝혀졌다.

직역 Nearly 60 percent of foreign opinion leaders here responded that the dynastic father-to-son power transfer will unlikely to deal a negative blow to the South's national image, a survey showed Monday.

수정 Nearly 60 percent of foreign leaders here responded that North Korea's dynastic succession will unlikely affect South Korea's image, a survey showed Monday.

재수정 About 40 percent of foreign opinion leaders here responded North Korea's dynastic power transfer will have a negative effect on South Korea's image.

······〉 deal a negative blow to보다 negatively affect가 더 간략한 표현이다. 또한 먼 외국에서 South Korea, North Korea를 혼동하지 않을 것이라 생각하면 오산이다. 한국어를 그대로 전달하는 것보다 메시지의 중요한 포인트를 잡는 게 필요하다. 60%가 영향을 미치지 않는다고 한 것보다 40%가 영향을 미친다고 한 것이 메시지의 요지이다. 메시지의 의미를 해석하는 노력이 필요하다. 번역에만 신경쓰다 보면 중요한 포인트를 잃어버리는 경우가 많다.

3. 한국어를 이해하고 영어로 사고한다.

방위사업청은 고급 군화를 납품할 회사 선정을 위한 입찰 계획을 월요일 보도 자료를 통해 발표했다.

직역 The Defense Acquisition Program Administration (DAPA) plans to open bidding for supplying the military with high-quality combat boots, the agency announced Monday in a news release.

수정 The Defense Acquisition Program Administration (DAPA) announced its plan to accept bidding for combat boots.

……> 입찰을 하면 입찰자는 가장 좋은 군화를 제공하는 업체를 선정하니 high-quality는 필요가 없다. 가능한 같은 내용을 반복하지 않는다. the DAPA plans는 announced in a news release를 내포하고 있다.

4. 한국어는 같은 뜻이라도 영어보다 문장이 길다. 국문 한 문장을 주어-동사의 1형식 영어 문장 두세 개로 나누어 써본다.

이명박 대통령은 미디어 산업 개혁을 추진한 3선 의원을 문화장관으로 임명했는데, 이는 내각, 청와대 수석과 주요 정부 부처의 수장을 바꾸는 광범위한 개각의 일환이다.

직역 President Lee Myung-bak Friday nominated a three-term ruling party lawmaker who had pushed for reform of the media industry as the new culture minister in a wide-ranging reshuffle of the Cabinet, the presidential secretariat and major government agencies, Friday.

……> 이 기사는 완벽하다고 할 수 있지만, 문장을 나누어 다시 써보는 연습을 해 보면 영작 실력을 향상시킬 수 있다. (1) President Lee Myung-bak Friday named a three-term ruling party lawmaker as the culture minister. (2) He is a member of the Culture-Tourism Committee of the National Assembly and had pushed for reform of the media industry (3) He is one of the six nominees in a reshuffle involving the Cabinet members, the presidential secretaries and the three government agencies.

5. 한국어의 주어가 꼭 영어에서도 주어가 되어야 하는 것이 아니다. 주어는 사람 위주로 하는 게 무난하다.
라이벌 프랜차이즈 빵에서 쥐 몸통이 나왔다고 주장한 추악한 '쥐 식빵' 사건은 이 주장을 한 제과점 주인의 사기극으로 밝혀졌다.
직역 The scandalous "rat bread" case, in which a bakery outlet owner alleged the body of a rat was found in a loaf of bread of a rival franchise, ended up being a hoax cooked up by the accuser himself.
수정 A 35-year-old baker outlet owner was arrested for placing the body of a rat in a loaf of bread of a rival franchise and posting the 'rat bread' on the Internet, in his desperate attempt to outrival the competitor.

6. 콩글리시가 아닌지 생각해 본다. 우리가 쓰는 많은 영어 중에 외국인이 이해 못하는 콩글리시가 예상 외로 많다.
ex Monthly bills for silver town residents rise by 5 percent.

실버타운에 입주한 사람의 한 달 사용료가 5% 올랐다.

······> 한국인이 보면 완벽한 영어다. 그러나 외국인은 실버타운이 무엇인지 잘 모를 수도 있다. silver town을 retirement home으로 해야 이해한다.

7. 우리말 문장을 완전히 이해하여 키워드를 영어 단어로 메모한다.
단어 대 단어로 번역에만 몰두한 나머지 핵심 내용 파악하지 못해 영어 표현이 제대로 되지 않는 경우가 많다. 배경을 충분히 이해하면 번역이 훨씬 쉬워진다.
　　라이벌 프랜차이즈 빵에서 쥐 몸통이 나왔다고 주장한 추악한 '쥐 식빵' 사건은 이 주장을 한 제과점 주인의 사기극으로 밝혀졌다.
keyword: (1) bakery owner(제과점 주인), (2) hoax(사기극), (3) cook,

fabricate(조작하다). 여기서는 제과소이니 cook이 적절한 단어이다. 서류를 조작하는 fabricate을 사용하면 어휘를 잘못 쓴 것이 된다. 이런 키워드를 메모하면 영문 메시지를 보다 더 효과적으로 전할 수 있다.

8. 한국어에는 중복된 표현이 많다.

영어로 작성시 중복되는 부분은 제거한다. 한영 번역은 일반적으로 한글 문장보다 영어 문장이 짧아야 한다.

ex The scandalous "rat bread" case, in which a bakery outlet owner alleged the body of a rat was found in a loaf of bread of a rival franchise, ended up being a hoax cooked up by the accuser himself.

······→ 여기서 중복 단어는 rat bread와 body of a rat was found in a loaf of bread라고 할 수 있다. 이런 중복을 피하는 게 중요하다.

두 문장으로 나누어 보면 (1) A bakery outlet owner alleged the discovery of the body of a rat in a loaf of bread of a rival franchise. (1) The claim, however, ended up as a hoax cooked by the accuser himself.

9. 완벽한 영어 표현으로 번역을 한 경우, 문화적 차이로 인한 오해의 소지가 있는지 분석한다.

예를 들면 demand(요구하다)라는 단어는 뜻이 너무 강력하여 불필요한 오해를 초래하기도 한다. 외교부에서 요구하는 경우는 suggest, solicit 등을 써야 하는 경우가 많다.

ex Seoul demands that the U.S. Congress ratify the free trade agreement.

······→ 이 내용은 문법적으로는 완벽하나 미 의회에게 강하게 요청해야 하는 일이 아니다. 즉 Seoul expects the U.S. Congress to ratify the free trade agreement 등의 외교적 표현이 적절히 구사되어야 한다.

10. 영자신문에서 리드 기사만 가지고 번역해 보는 것이 가장 효과적인 영작 방법이다. 리드 기사 작성법 10가지를 숙지하면 영어 번역이 훨씬 쉬워진다.

인용문quotation을 사용하는 10가지 공식

1. 기사의 신뢰도와 생동감을 높이기 위해 취재원의 이야기를 그대로 인용한다.

2. 기사 내용과 동떨어진 인용은 자제한다. 인용 자체에 기사 전체의 신뢰도와 의미를 부여할 때 사용한다.

3. 사실을 인용해야지, 해설적인 발언을 인용해서는 안 된다. 기사에 의견을 포함하는 실수를 범할 수도 있다.
ex "This isn't a one-size-fits-all thing," said Mustafa Alani, a regional analyst at the Gulf Research Center in Dubai. "Each place will interpret the fallout from Egypt in their own way and in their own context."
(이집트 무바라크 정권 퇴진과 관련해) 두바이 소재 걸프연구소 지역연구가 무스타파 알라니는 "이집트 사태는 모든 중동 국가 민주화에 다 똑같이 적용되지는 않을 것"이라며 "각 지역은 이집트 사태의 여파를 각기 다르게 해석할 것"이라고 말했다.

4. 인용문의 문법적 오류grammatical error를 고칠 경우 기술적이고 명백한 오류만 고친다. 다만 문법적 오류를 고치려다 의미 자체를 변경시킬 수 있는 경우, 극도로 조심해야 한다.
특히 운동선수들의 발언은 문법적으로 틀리는 경우가 많다. 오바마 대통령도 의회 연두교서 연설 내용을 보면 문법적으로 틀린 곳이 있다. 3번 기사의 발언 중 each place will interpret the fallout from Egypt in their own way and in their own context라고 말했는데 문법적으로 each region이니까 단수로 in

its own way and in its own context가 맞다. 이 정도의 문법적 오류는 고쳐서 인용해도 문제가 안 된다.

5. 같은 내용이라도 당사자의 인용문을 제목으로 사용하면 풀어서 쓰는 것보다 기사 신뢰도가 높아진다.
ex Charlie Sheen admitted taking huge amounts of cocaine과 "I took cocaine," said Charlie Sheen.
⋯⋯⟩ 두 제목을 보면 후자가 훨씬 신뢰도와 생동감을 준다.

6. 인용문은 원칙적으로 미국 언론에서 사용한다.
*Financial Times*를 제외한 영국의 언론은 인용문 사용에 인색하다. 미국 언론은 사실 규명 보도investigational reporting에 주력하고, 영국 언론은 타블로이드 신문에서 보듯이 흥미 본위sensationalism가 강한 이유도 있다.

7. 신문에서 특종 개념을 주거나, 회사 홍보적인 측면에서 told The Korea Times 등을 사용하는 경우가 있으나, 이를 남용해서는 안 된다.

8. 인용은 기사 앞에서 전개한 내용을 더 부각시키고 강조하기 위해 사용한다. 대개 스트레이트 기사에서 3번째 paragraph에 나오는 경우가 많다.

9. 인용을 할 경우 실명을 원칙으로 한다. 다만 발설자의 신분을 보호하기 위해 비실명으로 하는 것은 용인이 된다.

10. 본인 의견을 sources said, analysts said, experts said 등 비실명으로 인용처럼 남용하는 것은 기사의 신뢰도를 떨어뜨린다. 또한 a source said이지 복수의 취재원이 똑같은 말을 하는 경우는 거의 없기에 sources said 등의 표현은 기사 작성 원칙에 기본적으로 맞지 않는다.

원어민도 자주 틀리는 영어 문법 10가지

1. 동사의 단복수 사용 혼선
오류 The President, as well as his entourage of business leaders, are going to Cairo.

대통령의 카이로 방문 순방의 일원으로 재계 지도자들도 동행한다.

수정 The President, as well as his entourage of business leaders, is going to Cairo.

……› 여기서 동사는 is가 되어야 한다. are로 쓰면 오류이다.

2. any, anyone, anybody, each, every, everyone, everybody, one, someone and somebody는 단수 개념이므로 무조건 단수형에 알맞은 동사 형태가 나와야 한다.
오류 Everybody were thrilled at the news that they won the gold medal.

그들이 금메달을 따냈다는 소식에 모두들 감격했다.

수정 Everybody was thrilled at the news that they won the gold medal.

3. 두 문장을 같이 나열하는 오류 Run-on sentences and comma splices
오류 It was Sollal, he didn't go to work.

수정 It was Sollal. He didn't go to work.

4. 수식어 위치의 오류 Misplaced modifier
수식어는 수식하고자 하는 동사, 명사에 가장 가깝게 배치해야 한다.

오류 Hanging from the bridge, the policeman saw the body.

수정 The policeman saw the body hanging from the bridge.

다리에 걸려 있는 시체를 경찰이 발견했다.

……› 오류 문장은 경찰이 다리에 걸려있는 인상을 준다.

5. 한 문장에 같은 단어 반복 사용 Repetition 지양

오류 KT has acquired a Type 1 special communication license and SKT has acquired Type 1 and No. 2 special communication licenses. As a result, domestic communication companies are paying more attention to foreign communication companies.

……▶ 여기서 communication과 acquired가 반복적으로 사용되고 있다.

6. of의 과다 사용 Overuse of "of"

필요 이상으로 of를 남발할 이유가 없다. 's 또는 다른 표현으로 풀어 써주는 것이 바람직하다.

오류 Renault of France → **수정** France's Renault

오류 Samsung of Seoul → **수정** Seoul-based Samsung

7. 수동적인 표현 남용

오류 Foreign communication companies are receiving attention from domestic rivals.

수정 Domestic communication firms are paying attention to foreign rivals.

8. 시제 일치 문제

많은 원어민들이 시제 일치에 무관심하다. 외신 기사에서조차 우리가 학교에서 배운 문법과 다르게 시제가 사용되는 경우가 많다. 예를 들면 현재의 가정법은 과거로 쓰는 원칙 등은 많이 틀린다.

오류 The American speaks Korean as fluently as if he is a Korean.

그 미국인은 마치 한국인처럼 우리말을 유창하게 한다.

수정 The American speaks Korean as fluently as if he were a Korean.

9. 기관 또는 회사의 입장을 대변하는 경우

기관 또는 회사를 소개한 뒤, 이를 다시 언급할 때 많은 경우 they 또는 we라는 표현을 사용하는 경우가 많다. 그러나 it으로 표현해야 정확하다.

오류 Thank you for choosing to stay at the Royal Hotel Conference & Resort while in New York. They provide you with the luxurious spa, modern fitness center, and world-famous restaurant.

수정 Thank you for choosing to stay at the Royal Hotel Conference & Resort while in New York. It provides you with the luxurious spa, modern fitness center, and world-famous restaurant.

10. nobody를 주어로 사용할 경우

nobody는 이미 부정의 의미를 내포하고 있으므로 주어로 사용할 경우, 동사에 not을 붙여서는 안 된다.

오류 Nobody doesn't want to do that.

수정 Nobody wants to do that.

기사 리드 작성법을 이용한 단문 영작 연습

● 애매한 수식어 사용 주의

서울 주민의 거의 절반 정도가 여가 생활을 즐기기 위해 더 일하여 수입을 늘릴 생각이 없는 성향을 보인다. 이는 한국인의 삶의 질 향상에 대한 점증하는 관심을 반영하고 있다.

직역 Nearly half of Seoul residents would prefer to give up income to engage in leisure activities, reflecting Koreans' growing desire for a higher quality of life.

수정 Nearly half of Seoulites would prefer to give up income for leisure in search of quality life.

······〉 Seoul residents는 한 단어로 Seoulites라고 쓸 수 있다. to engage in leisure activities는 for leisure라고 하면 더 명확하고 간결한 표현이 된다. 또한 reflecting의 주어가 전체 문장임을 나타내나, 주어와 일치하지 않으면 애매한 수식어 사용으로 치명적인 문제점을 나타낼 수도 있다. 더 짧게 쓴다면 in search of quality life를 삭제해도 무방하다. for leisure(여가를 위하는 것은)는 삶의 질을 높인다는 뜻을 내포하고 있다.

● 잘못된 용어 사용

인권위는 전경이 내무반에서 성적인 학대를 당하지 않도록 제도적인 보완책을 강구하라고 월요일 경찰청에 촉구했다.

직역 The state human rights watchdog Monday urged police headquarters to establish measures to stem sexual harrassment among conscripted police officers in the barracks.

수정 The state human rights agency Monday urged police to introduce anti-sexual harrassment programs for conscripted policemen.

······〉 정부 기관에 watchdog을 사용해선 안 된다. 정부는 집행 기관이다. watchdog은 원래 망루라는 뜻으로, 감시 기능만 할 뿐 대책을 집행할 권한이 없다. 그래서 watchdog은 정부를 감시하는 NGO일 경우 사용한다. 간결한 표현으로 police headquarters를 police로 사용하고, establish measures to stem sexual harrassment among conscripted policemen을 introduce anti-sexual harrassment program for the conscripted policemen으로 하면 더욱 문장이 세련되고 간결해진다. 전경은 경찰 간부가 아니니 officer로 쓰는 것은 어색하다.

● 가능하면 문장을 나누자

이명박 대통령은 다음 달 열리는 G20 서울정상회담의 성공적인 개최를 위해

초당적 협조를 요구했다. 그리고 이 회담이 한국이 선진국 대열에 들어가는 데 역사적으로 중요한 기회를 제공할 것이라 언급했다.

직역 President Lee Myung-bak called for non-partisan support for the administration, Monday, to ensure the successful hosting of the G20 Summit next month, saying the forum will provide a historic opportunity for Korea to join the ranks of the advanced nations.

수정 President Lee Myung-bak Monday called for pan-national support for the successful hosting of the G20 Summit in Seoul Nov.11-12. He said the forum will provide a historic opportunity for Korea to join the ranks of the advanced nations.

……→ 문장은 가능하면 두 개로 나누는 게 좋다.

● 주어 선택을 잘 해야 한다

대한민국 정부는 북한에 5,000톤의 쌀을 지원키로 했는데, 이는 이명박 정부 들어 처음 있는 인도적 차원의 대북 지원이다.

직역 South Korea will send 5,000 tons of rice to North Korea, the first humanitarian food aid from the government to the Communist country since the inauguration of the Lee Myung-bak administration.

수정 The Lee Myung-bak administration will ship 5,000 tons of rice to the flood-stricken North Korea, the first humanitarian food aid following the launch of his government in 2008.

……→ 어느 것을 주어로 선정하느냐에 따라 메시지의 명확성에 영향을 준다. 따라서 영문 작성시 주어를 무엇으로 선택할 것인지에 대해 고민해야 한다. 직역 기사와 수정 기사 모두 완벽한 문장이다. 다만 주어 선택을 South Korea로 할 것인지 the Lee Myung-bak administration으로 할 것인지를 상황에 따라 잘 선택해야 한다.

● 중복 표현 지양

ex 01 대한민국 정부는 북한이 행동으로 비핵화 의지를 밝히면 6자회담을 정례화 할 용의가 있음을 정부 당국자를 통해 밝혔다.

직역 South Korea is willing to consider holding six-party talks on North Korea's nuclear programs on a regular basis if Pyongyang demonstrates denuclearization commitment through action, an official said Monday.

수정 South Korea is willing to attend six-party talks if Pyongyang is committed to denuclearization, a Seoul official said Monday.

······→ 6자회담은 북 비핵화를 위한 모임이기에 six-party talks (on North Korea's denuclearization program)에서 괄호 안에 있는 부분을 삭제한다. 뒤에 denuclearization의 중복 사용을 피하기 위해서이다. official said는 a Seoul official로 고쳐야 한다. 어느 나라 공무원이 말했는지 혼동할 수 있기 때문이다. 물론 주어가 South Korea이니 한국 정부 관료가 말한 것으로 이해할 수는 있다.

ex 02 한국-가봉 정상은 에너지 분야 협조, 문화 교류 및 이중 과세 협정에 관한 협정문에 조인하고 이 분야에 대한 협력을 강화하기로 월요일 합의했다.

직역 The leaders of Korea and Gabon agreed Monday to boost cooperation in the development of energy, natural resources and infrastructure as the two nations signed a package of deals on boosting energy cooperation, cultural exchanges and avoiding double taxation.

수정 The leaders of Korea and Gabon Monday signed agreements on energy cooperation, cultural exchanges and double-taxation avoidance.

······→ 주요 협력 분야 합의문에 서명했다고 하면 boost cooperation in the development of energy, natural resources and infrastructure는 중복 표현이므로 불필요하다.

영작을 채점하는 Software program

현재 초보적인 단계의 한영 번역 소프트웨어가 개발되고 있다. 기술의 발전 속도로 보면 앞으로 상당한 발전이 있겠지만, 현재는 완벽도가 5%도 되지 않는다. 완벽한 번역 프로그램은 아니지만, 영문을 완성하고 탈고하기 직전에 내 영작을 점검할 수 있는 소프트웨어가 개발되어 있다. 이런 프로그램 중에도 www.grammarly.com을 권한다. 점검 페이지에서 기사를 점검하면 약 1분 이내에 결과가 나오고 점수까지 나와서 자신이 쓴 기사가 몇 점인지, 어떻게 고치면 되는지를 자세히 알려준다. 영문 copyeditor라고 할 수 있다. 이제 영문을 작성하고 원어민에게 감수 받지 않아도 되는 시대가 되었다.

이 프로그램이 점검하는 항목은 문장이 긴지, 불필요한 단어가 들어갔는지, 불완전한 기사가 있는지, 콤마 등 부호 사용이 적절한지 등이고, 비슷한 단어를 체크하여 제시하기도 한다. 특히 표절인 경우 즉시 지적해 주어서 미국에서는 대학생들이 학교 리포트report를 작성할 때 많이 사용한다고 한다. 아직 속도가 느리고 점검 방법이 완벽하지는 않으나 이용에 큰 문제는 없다. 앞으로는 거의 완벽에 가까울 정도로 더 정교해지리라 본다. 유료 사이트이지만, 영작을 하는 모든 이에게 권하고 싶다.

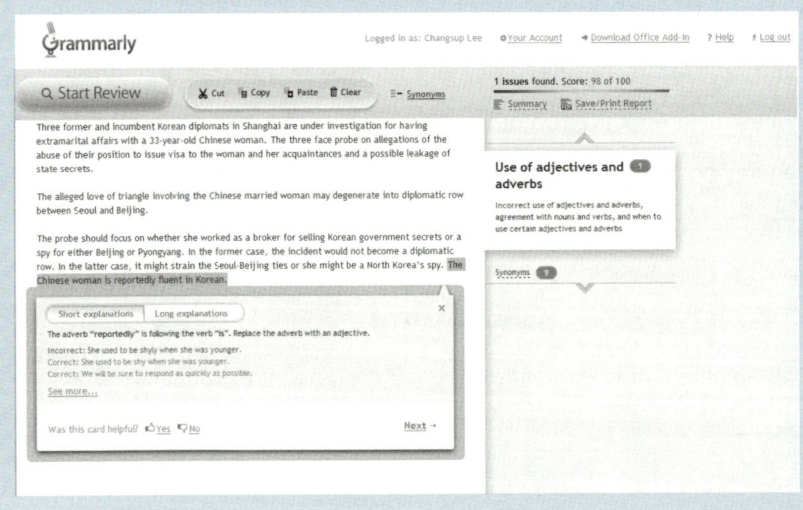

- www.grammarly.com의 주요 특징 요약Features and Benefits
- 150 + Grammar Checks → 150가지의 문법 자동 점검
- Check your text for use of grammar rules you never knew existed. Get accurate error explanations. → 잘 모르는 문법의 확인, 잘못된 실수의 설명
- Plagiarism Detection → 표절성 여부 확인
- Find borrowed text before it gets you into trouble. Automatically generate references. → 표절된 부문의 예를 제시
- Vocabulary Enhancement → 단어 구사력 제고, 동의어 사전
- Use words that make an impact. Liven up your sentences and improve readability with context-optimized synonyms. → 적절한 단어 사용 여부
- Contextual Spell Check → 문장의 맥락과 일치하는 단어인지 확인
- Spot correctly spelled words used in the wrong context. No more embarrassing typos like then-than, to-two-too, lose-loose. → 단어가 잘못 사용된 경우, typo 실수 확인
- Powerful Toolset: 100% Web-Based Solution → 100% web에 근거한 해결책 제시
- Unique Grammar Checks: Dangling Modifiers(애매한 수식어), Faulty Parallelism(불완전한 평행법), Run-on Sentences(계속되는 문장) and Comma Splices(콤마의 오용), Subject-Verb Agreement(주어와 동사의 시제, 단복수 불일치)

● 사용시 주의할 점
- 문장에 but을 사용하면 무조건 문제가 있는 것으로 지적된다. 그러나 틀린 것은 아니다.
- 문장에 you가 나오면 기사체, 문장체가 아님을 지적한다(적절한 판단 필요).
- 신문 기사에서는 시제를 현재로 쓰는 경우가 있으나 틀린 것은 아니다. President Lee Myung-bak said that he will campaign for creating a fair society(신문 기사체). 완벽한 시제 조화를 해야 할 경우는 President Lee Myung-bak said he would campaign for creating a fair society로 해야 한다.
- 유의어 check에서 불필요한 제시가 나오니 적절한 판단이 필요하다.
- 문장이 긴 경우에도 틀린 것은 아니나 단문 사용을 요구한다.
- Chaebol 등 한국에서 사용되는 영문 표기는 spell checking에 문제가 있는 것으로 나온다.

Epilogue

이 책은 가장 객관적이고, 보편적인 내용을 중심으로 기술하려고 노력했다. 다만 영작 등은 한 가지 방법만 있는 것이 아니라 여러 가지 기법이 있다. 영어가 쉽다고 단정한 것은 겸손하지 못했다.

독자들이 이 책을 통해 단어 하나를 더 배우는 게 목적이 아니라 영자신문을 읽는 안목을 이해했다면, 저자로서는 보람을 느낄 것이다. 영자신문을 읽을 수 있는 능력만 갖추면 영어에 대해 자신감을 가져도 좋다.

끝으로 이 책을 작성하는 데 많은 도움을 주신 분들께 감사드린다. 특히 콘텐츠를 디자인하는 데 헌신적으로 협조해 준 〈코리아 타임스〉 시사해설판 담당자이자 교재 개발 전문가 안성진 씨에게 고마움을 전한다. 이 책을 쓰는 데 격려해 준 사랑하는 아내와 딸 수연에게도 큰 선물이 되었으면 한다.

부록 1

정치·사회면에 자주 나오는 표현 100

1	출산 수당	maternity benefits
2	장애인용 투표 기계	disabled-accessible voting machines
3	동물 보호소	animal shelter
4	환자 수송용 비행기	medical jet
5	경착륙하다	crash-landed
6	그녀의 누드 사진	photo of her in the nude
7	애무당하다	she had been fondled
8	보험 사기-방화 사기	insurance fraud-arson scheme
9	방치 혐의	neglect charges
10	관음증	voyeurism
11	항공료가 다시 들썩거린다	Air fares are bobbing up and down
12	안면 복원 수술	facial reconstruction surgery
13	수양아버지	nursing father
14	경찰의 감시망을 피하다	elude the vigilance of police
15	청부 살인 음모	a murder-for-hire plot
16	이전 상관을 성희롱 혐의로 고소하다	file sexual harassment settlement against her onetime boss
17	공무집행 방해	cripple the power of law enforcement
18	물고기를 너무 많이 잡다	overfishing
19	눈덩이로 뒤덮인 들판	snowpack
20	어떤 계획에 제동을 걸다	put brakes on a plan
21	소모성 질환에 양성 반응을 나타내다	have tested positive for chronic wasting disease

22	예산에 적자, 구멍이 뚫림	budget hole
23	화마가 개인과 공공의 땅을 할퀴다	flames rip through public and private lands
24	앞 차를 운전한 여성과 그 차와 충돌한 남자도 사망	The woman driving the first car died, as did the man driving the car she rammed into
25	민물 해파리가 20개 군에 출몰하다	The fresh-water jelly fish has popped up in more than 20 counties
26	눈사태에 대한 서투른 대응	a botched response to a snowstorm
27	여러 의원이 연령 상한선을 18세로 올리길 원한다	Several legislators want to bump that age to 18
28	사냥꾼이 야생 토끼를 거의 멸종시켰다	hunters wipe out wild rabbits
29	정보 공개를 하지 않다	shelve the information
30	도로를 이탈하여, 전신주를 부러트리고, 나무에 처박히다	ran off the road, sheared a power pole and slammed into trees
31	공항 비상 요원	emergency crew
32	본인 동의	first-person consent
33	소송을 취하하다	drop a lawsuit against
34	빈집을 털다	strip an unoccupied home
35	폭설 후 48시간 내에 집 앞의 눈을 안 치워서 범칙금을 받다	be fined for not clearing off his sidewalks within 48 hours after a heavy snow
36	도시의 경관을 망치다	The plan would ruin the look and feel of the town
37	외상 치료 전문 센터	trauma center
38	본인 부담으로, 사재를 써서	reach into his own wallet
39	이름, 별명을 짓다	coin the moniker
40	계획을 축소하다	scale back a plan
41	서울에서 가장 높은 마천루	Seoul's highest skyscraper
42	비행기의 외부 연료 탱크를 버리다	jettison the aircraft's external fuel tanks

43	야생 동식물	wild populations
44	남자 대학생 서클	fraternity chapter
45	신고식	hazing
46	비범죄화	decriminalize
47	법안을 투표로 상정하다	votes to advance a bill
48	버려진 고아	A child orphaned by abandonment
49	법을 어기다	run afoul of the law
50	음주 운전	driving while intoxicated
51	도둑과 공공 기물 파괴자들	looters and vandals
52	법 제정의 장애물	legislative hurdle
53	어린이 성추행자	child molester
54	집단 소송으로 해결	class-action settlement
55	귀중품을 갖고 종적을 감추다	abscond with valuables
56	정전	power outage
57	평생 장애자 혜택을 받을 수 있는 업무상 재해	work-related injury to qualify for permanent disability benefits
58	소송으로 인한 합의금	settlement money from a lawsuit
59	음주 운전 경력	history of DUI(driving under influence)
60	과실치사죄를 인정하다	plead guilty to criminally negligent homicide
61	화재와 10시간 동안 싸우다	battle the blaze for about 10 hours
62	털어놓다	unseal
63	은행 강도질	bank heist
64	운전면허 재시험을 보다	retake the driving test
65	구직자	job candidate
66	가짜 계약서	bogus contract

67	성범죄자	sexual offender
68	범죄인을 숨겨주다	harboring a criminal
69	판사직을 잃다	be removed from the bench
70	남녀 비율 균형	gender balance
71	어린이 면역율	childhood immunization rate
72	면역 주사	immunization shot
73	변호사직 반납	surrender law license
74	종신 교수	tenure track faculty
75	정치적 영향력	political influence
76	공직에 도전, 공직 자리 지원	people filing for public office
77	제안을 (투표 등으로) 부결시키다	defeat a proposal
78	과속 감시 카메라	speed detection camera
79	성폭력	sexual assault
80	투표자 목록	voter rolls
81	감시 카메라 설치	install a surveillance system, surveillance camera
82	말기병	terminal illness
83	수백만 달러 횡령	multi-million-dollar embezzlement.
84	날짜가 겹치는 것을 피하다	avoid an overlap
85	외래 환자	outpatient
86	최고 전력 소비량을 줄이다	shave peak electrical demand
87	택시 회사가 소유 차량을 저연료차로 전환하다	taxi companies convert their fleets to hybrids and other low-emission vehicles
88	녹화된 증언	videotaped confessions
89	고속버스, 다인승 차량 전용 도로	high-occupancy vehicle lane, diamond lane

90	자해 총상	self-inflicted gunshot wound
91	(명예의 전당 등에) 헌액하다	be inducted into the Hall of Fame
92	예비 차량	backup vehicle
93	경찰과 9시간 대치	a nine-hour standoff with police
94	권총 두 자루를 버리고 자수하다	toss out two guns and surrender
95	복수심이 강함	vindictiveness
96	사기	shell game
97	질문 공세에서 보호받다	be shielded from questioning
98	무죄를 인정하다	overturn conviction
99	증거 불충분으로	in a dispute over evidence
100	불법 행위에 비해 형량이 약하다	punishment is out of proportion to his alleged misconduct

영자신문 섹션별 주요 표현 100

정치	
무상 급식	free meals
비자금	slush fund
돈세탁	money laundering
강행 처리	railroad (a bill)
거물	bigwig
함구령	gag order
부재자 투표	absentee voting
강경 자세를 취하다	play hardball
주한미군 작전권 이양 시기	command transfer timeline
대포폰	mobile phone registered under borrowed–name
예측 불가능한 사건	Black Swan Event
선거 운동 로고송	campaign jingle
국회의원 면책 특권	lawmakers are free from criminal and civil liability for speech made at the National Assembly, privilege of the National Assembly speech, liability–free speech at the National Assembly
부동표	swing votes

경제	
법인화	incorporation
책임 전가 비난	blame game
체불 임금	overdue wage
복수 노조	multiple unions

스파게티 바울 효과(원산지 규정에 대한 각국의 다른 법으로 인해 자유무역협정시 불합리한 법 적용으로 인해 나타나는 폐해 현상)	spaghetti bowl effect
사내 경쟁에서 이겨야 한다는 강박관념	super worker syndrome
일진아웃제(한 번 금품 수수를 하면 퇴출되는 서울시 공무원 인사 제도)	one-strike-and-out system, 1-strike-you are-out system
원조 교제	underage prostitution
고령화 사회	aging society
단일 민족	homogeneous people, single ethnicity
미혼모	unwed mother
남존여비	men above women
인신매매	human trafficking
귀화한 시민	a naturalized citizen
이중 국적	dual citizenship
이산가족	separated family
불로소득	unearned income
연좌제	guilt by association
모방 자살	copycat suicide
사회적 약자 우대 정책	affirmative action
성난 네티즌	cyber warriors
양극화	polarization
연쇄살인범	serial killer, serial murderer
신정아 사건(사회적 영향력이 있는 남자가 생활비를 대주면서 연하의 미모의 연인과 염문을 퍼트릴 경우. 즉 사탕 주는 아버지로 표현되는 미국 용어임)	Sugardaddy scandal

문화	
사재기	hoarding
토종 오페라	homegrown (indigenous, native) opera
범죄의 온상	hotbed of crime
종교 간 갈등	inter-faith feud
역이민	reverse immigration
얼짱 팔찌	bracelet for pretty faces
귀화한 한국인	naturalized Korean
다민족 어린이	multiracial child
새치기	queue-jumping
조손 가정	family headed by grandparents
쥐불놀이	play the game of spinning can containing fire
족집게 강사	tweezers instructor
눈알을 돌리다	roll eyes
기러기 아빠	goose daddy
원정출산아	anchor baby
주입식 교육	lecture-based education, immersion
수능 시험	college scholastic aptitude test
왕따	bulling and harassment, ostracize, outcast
예절 학교	charm school
무능한 교사	poorly-rated teachers
대학 입시 3불 정책	3-No admissions policy
사설 학원	cram school
육아 휴가	parental leave
학원 심야 영업 시간 제한	curfew on cram schools

교육열	education zeal
시간 강사	part-time lecturer
야외 수업	outdoor class
가출 학생	runaway students
체벌	corporal punishment
미국에서 유학하는 한국 학생	US-bound students
촌지	small token of gratitude(좋은 뜻일 경우), bribery or white envelope(나쁜 뜻일 경우)
구제역	FMD, foot-and-mouth disease
뇌사	brain dead
백내장 수술	cataract surgery
녹내장 수술	glaucoma surgery
간접 흡연	secondhand smoking
영리 병원	for-profit hospital
낙태 시술 병원	abortion clinic
비만 방지약	diet pill
제설용 염화칼슘	calcium chloride, road salt
신토불이	The home-grown-product-best-theory

법률	
스폰서 검사	sponsored prosecutor
집행유예 선고	suspended sentence
법정 관리	court receivership
친권 소송	paternity lawsuit

여행 및 관광	
볼거리	point of interest
바가지 요금	overcharge
민박	private lodging

가정	
호적	family registry
전업 주부	full-time homemaker, stay-home mother
한 사람이 두 가지 job을 갖는 경우	dual-income (double-income은 맞벌이부부를 지칭함)

군대	
실사격 훈련	live-fire drill
군 입대 거부자	conscientious military service objectors

음식	
산낙지	baby octopus
3월 3일 삼겹살의 날	Pork-belly Day

기타	
가짜 주소	phony address
TV 시청료	subscription fee
전력 사용량	electricity usage
공정하지 않은	play low
죽느냐, 사느냐의 중요한 경기	make-or-break match
슬리퍼 효과(루머를 사실처럼 믿는 현상)	sleeper effect
죄수 딜레마(어떤 결정을 내려도 손해 보는 경우)	prisoner's dilemma

소비자 trend에 관한 신조어 50

세계적으로 변화하는 소비 추세를 알려면 www.trendwatching.com을 주목해야 한다.

1	premiumization	premium 상품에 대한 소비자의 선호를 따라 제품을 고급화하는 것(premium에 ization을 합성함).
2	snack culture	즉석 만족을 원하는 소비자 문화.
3	online oxygen	항공기 좌석 앞에 모니터를 부착하여, 비행 중에도 탑승객에게 Internet 정보(oxygen)를 주는 trend를 지칭. 인터넷은 숨을 쉬는데 필요한 산소와 같이 꼭 필요한 것이라는 뜻.
4	Eco-iconic	환경을 사랑하는 것을 과시하고 싶어하는 소비자를 위해, 환경 친화적 디자인을 하는 것.
5	brand butler	브랜드를 관리하는 하인이라는 뜻. 메리디안 호텔 체인 이용객은 room key로 제휴 미술관을 무료 이용할 수 있는 것처럼, 특정 제품을 사면 부가 서비스를 제공하는 마케팅 형태.
6	MIY(make it yourself)	Do it yourself(DIY)와 비슷한 용어.
7	status spheres	소비자는 제품을 살 때 자신의 사회적 지위를 높여주는 상품을 구매한다는 뜻.
8	Generation Z	1990년~2000년 사이에 태어난 세대. 1965~1985년에 태어난 세대는 X 세대이다. Generation Y는 1986~2000년대 초에 태어난 세대를 지칭. 이들은 소비 패턴에도 차이가 있다.
9	nethood marketing	인터넷으로 마케팅하는 것을 지칭. 집에서 본인만의 상품과 서비스를 동호인 등을 통해 파는 것.
10	niche tributes	스마트폰 스크린을 touch할 수 있는 장갑을 만드는 등, 전철 안에서 소비자의 불편을 덜고, 생활에 도움을 주는 절묘한 아이디어 상품을 판매하는 것.
11	luxyoury	luxury와 your을 합성한 단어. 사치품의 개념은 당신이 원하는 것이라는 데서 착안한 마케팅 기법.
12	feedback 3.0	소비자가 불편함을 이야기하기 전에 미리 연락하여 불편함을 살피는 마케팅 기법. feedback 1.0은 소비자가 불평을 할 때 반응하는 것.
13	econcierge	소비자가 환경 친화 상품을 사도록 안내하는 전문적인 기법. eco와 호텔의 concierge를 합성한 것.

14	mapmania	지도 찾기를 즐겨하는 소비자를 지칭. 이를 위한 마케팅이 최근 스마트폰에 뜨는 것을 감지할 수 있다.
15	happy ending	소비자가 행복해질 수 있는 상품과 서비스를 개발하는 마케팅 기법.
16	branded brands	명품끼리 같이 마케팅하는 것. 즉 세계 유수 호텔이나 항공사가 소비자에게 스타벅스 커피나, 고급 브랜드의 화장실 용품 등을 제공하여 브랜드 가치를 높이는 마케팅 기법.
17	crowd clout	온라인상의 소비자가 힘을 합쳐 영향력을 발휘하는 것. 생산자는 수익성 여부를 떠나 이들의 요구에 부응해야 고객의 사랑을 받을 수 있다.
18	duality	재래 시장에 가서 싼 물건을 사고, 오는 길에 백화점에 가서 본인이 원하는 비싼 상품을 동시에 구매하는 소비자의 이중성.
19	hypertasking	multitasking보다 더 많은 일을 동시에 하는 바쁜 도시인의 생활을 지칭.
20	individualization	혼자 사용할 수 있는 상품을 원하는 소비자를 위한 상품, 서비스를 개발하는 것. 스마트폰에 부착된 셀프 카메라 기능도 이런 예이다.
21	minipreneur	entrepreneur와 대비되는 용어. 온라인상에서 아이디어 상품 하나로 대박을 내는 사람들을 지칭.
22	see-hear-buy	TV에서 유명 탤런트가 입은 옷 등을 보면(see), 소비자가 인터넷으로 확인하고(hear) 바로 인터넷으로 구매하는(buy) 소비 패턴.
23	wife blogger	온라인상에 자기의 음식 솜씨 등을 기술하거나 특정 상품을 평가하는 주부를 지칭. 이들이 아주 중요한 marketing 대상이 되고 있다.
24	Zoomarella	아줌마와 신데렐라의 합성어. 결혼한 30~40대 주부들이 스타일과 멋있는 품위를 유지하는 것. 남편의 사랑을 받을 뿐만 아니라 자식들도 좋아한다.
25	price pandemonium	온라인상에서 동일 제품에 대한 가격이 시시각각 비교되기에 생산자가 가격 설정에 혼선을 겪는 것.
26	online status symbols	소셜네트워크(SNS) 등에 본인의 신분을 상승시켜 주는 상징물을 지칭.
27	twinsumers	twin(쌍둥이)과 consumer(소비자)의 합성어. 즉 동일한 제품을 원하는 최근 소비자의 행태를 지칭.
28	random acts of kindness(RAK)	잘 알려지지 않은 미담이 SNS 등을 통해 퍼지는 현상.

29	Made for China	중국이 전 세계의 생산 공장이라는 의미를 떠나 이제 중국인 13억을 위한 제품을 만드는 게 가장 많은 돈을 벌 수 있다는 뜻.
30	wellthy	well-being과 healthy의 합성어. 소비자가 건강에 좋은 비싼 것을 원한다는 뜻.
31	emerging generosity from consumers	소비자가 가격에 큰 차이가 없으면 사회적 기업의 상품을 사는 현상. 착한 기업의 상품을 사면 자동적으로 기부가 되는 것에 대한 소비자의 인식이 높아진 것으로, G-generation(generous generation)의 등장을 의미한다.
32	urbanomics	전 세계 도시화가 가속되어 도시에 신규 유입되는 소비자를 위한 경제. 마케팅을 지칭.
33	eco-superior products	친환경적 상품에 대한 선호.
34	owner-less consumers	소유하지 않고 제품을 사용하려는 소비 추세. 즉 자동차를 사지 않고 렌터카를 이용하는 것 등을 지칭.
35	citysumers	city와 consumer의 합성어. 즉 도시의 소비자라는 뜻.
36	urban might	도시의 힘. 대부분의 소비가 도시 거주자를 따라 일어나는 현상이다.
37	happynomics	happy와 economics의 합성어로 소비자의 행복을 만족시키는 방법을 연구하는 경제학.
38	STEEP approach	신상품을 개발하거나 사회 소비 현상을 분석할 때 쓰는 기법으로 Social, Technological, Economic, Environmental, Political의 합성어.
39	status skills	소비자의 신분을 상승시킬 수 있는 마케팅 기법. 즉 호텔에서 투숙객을 위한 문화 강좌를 개최하는 것 등이 여기에 속한다.
40	business as unusual	자주 바뀌는 소비자의 선호도를 따라 마케팅하는 기법.
41	nowism	소비자가 제품의 성능을 즉시 확인하려는 성향으로 모든 것을 지금now 알고 싶어 하는 것. real-time review와 비슷한 용어.
42	transparency triumph	투명한 기업이나, 지도자들이 승리한다는 것.
43	fuxury	Luxury 앞에 fun을 합성한 단어. 재미있는 고가 상품을 의미.
44	limited locations	상품 매장을 한정하여 제품의 고급성을 알리는 마케팅 기법.
45	mass mingling	스마트폰에서 트위터 등으로 서로 연락하여 같은 장소에 모이거나 트위터나 Facebook에서 서로 의견을 교환하는 것.
46	profile myning	profile과 mining을 합성하고 mining 대신 myning을 씀. 즉 개인의 신상 정보를 my(내 것으로) mining하여 상품화하는 현상.

47	leasing lifestyle	소유하지 않고 빌려 쓰는 생활 형태.
48	tryvertising	try와 advertising의 합성어. 한 번 사용해 보게 하여 광고하는 기법.
49	female fever	여성이 소비 결정의 대부분을 하는 현상.
50	pink profit	gay를 대상으로 한 제품을 만들어 돈 버는 것.

최신 경제·경영 용어 50

Digital Homonarrans 디지털 호모나랜스 | '이야기 하는 사람'이라는 뜻을 가진 호모나랜스와 디지털을 합성한 단어. 디지털 호모나랜스의 키워드는 '허세'이다. 이는 사이버 공간에서 자신을 포장하기 위해 분위기 좋은 곳에서 사진을 찍고, 사색하는 글을 남기는 사람들을 뜻한다.

Collabonomics 콜레보노믹스 | 콜레보노믹스는 협력을 뜻하는 collaboration과 경제를 뜻하는 economic의 합성어이다. 협력적 경쟁 관계를 구축해야 한다는 의미다.

MAVINS | Malaysia, Australia, Vietnam, Indonesia, New Zealand, South Africa를 지칭하는 최근 부상하는 국가 그룹으로, BRICS(Brazil, Russia, India, China)를 대체하는 국가로 부상하고 있다.

E2 | Eco-Economics의 약어로 최근 환경 경영이 중요시되면서 만들어진 신조어

Carbon Neutral 탄소 중립 | 최근 과다한 온실가스(CO_2) 배출로 인한 지구 온난화 문제가 화두로 떠오르고 있다. 탄소 중립은 기업이나 개인이 자신이 배출하는 온실가스에 대해 자발적으로 상쇄offset 운동을 펼치는 저탄소 사회Low Carbon Society를 위한 일종의 캠페인이다.

Self-holic 셀프홀릭족 | 셀프홀릭족은 자아도취에 빠진 사람을 뜻한다. 주로 젊은 층을 중심으로 형성된 이들은 스스로에게 만족하고 남들에게 인정받기를 원한다. 이들은 디지털 카메라의 발달로 자신이 자신의 사진을 찍는 일명 '셀카('셀프카메라'의 준말)'가 가능해지며 등장했다. 최근 마케팅 전략에서는 이들을 별도의 소비 집단으로 분류하고 주목하고 있다.

YAWNs 욘스 | Young And Wealthy but Normal의 머리글자와 무리를 뜻하는 s의 합성어로 평범해 보이는 젊은 부자들을 의미한다. *Wall Street Journal*은 21세기 부의 트렌드를 주도하고 나눔을 실천하고 있는 새로운 유형의 백만장자인 욘스가 앞으로의 경제 구조를 장악할 것이라 밝혔다.

High Concept 하이 컨셉 | 하이 컨셉은 한 제품에 창조적 메시지와 창조적 스토리를 담아 고객의 관심을 한눈에 끌 수 있도록 만드는 것이다. 고객들의 눈높이가 너무 높아져 이제는 전혀 다른 차별화 요소가 필요하게 되었고, 그 차별화를 위해서는 고객을 놀라게 하고 한 순간에

매료시킬 수 있는 하이 컨셉이 있어야 한다는 것. 스콧 매케인이 말하는 하이 컨셉의 6요소는 '간략함, 강력함, 매력적임, 흥미진진함, 특성을 가짐, 기억에 남을 만함'이다.

penny-conomy 페니코노미 | penny(동전)와 economy(절약)의 합성어로 동전 한 푼까지 아낀다는 의미이다. 최근 서브프라임 위기 사태로 인해 전 세계 경제가 위기라는 진단이 나오면서 떠오르고 있는 개념이다. 먹거리에 대한 불안감과 경제 침체로 어려움을 겪고 있는 외식업계나 유통업계에서 새로운 마케팅 전략으로 부상하고 있다. 알뜰한 소비 계층을 위한 이름 있는 외식업체의 1 + 1 행사, 소액을 지불하고 특정 시간에 메인 메뉴를 즐길 수 있는 이벤트, 다량 구매시 할인 행사 등이 이에 속한다.

egonomy 에고노미 | ego(자신)와 economy(경제)의 합성어로 개성 있는 소비 생활을 뜻한다. 제품 소비에 있어서 차별성과 동질성을 동시에 추구하며, 자신의 기호에 맞는 제품과 서비스를 소비하는 현상을 말한다. 이들은 자신의 기호에 맞게 자동차나 오디오 등을 튜닝하기도 하고 실내 장식 및 주택 수리도 직접 한다. 이제 고객들은 유행을 따르면서도 개성을 요구하는 당당한 소비 주체로서, 대량 생산되는 제품에 대해서도 자신의 기호와 개성을 갖길 원한다.

LOHAS 로하스 | 'Lifestyle of Health And Sustainability'의 약자로 개인의 건강뿐만 아니라 사회의 지속 성장을 추구하고 환경을 생각하는 생활 스타일을 뜻한다. 자신의 정신적, 육체적 건강뿐만 아니라 환경 파괴를 최소화한 제품을 선호하는 소비 트렌드이다.

Haptic 햅틱 | 컴퓨터 촉각 기술이라고도 한다. 그리스어로 '만지는'이라는 뜻의 형용사 '햅테스타이 haptesthai'에서 온 말이다. 촉각과 힘까지 전달하는 햅틱 기술이다.

Obamanomics 오바마노믹스 | 버락 오바마 미국 대통령이 추구하는 경제 정책과 철학을 말한다. 경제 공약은 경기 활성화, 보호 무역, 친환경 정책 크게 3가지로 추려진다.

Cougar 쿠거족 | 연상녀, 연하남 커플이 폭발적으로 증가하는 현상을 뜻하는 북미 지역 신조어. 쿠거는 북미에 서식하는 고양이과의 동물로 푸마 puma라고도 불린다.

Recessionista 리세셔니스타 | '불황에 발맞춘 패셔니스타(fashionista: 뛰어난 패션 감각으로 유행을 선도하는 사람)'란 뜻이다. 주머니 사정은 위축됐지만 소비 욕구는 왕성한 패셔니스타들이 좀 더 싼 가격대의 유행 선도 브랜드를 구매하는 방식으로 쇼핑 행태를 바꾸면서 생긴 용어다. 2011년 2월 *London Times*의 '경기 후퇴 스타일' 기사에서 처음 등장했다.

Malus 말러스 | Bonus에 '나쁜'을 뜻하는 접두어 'mal-'을 붙여 만든 반대 개념의 용어.

ecoflation 에코플레이션 | ecology(환경)와 inflation(인플레이션)의 합성어로서 환경적 요인에 의해 발생한 인플레이션을 뜻한다.

Very Important Baby(VIB) | 우대해야 할 매우 중요한 아기 고객이라는 뜻으로, 우대 고객인 VIP(Very Important Person)에서 파생된 용어다. 아이에게는 돈을 아끼지 않는 부모들 덕분에 고가의 유아용품이 불황기에도 잘 팔리면서 VIB가 더욱 주목 받고 있다.

Grooming 그루밍족 | 패션과 미용 등 외모 가꾸기에 열심인 남성들을 뜻하는 용어. groom(마부)이 말을 예쁘게 빗질하고 목욕시켜 준 데서 유래했다.

Saladent 샐러던트 | 공부하는 직장인을 뜻하는 용어. salary man(직장인)과 student(학생)의 합성어이다.

BMW족 | 경제 불황으로 출퇴근 수단으로 자가용을 포기하고 버스Bus나 자전거Bicycle, 지하철Metro, 도보Walk로 이동하는 사람들을 일컫는 새로운 용어. PMP(Portable Multimedia Player), DMB(Digital Multimedia Broadcasting), 미니 노트북은 물론 걷는 것을 편안하게 해주는 컴포트화, 바람막이 재킷, 가벼운 핸디북까지 'BMW족 효과'를 톡톡히 보고 있다.

RUBY 루비족 | Refresh(상쾌함)와 Uncommon(비범함), Beauty(아름다움), Young(젊음)의 앞 글자들을 조합한 신 중년 여성을 가리키는 것.

NyLon 나일론 Vs. **ShangKong** 샹콩 | NyLon은 New York(뉴욕)과 London(런던)을, ShanKong은 Shanghai(상하이)와 Hong kong(홍콩)을 줄여서 이르는 말.

nudge 넛지 | 주의를 끌기 위해 팔꿈치로 슬쩍 찌르다, 슬쩍 옮기다라는 의미를 지닌 영단어. 미국의 행동경제학자 리처드 탈러Richard Thaler와 하버드 로스쿨의 캐스 선스타인Cass Sunstein 교수가 저서 《넛지》를 통해 '타인의 선택을 유도하는 부드러운 개입'이라는 의미로 새롭게 정의하면서 최근 각광 받는 개념이다.

CGO(Chief Green Officer) | 최고 환경 정책 책임자를 지칭하는 말.

APPLE Generation 애플 세대 | 애플 세대란 활동적으로Active 자부심을 갖고Pride 안정적인Peace 고급 문화Luxury를 즐기는 경제력Economy이 있는 노년층을 일컫는 말이다.

Takaful 타카풀 | 이슬람권의 보험. 이슬람 율법인 샤리아Shariah에 기반해 상호 부조와 갹출로 공동 기금을 조성하고, 이를 운용해 계약자에게 보험금 및 배당금을 지불하는 방식이다.

Stacation 스테케이션 | stay(머무르다)와 vacation(휴가)의 합성어로 장거리 여행보다 집이나 집 근처 서점, 영화관, 수영장 등에서 간단하게 휴가를 즐기며 돈을 절약하려는 현상.

Book + Vacance 북캉스족 | 소비 침체로 인해 휴가철을 독서로 보내며 휴가를 즐기는 사람들을 일컫는 신조어. 여름 휴가 동안 집이나 근교에서 휴가를 즐기며 책과 함께 바캉스를 보낸다는 데서 비롯되었다.

Cool-Biz 쿨 비즈 | 시원함, 멋짐을 의미하는 cool과 business가 결합된 단어. 여름에 가벼운 차림의 옷을 입고 넥타이를 매지 않는 등 근무 복장을 간소화해 에너지를 절약하는 운동.

Smart Grid 스마트 그리드 | 지능형 전력망을 의미. 발전-송배전-소비로 이어지는 기존의 전력망(에너지 네트워크)에 정보 통신 기술(IT)을 접목하여 전력 공급자와 소비자가 양방향으로 실시간 정보를 교환함으로써 에너지 효율을 최적화하는 차세대 지능형 전력망. 상대적으로 전력 소모가 적은 시간대(전기 요금이 싼 시간)에 국민들이 전력을 사용해 주고, 전력 소모가 큰 시간대에는 전력 사용을 피함으로써 국가 차원에서의 시간대별 전력 최대 소모량이 줄어들게 된다.

Food Mileage 푸드 마일리지 | 식품이 생산지에서 소비자 식탁에 오르기까지의 이동 거리를 말한다.

AMOLED(Active Matrix Organic Light-Emitting Diode) 아몰레드 | 백 라이트에 의해 빛을 발하는 LCD와는 달리 자체에서 빛을 발하는 디스플레이를 말한다. 자연적인 색감과 넓은 시야각, LCD 대비 1000배 이상의 빠른 응답 속도, 낮은 소비 전력으로 잔상 없이 선명하고 빠른 동영상 구현이 가능한 꿈의 디스플레이.

Green Collar 그린칼라 | 환경 친화적인 업무에 종사하는 노동자로서 일종의 업그레이드된 블루칼라로 볼 수 있다.

Exit Strategy 출구 전략 | 경기 침체기에 경기를 부양하기 위해 취했던 각종 완화 정책을 경제에 부작용이 남지 않도록 서서히 거두어들이는 경제 전략. 또는 군사적으로는 피해를 최소화하면서 전쟁을 끝내는 군사 전략을 의미한다.

Presenteeism 프리젠티즘 | 출석하다라는 뜻의 'present'에서 파생된 용어로 회사에 출근은 했지만 알레르기나 천식, 편두통 등 일시적인 질병이나 심한 업무 스트레스 등으로 컨디션이 정상적이지 못할 때, 업무의 성과가 현저히 떨어지는 현상.

BRICs 대신 BICIs | BICIs는 브라질, 인도, 중국, 인도네시아를 지칭한 용어이다.

ABC | 글로벌 금융 위기 이후 성장에 대한 확신으로 잇단 금리 인상을 통해 출구 전략을 펼치고 있는 Australia, 2014년 월드컵과 2016년 하계올림픽 개최로 최소 7년간 높은 성장률을 기록할 것으로 기대되는 Brazil, 전 세계 기업들을 사냥 중인 China의 앞 글자를 따 만들었다. 즉 글로벌 금융 위기를 빠르게 극복하고 있는 성장 유력 국가들을 칭하는 것.

Cloud computing 클라우드 컴퓨팅 | 클라우드 컴퓨팅이란 인터넷 기반cloud의 컴퓨팅computing 기술을 의미한다. 즉 모든 정보가 구름과도 같은 인터넷에 흡수되어 하드웨어의 본체 장비 없이 인터넷 서비스만으로 기존 컴퓨팅 작업을 통해 이용했던 문서 작업, 이메일 서비스, 서버 관리 등 컴퓨터의 모든 기능을 이용할 수 있는 획기적인 기술이다.

Chimerica 차이메리카 | 차이메리카는 China(중국)와 America(미국)를 합친 신조어로 중국의 수출과 미국의 수입으로 이뤄진 양국의 결합은 세계 경제의 불균형을 초래한다며 당장 이혼해야 한다고 주장.

PIIGS | 두바이 사태 이후 최근 심각한 재정 적자와 저성장에 시달리며 경제 여건이 취약한 국가로 손꼽히고 있는 포르투갈(P), 이탈리아(I), 아일랜드(I), 그리스(G), 스페인(S) 5개국의 앞 글자만 따서 지칭한 용어. PIIGS가 자국의 경기를 살리려 돈을 펑펑 쓴다며 이들 국가를 경기 부양에 눈먼 탐욕스러운 돼지떼Pigs로 폄하하기도 했다.

iPhone Index, iPod Index | 맥도날드를 대표하는 햄버거인 빅맥 가격을 비교해 주는 빅맥 지수처럼 애플사의 MP3 플레이어인 iPod과 스마트폰인 iPhone을 이용한 가격 인덱스. 빅맥 지수와 마찬가지로 각 국가별 구매력과 물가를 쉽게 비교할 수 있게 해 준다.

Indovation 인도베이션 | India(인도)와 innovation(혁신)이 합쳐져 만들어진 신조어. 많은 빈곤층을 대상으로 인도의 기업들이 벌이는 새로운 사업 모델을 의미.

Servitization 서비타이제이션 | 제품과 서비스의 결합Product Servitization, 서비스의 상품화Service Productization, 그리고 기존 서비스와 신규 서비스의 결합 현상을 포괄하는 개념. 유사한 상품과 서비스에 모든 학문을 결합하여 서비스 산업의 활성화 방안을 모색하는 것으로 본다면 서비스 사이언스와도 일맥상통하는 개념.

Fat cat 살찐 고양이 | 살찐 고양이 'Fat cat'은 권력과 명성을 가진 갑부를 비아냥거리는 의미. 버락 오바마 미국 대통령은 최근 월스트리트의 대형 금융회사 경영진을 겨냥해 탐욕에 눈

먼 살찐 고양이라고 비판했다.

MID(Mobile Internet Device) | 모바일 인터넷 디바이스 Mobile Internet Device의 약자로 휴대용 컴퓨터의 일종.

Googled 구글당하다 | 구글 Google이라는 일반 명사를 수동형의 동사로 만들어 구글이 관련 기업들을 무서운 속도로 인수합병(M&A)하는 상태를 말함.

G세대 | 녹색을 뜻하는 'Green'과 세계화를 뜻하는 'Global'의 영어 첫 문자에서 따온 것으로 1988년 서울올림픽을 전후로 태어난 세대. 이른바 글로벌 세대로서 세계 무대에 자신감 있게 도전하고 국제 경쟁력을 발휘하는 젊은 세대를 지칭하는 용어. G세대는 generous의 뜻을 가지고 사회 기부에 관심을 보이는 세대를 지칭하기도 한다.

Gazelles Company 가젤형 기업 | 매출 성장률이 3년 연속 평균 20% 이상을 기록한 강소기업을 의미함.

Sinophobia 사이노포비아 | 미국 내에 일고 있는 중국 공포증을 칭하는 단어. Sino는 중국을 의미.

출처: 삼성경제연구소 www.seri.org

스포츠 분야에서 사용하는 절묘한 영어 표현

축구	
국제 경기 경험이 가장 많다	have the most international game experience
골키퍼를 제치고 강슛을 쏘아 넣다	fire past the goalkeeper
해트트릭을 기록하다	score a hat trick
헤딩골을 넣다	head in a goal
대표팀에 차출되다	be recalled to the national squad
부상 선수를 교체하다	replace an injured player
월드컵 본선에 진출하다	reach the World Cup finals
자책골을 기록하다	score an own goal
연장전에 들어가다	enter the extra period
페널티킥을 실축하다	miss one's kick in a penalty shootout
퇴장당하다	be sent off for
출장 정지당하다	be suspended for
부상으로 결장하다	be sidelined with a hamstring strain
준준결승에 진출하다	advance to the quarter-finals
연장까지 가다	go into overtime
전前 대회 우승국 / 우승팀	defending champion / reigning champion
무득점 무승부	goalless draw / scoreless draw
자책골	own goal
결승골을 넣다	score a winner
선제골	opening goal[opener]
동점골	equalizer (ex. 1-1 equalizer 1 대 1 동점골)
선취점을 넣다	break deadlock
감독	manager / coach

조광래 감독의 대한민국 축구 대표팀	Cho Kwang-rae's side
개막전 혹은 특정 팀의 대회 첫 경기	opening game / opening match / opener (ex. World Cup opener: 월드컵 개막전 / opening match of World Cup Group A: 월드컵 예선 A조 첫 경기 mach: 월드컵 B조 첫 경기)
경기 종료 직전 막판 결승골	last-gasp winner
월드컵 3회 우승국 / 팀	3-time World Cup winner(= champion)
3연승(연패)	3-time winning[losing streak]
전통의 강호들	traditional heavyweights(= powerhouse)
예선	preliminary(= group round)
토너먼트	knock-out stage
8강	quarterfinals(= round of eight)
8강 진출팀	last eight
4강(준결승)	semifinals(= round of four)
결승	final
죽음의 조	group of death
국가대표팀	national team
팀 중 경기에 출장하는 11명	team(= squad)
대표팀 전원	squad
레드카드를 받고 퇴장당하다	be red-carded
올려준 크로스를 후반 골로 연결시키다	convert a cross from a player in second half
크로스바를 맞히다	hit the crossbar
골대와 골키퍼 사이로 공을 넣다	slot the ball between the post and goalkeeper
헤딩	header
크로스를 헤딩슛으로 네트에 넣다	head one's cross past goalkeeper
원톱 스트라이커	lone-striker
왼발(오른발) 슛을 하다	unleash a left-footed(right-footed) shot

야구	
좌전 안타를 치다	deliver a single to left
부상자 명단에 오르다	go on the disabled list
지명타자를 하다	serve as the designated hitter
만루 홈런을 치다	hit a grand slam
끝내기 홈런을 치다	hit a walk-off homer
몸에 맞다	be hit by a pitch
헛스윙을 하다	swing and miss at a pitch
홈런을 치다	hit/ blast/smack a home run
1점 홈런	solo-blast
만루	loaded base

농구	
결장하다	sit out one's game
리바운드를 얻다	have a rebound
외곽 슛을 성공시키다	hit an outside shot
패스를 굴절시켜 경기장 밖으로 내보내다	deflect a pass out of bounds
3점 슛을 성공시키다	hit a 3-pointer
마지막 순간에 터진 슛	buzzer-beater
농구에서 슛을 성공시키다	throw ball into the rim
농구 2점 슛	two-pointer
농구 3점 슛	three-pointer
자유투를 성공시키다	clutch free throw

배구	
배구 레프트 공격수	left wing attacker
배구 라이트 공격수	right wing attacker
배구에서 공이 코트 안에 닿기 전 쳐 내는 수비	digging
전천후 공격수	utility attacker

제공: 〈코리아 타임스〉 문화체육부 이환우 기자

절묘한 영어 숙어 100

1	chicken feed	푼돈
2	on the button	정각에
3	chicken comes home to roost	자업자득, 누워서 침뱉기
4	dog eats dog	인정사정없는
5	fair weather friend	좋을 때만 친구
6	have egg on one's face	체면을 구기다
7	knock one's head on the wall	헛수고하다
8	wear out one's welcome	너무 오래 머물러 불편하다
9	crash the gate	입장권 없이 들어가다
10	have a half mind	할까말까 한다
11	like a water off a duck's back	아무 영향을 끼치지 못하고
12	make one's bed and lie in it	자업자득
13	go on the wagon	금주하다
14	butter someone up	아부하다
15	double back	오던 길로 되돌아가다
16	make one's blood boil	분노를 끓게 하다
17	spitting image	꼭 닮다
18	a bag egg	불량소년
19	road hog	난폭 운전자
20	split hairs	사소한 것에 신경쓰다
21	rob the cradle	연하와 결혼하다
22	wet blanket	흥을 깨는 사람
23	pecking order	사회 서열, 계층
24	rock the boat	평지풍파를 일으키다

25	grease one's palm	뇌물을 주다
26	spring chicken	풋내기, 젊은이
27	fast buck	쉽게 번 돈
28	long shot	승산이 없는 것
29	make waves	풍파를 일으키다
30	under a cloud	의심받다
31	by the book	규칙대로
32	square the circle	불가능한 일을 시도하다
33	under one's own steam	자력으로
34	white elephant	돈은 많이 드나 쓸모없는 것
35	a nine days' wonder	잠깐 동안의 화젯거리
36	be fishy	수상한 냄새가 나는
37	close to home	정곡을 찌르는
38	cut corners	절차를 생략하다
39	in stitches	배꼽 쥐고 웃는
40	tip the balance	결과에 영향을 주다
41	wild goose chase	부질없는 것을 기도, 헛된 노력
42	holy terror	다루기 힘든 아이
43	shot in the dark	추측
44	miss the boat	이젠 늦다
45	handle with kid gloves	소중히 다루다
46	at sixes and sevens	혼란스러운, 뒤죽박죽인
47	head in the clouds	엉뚱한 생각을 하다
48	take the chair	개회하다, 의사를 시작하다
49	absent minded	건망증이 심한
50	in the doghouse	면목이 없어, 인기를 잃어

51	horse trade	빈틈없는 거래, 현실적 타협
52	sink or swim	성공하느냐, 망하느냐
53	steam up	열받게 하다
54	can of worms	복잡한 문제를 야기하다
55	drop in the bucket	무시해도 좋을 만큼 조금
56	music to one's ears	아주 반가운 소식
57	at the end of one's rope	한계에 이르러
58	dead center	정확한 중심
59	fill one's shoes	누구를 대신하여 일하다
60	heart of stone	무정한 사람
61	hot and bothered	안절부절하다
62	name is mud	평판이 땅에 떨어지다
63	step on one's toes	남의 감정을 상하게 하다
64	take to one's bed	앓아눕다
65	toe the line	시키는 대로 하다
66	dead duck	끝장난 사람
67	hot water	고생, 곤경
68	name of the game	문제의 핵심, 중요한 점
69	play to the gallery	대중의 인기를 노리다
70	sitting duck	봉
71	step on the gas	속력을 내다
72	age before beauty	어르신부터 먼저
73	hard nut to crack	난제, 만만치 않은 사람
74	hell and high water	산전수전
75	on a fast track	승승장구하는, 급성장하는
76	carry the ball	일을 책임지고 하다

77	come to blows	주먹다짐을 벌이다
78	duck soup	쉬운, 만만한 일
79	learn the rope	일을 터득하다
80	touch and go	일촉즉발의
81	upper crust	사회의 상류층
82	carry the day	일을 훌륭히 완수하다
83	dumb bunny	쉽게 속는 사람
84	keep the ball rolling	일을 계속 진행시키다
85	scratch the surface	수박 겉핥기 식으로 하다
86	tourist trap	바가지 씌우는 관광지
87	back in a flash	얼른 갔다 오다
88	break the ground	새 분야를 개척하다
89	Dutch courage	술김에 내는 용기
90	tower of strength	힘들 때 기댈 수 있는 사람
91	be on the safe side	신중을 기하다
92	break one's word	약속을 어기다
93	come out of one's shell	마음을 터놓다
94	deliver the goods	제 할 일을 하다
95	high and dry	먹고 살 길이 막막한
96	wolf in a sheep's clothing	위선자, 양의 탈을 쓴 늑대
97	back to the drawing board	계획을 다시 잡다
98	come to the fore	세상의 이목을 끌다
99	eagle eye	관찰력이 예리한 눈
100	backbite a person	뒤에서 험담하다

인체 주요 기관에 대한 영어 표현

신체의 주요 부위에 대한 영어 표현을 알아 두면 좋다. 지인 중 한 사람이 최근 미국 여행 중 급성 맹장으로 병원에 입원했다. appendix(충수돌기)라는 단어 하나만 알았어도 응급 처치를 더 빨리 받을 수 있었는데, 결국 위험 수준에 이르러 새벽에 앰뷸런스로 병원에 실려 가 가까스로 수술을 받았다. 배가 아프기 시작했을 때 호텔 카운터에 전화해서 'I feel pain in my appendix' or 'I feel my appendix could burst anytime'이라고만 했다면 바로 처치가 가능했을 것이다. 외국 병원에서 신체 주요 부분의 용어만이라도 영어로 표현할 수 있다면 의사와 소통하기가 훨씬 쉽다. 한국인은 충수돌기가 아픈 것을 흔히 맹장염으로 잘못 쓰고 있다.

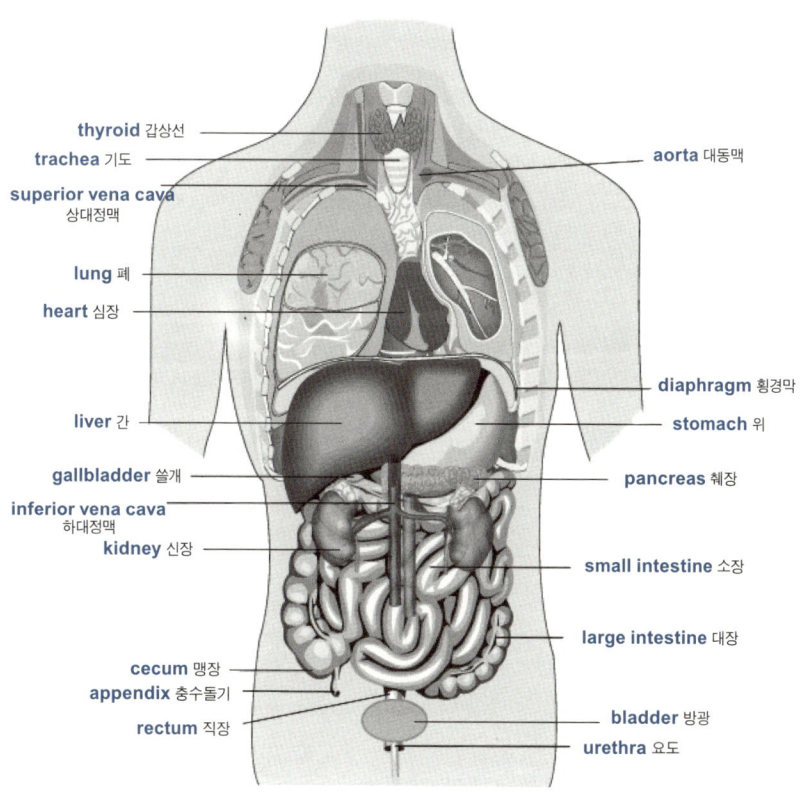

주요 병명	
심장마비	heart failure, heart attack
백혈병	leukemia
폐암	lung cancer
난소암	ovarian cancer
췌장암	pancreatic cancer
전립선암	prostate cancer
직장암	rectal cancer
자궁암	uterine cancer
알레르기	allergy
건망증	amnesia
빈혈증	anemia
맹장염	appendicitis
천식	asthma
무좀	athlete's foot
기관지염	bronchitis
암	cancer
수두	chicken pox
콜레라	cholera
감기	cold
타박상	contusion
당뇨병	diabetes
이질	dysentery
식중독	food poisoning
건초열	hay fever
골절	fracture

심장병	heart disease
간염	hepatitis
고혈압	high blood pressure/hypertension
독감, 유행성 감기	influenza/flu
불면증	insomnia
황달	jaundice
말라리아	malaria
영양실조	malnutrition
홍역	measles
편두통	migraine
전염병	plague
폐렴	pneumonia
소아마비	polio
광견병	rabies
류머티즘	rheumatism
천연두	smallpox
뇌졸중	stroke
일사병	sunstroke
파상풍	tetanus
결핵	tuberculosis
열, 발열	fever
기침	cough
콧물(눈물)이 나는	runny
두통	headache
요통	backache
복통	stomachache

소화 불량	indigestion
설사	diarrhea
메스꺼움, 구역질	nausea
구토	vomit
현기증	dizziness/vertigo
마비	paralysis
경련	spasm
(근육의) 쥐, 경련	cramp
부기(몸의 이상이나 부상으로 부은 부분)	swelling
혹(살가죽이나 몸 내부의 기형적인 딱딱한 살덩이)	lump
부스럼	spot
발진(열병으로 피부에 돋는 작은 붉은색 종기)	rash
물집	blister
궤양	ulcer
종양	tumor
증상	symptom
병	illness/sickness/disease
(가벼운) 병	ailment
기능 장애	disorder
발병, 발작	attack
만성의, 고질의	chronic
급성의	acute
말기의	terminal

맛을 표현하는 우리말 Expressions of Flavor

어느 나라 언어든지 독특한 표현이 있어, 그 뉘앙스를 다른 나라 말로 번역하는 데 어려움이 있다. 우리말처럼 맛의 표현이 절묘한 나라는 이 세상에 없다. 그 미묘한 한국어의 표현을 영어로 하면 심심한 느낌이다. 특히 서양에는 덜 익은 감을 먹을 때의 '떫다' 혹은 마늘을 깨물었을 때의 '아리다' 등은 표현이 없기 때문에 유사한 표현밖에 할 수 없다.

단맛 sweet flavor	
감미롭다	sweet and tasty
달콤하다	a bit sweet
달콤새콤하다	a bit sweet and sour
달달하다	has a sweet undertone
달착지근하다	has a touch of sweet taste
들큼하다	has unpleasant sweetness
들척지근하다	has a touch of unpleasant sweetness

매운맛 hot/spicy flavor	
매콤하다	a bit spicy
맵싸하다	spicy and pungent
칼칼하다	quite spicy
얼큰하다	quite spicy (broth)
아리다	unpleasantly pungent
얼얼하다	very spicy (오래 남아 있는 매운맛)
화끈하다	very spicy (금방 사라지는 매운맛)

짠맛 salty flavor	
짭짤하다	a bit salty
짭짜름하다	has a touch of saltiness
찝찔하다	has a touch of unpleasant saltiness
간간하다	has well-seasoned saltiness

신맛 sour flavor	
새콤하다	a bit sour
시큼하다	unpleasantly quite sour
시척지근하다	unpleasantly sour
새콤달콤하다	has sweet and sour flavor
시디시다	very sour

쓴맛 bitter flavor	
쌉쌀하다	a bit bitter
쌉싸래하다	has a touch of bitterness
쓰디쓰다	very bitter

그 외 맛을 표현하는 말 other expressions of flavor	
감칠맛이 나다	very tasty
개운하다	refreshing
고소하다	savory
구수하다	hearty
꼬소름하다	quite savory
느끼하다	fatty, greasy
담백하다	light, has clean flavor

덤덤하다	has no flavor
떫다	bitter sour
떠름하다	a bit bitter sour
맛없다	tasteless
밍밍하다	has no taste
보들보들하다	soft, tender
비리다	fishy
비릿하다	a bit fishy
살살 녹는다	melt in mouth
삼삼하다	tasty (with touch of saltiness)
슴슴하다	bland (lack of salt)
시원하다	cool, refreshing
쫄깃쫄깃하다	chewy

제공: 재미요리연구가 김영자

한국 음식의 영문 표현

외국인과 식사 중 한국 음식을 영어로 설명해 주면 깊은 감명을 받는다. 몇 가지 단어만 알면 수많은 한국 음식을 영어로 표현하는 것이 그리 어렵지 않다. 우리말을 영어로 쓸 때 정확히 쓰면, 서양 사람들이 읽는 데 어려울 뿐만 아니라 기억하기 어려운 경우도 있다. 정확하게 쓰는 것만 고집하느냐, 아니면 듣기에 거의 차이가 없으므로 서양 사람들이 기억할 수 있게 쓰느냐, 둘 중에 하나를 선택해야 하는 경우도 있다. 이 경우 가장 가깝게 표현한 것을 택했다.

전채 요리 Appetizers	
구절판	Nine-ingredient wraps
낙지볶음	Stir-fried octopus
빈대떡	Mung bean pancakes
산적	Skewered beef with vegetables
생선전	Pan-grilled fish with egg
잡채	Clear noodles with beef and vegetables
해물파전	Scallion pancakes with seafood
해파리냉채	Jelly fish salad

반찬과 김치 Side Dishes and kimchi	
계란찜	Egg custard
도라지나물	Bell flower roots with chili vinaigrette
두부조림	Braised tofu with seasoned soy sauce
무생채	Sweet and sour radish salad
백김치	White kimchi
오이소박이	Stuffed cucumber with wild leek
풋고추찜	Steamed green chili with flour coating

주요리와 찌개류 Main course and one-dish meal	
감자탕	Pork bone soup with potatoes
갈비구이	Grilled short ribs
갈비찜	Braised short ribs
곱창전골	Beef tripe stew
꼬리곰탕	Oxtail soup
냉면	Cold noodles with toppings
닭찜	Braised chicken
돌솥 비빔밥	Stone pot bibimbap
떡국	Beef broth with rice cake slices
불고기	Grilled beef with marinade
비빔밥	Rice with medley of vegetables
삼겹살 구이	Grilled pork belly
삼계탕	Chicken soup with ginseng
설렁탕	Beef bone soup
청국장	Fermented bean stew
콩국	Milky soybean soup
해물 쟁반국수	Seafood and noodle platter
해물 찌개	Seafood stew
후식 Dessert	
송편	Half-moon cakes steamed with pine needles
수정과	Semi-dried persimmons with cinnamon ginger broth
식혜	Sweet rice nectar
약식	Sweet[Glutinous] rice with chestnuts and dates
팥죽	Red bean porridge

제공: 재미요리연구가 김영자

영어로 표현한 구내식당 식단표

다음에 소개한 식단표는 시중 식당 또는 일반 회사의 구내식당에서 누구나 쉽게 찾아볼 수 있는 메뉴들을 정리해 본 것이다. 이를 통해 우리가 매일 즐겨먹는 일상의 먹거리를 영어로 표현해 볼 수 있다. 이 정도 표현을 할 수 있다면 외국인을 만나도 자신 있게 우리 음식을 영어로 말할 수 있을 것이다.

	월요일	화요일	수요일	목요일	금요일
중식 Lunch	흰밥/흑미밥 Rice / Wild rice	흰밥/흑미밥 Rice / Wild rice	흰밥/흑미밥 Rice / Wild rice	흰밥/흑미밥 Rice / Wild rice	흰밥/흑미밥 Rice / Wild rice
	돈육김치찌개 Kimchi stew with pork	북어계란국 Egg drop soup with dried pollack	콩나물매운국 Spicy soybean sprout soup	된장국 Soybean paste soup	쇠고기미역국 Seaweed-soup with beef
	오징어야채 볶음 Stir-fried squid with vegetables	돈육불고기 Spicy grilled pork	생선까스 Fish cutlet	닭감자조림 Braised chicken and potato	고등어무조림 Braised mckerel with radish
	잡채 Clear noodles with vegetables	굴부추전 Wild leek pancakes with oysters	스파게티 Spaghetti	두부구이/양념장 Tofu with seasoned soy sauce	계란후라이 Fried eggs
	청포묵김가루무침 Mung bean jelly with seaweed marinade	비엔나야채폭찹 Vienese pork cutlet with vegetables	양상추샐러드 Lettuce salad	궁중떡볶음 Palace-style stir-fried rice cake slices	감자조림 Slow cooked potatoes with marinade
	숙주나물무침 Marinated bean sprouts	상추겉절이 Spicy lettuce salad	오이지무침 Salted cucumber with marinade	얼갈이무침 Chinese cabbage salad	무짠지무침 Salted radish with marinade
	배추김치 Marinated cabbage with garlic and chili	배추김치 Marinated cabbage with garlic and chili	배추김치 Marinated cabbage with garlic and chili	배추김치 Marinated cabbage with garlic and chili	배추김치 Marinated cabbage with garlic and chili

	월요일	화요일	수요일	목요일	금요일
석식 Dinner	카레라이스 Curry rice	흰밥/흑미밥 Rice / Wild rice	흰밥/흑미밥 Rice / Wild rice	흰밥/흑미밥 Rice / Wild rice	흰밥/흑미밥 Rice / Wild rice
		떡국 Beef broth with rice cake slices	부대찌개 Army stew	육개장 Spicy beef soup with scallions	된장찌개 Soybean paste stew
	어묵매운국 Spicy fish cake soup	생선구이 Grilled fish	소고기야채볶음 Stir-fried beef and vegetables	갈치무조림 Braised belt fish with radish	제육야채볶음 Stir-fried pork and vegetables
	군만두 Pan-fried dumplings	돈육장조림 Salty pork with soy sauce	단호박조림 Slow cooked sweet pumpkin with marinade	동그랑땡전 Tofu and vegetable pancakes	김치전 Kimchi pancakes
	쫄면야채무침 Marinated chewy noodles and vegetables	소시지야채볶음 Stir-fried sausage and vegetables	건파래볶음 Stir-fried dried green seaweed	어묵야채볶음 Stir-fried fish cake and vegetables	상추쌈/깻잎쌈 Lettuce/sesame leave wraps
	마카로니 샐러드 Macaroni salad	열무나물 무침 Marinated radish leaves	호박새우젓무침 Zucchini with small salted shrimp	미역무침 Marinated seaweed	부추양파겉절이 Wild leek and onion salad
	배추김치 Marinated cabbage with garlic and chili	배추김치 Marinated cabbage with garlic and chili	배추김치 Marinated cabbage with garlic and chili	배추김치 Marinated cabbage with garlic and chili	배추김치 Marinated cabbage with garlic and chili

부록 2

콩글리시 Konglish

전 세계 8억 명 정도가 영어를 쓴다. 이 중 절반 이상이 영어를 모국어로 사용하지 않는 외국인이다. 이러다 보니 영어가 모국인도 모르는 토착 영어가 되어 사용되기도 한다. 우리나라도 예외는 아니다. 한 논문에서는 국내에서 사용하는 콩글리시 및 영어에서 빌려온 단어가 약 3만 5,000단어라고 밝힌 바 있다.

한편 콩글리시는 한국인의 창의성을 나타낸다는 주장도 있다. 여기서 중요한 것은 우리가 잘 모르면서 쓰는 콩글리시를 원어민 영어로 정확히 알려는 노력만 해도 영어 어휘를 부쩍 늘릴 수 있다는 것이다.

이제 우리들이 얼마나 많은 콩글리시를 일상생활에서 쓰는지 알아보자. 앞에 단어는 콩글리시이고 손모양으로 표시한 단어는 원어민이 알아듣는 영어 단어이다.

야구장에서

코리안리그 결승전. 몇 시간 전부터 양준혁, 이대호 등 운동선수(sportman ☞ athlete)의 팬 사인(sign ☞ autograph)을 받기 위해 많은 사람이 잠실 운동장에 줄 서있었다. 양준혁 선수는 며칠 전 부상으로 파스(pas ☞ pain-relief patch)를 바르고 있었다. 경기장에는 개그맨(gagman ☞ comedian) 이경규도 보인다. 팬들은 벌써 파이팅 삼성(fighting Samsung ☞ Go, Samsung), 파이팅 SK(Fighting SK ☞ Go, SK)를 외친다. 야구광(mania ☞ buff, lover)들은 삼성, SK 로고송(logo song ☞ theme song)을 백뮤직(back music ☞ background music)에 맞추어 부른다. 그런데 백넘버(back number ☞ uniform number) 61번인 양준혁 선수가 첫 타석에서 데드볼(dead ball ☞ pitched ball)로 1루에 진출하는 게 아닌가. 상대 투수의 매너리즘(mannerism ☞ habitual behavior)이 그 원인인 것 같다. 투수의 실책으로 다음에 포볼(four ball ☞ base on balls)이 나오고, 3번 타자의 3루타로 양 선수는 홈인(home-in ☞ reach home)했다.

축구장에서

한일 축구전이 상암 경기장에서 골든타임(golden time ☞ prime time)에 열렸다. 경기장엔 '지성 오빠 최고'하는 플래카드(placard ☞ banner)를 어느 노처녀(old miss ☞ old maid, spinster)팬이 들고 있었다. 그라운드(ground ☞ play ground)에서는 추리닝(training ☞ sweat suit), 추리닝 바지(training pants ☞ sweat pants), 추리닝 상의(training shirt ☞ sweat shirt)를 입고 선수들이 몸을 풀고 있다. 일본의 한 선수는 깁스(gibs ☞ plaster cast)를 했다. 며칠 전 부상으로 링거(ringer ☞ drip, IV)를 꽂고 있었다.

차두리 선수의 백넘버(back number ☞ uniform number)가 바뀌었다고 마이크(mic ☞ microphone)에서 멘트(ment ☞ comment)가 나왔다. 경기 7분 후 박지성 선수의 센터링(centering ☞ cross)을 기성용 선수가 왼발 터닝슛(turning shoot ☞ turning and shoot)으로 골인(goal in ☞ goal)시켰다. 기 선수의 검은 눈동자(black eyes ☞ dark (brown) eyes)가 더욱 빛났다. 그러나 골 세리머니(goal ceremony ☞ goal celebration)를 하자마자 노골(no goal ☞ no point)이 선언되었다. 정조국의 오버패스(overpass ☞ overhead pass)도 골키퍼의 선방으로 무산되었다. 전반에 몇 번 노마크 찬스(no mark chance ☞ unmarked chance)가 있었으나 무득점으로 끝났다. 박주영 선수는 일본의 맨투맨(man-to-man ☞ one-on-one, one-to-one) 수비에 말려 빛을 못 봤다. 그러나 일본의 드로잉 공격(throwing attack ☞ throw-in)과 백패스(back pass ☞ pass back) 실수로, 로스 타임(loss time ☞ injury time)에 한 점을 극적으로 얻어 전국민이 환호했다. 비기면 여자친구와 호프집에서 더치페이(Dutch pay ☞ Dutch treat)를 하기로 했지만 이겨서 내가 한턱 쏘기로 했다.

세탁소에서

미국 현지 법인에 파견나간 기업 간부의 사모님이 어느 날 세탁소에 갔다. 머리를 올백(all back ☞ slicked-back hair)하고 워커(walker ☞ military boots, combat boots)를 신은 세탁소 청년에게, 와이셔츠(Y-shirt ☞ dress shirt), 원피스(one piece ☞ dress), 목욕 가운(bath gown ☞ bathrobe), 무스탕(mustang ☞ leather jacket), 바바리(burberry ☞ trench coat), 러닝셔츠(running shirt ☞ undershirt), 반코트(half coat ☞ car coat), 폴

라티(polar-T ☞ turtleneck)가 든 비닐봉지(vinyl bag ☞ plastic bag)를 주면서 잘 세탁해 달라고 했다. 그랬더니 세탁소 청년이 인터폰(interphone ☞ intercom)으로 한국인 사장에게 Y-shirt, one piece, bath gown, mustang, vinyl bag이 뭐냐고 물어봤다. 한국인 사장은 그런 용어는 한국에서 사용하는 콩글리시로 한국 손님을 많이 끌려면 Konglish가 English 보다 중요하다고 훈계했다.

청년은 죄송하다며 사모님에게 전자레인지(electronic range ☞ microwave, oven) 에 데운 피자 한 조각을 권했다. 사모님이 옷을 여러 벌 세탁하는데 서비스(service ☞ complimentary, free of charge)는 없냐고 했더니 청년은 5% 할인을 해주겠다고 했다. 그리고 키친타월(kitchen towel ☞ paper towel)을 하나 더 서비스해 주었다. 세탁소 청년의 매너(manner ☞ manners)가 아주 좋았다. 사모님이 나가면서 퀵서비스(quick service ☞ express delivery service, courier service)로 보내 달라고 하니 세탁소 청년이 그것도 콩글리시냐고 물었다.

취직 공부하기

취직을 앞둔 대학생이 대시(dash ☞ give it a try)한 여자도 뿌리치고 입사 시험 공부를 시작했다. 몸을 만들기 위해 헬스클럽에 가서, 샌드백(sandbag ☞ punching bag, punch bag)을 두들기고, 텀블링(tumbling ☞ somersault, handspring, flip), 러닝머신(running machine ☞ treadmill)도 해보았다. 매스컴(masscom ☞ mass media, mass communication)이 전공인 이 학생은 직장 티오(T/O ☞ job opening)가 줄어들어, 좋아하던 트럼프(trump ☞ playing card)도 끊고 걱정하고 있다. 샐러리맨(salaryman ☞ salaried worker)되는 게 왜 이렇게 어려운지. 미팅(meeting ☞ blind date)도 못하고. 백(back ☞ connections)도 없으니 실력 밖에 믿을 게 없다.

커트머리(cut hair ☞ short hair) 여자 친구도 쇼 프로그램(show program ☞ variety show) 사회자나 탤런트(talent ☞ TV actor, actress) 시험을 보기 위해 학원에서 프린트물(print ☞ printout, printed material)을 가지고 프리토킹(free talking ☞ discussion) 연습을 한다. 가끔은 헤어디자이너(hair designer ☞ hairdresser)에게 가서 매니큐어(manicure ☞ nail polish)도 하고 머리에 린스(rinse ☞ hair conditioner)도 한다. 그런데

지난번 영어 듣기 평가(hearing test ☞ listening test) 점수가 생각처럼 안 나와 고민이다. 기말 리포트(report ☞ paper, essay)도 써야 하는데, 할 일이 많다.

골프장에서 single 잘못 사용하면 뺨 맞는다

미국 골프장 가서 single이란 단어를 잘못 쓰면 난감해진다. 싱글은 혼자 플레이하러 왔다, 미혼이다, 골프를 잘 친다라는 의미가 혼재돼 있다.

● 골프장에 온 사람이 싱글이라고 하면 나 혼자 왔으니 같이 합류해서 치자는 뜻이다.

● 현장에서 합류한 모르는 여자에게 으슥한 곳에서 Are you single?이라고 하면 I am married라는 대답을 듣거나, 그럼 내가 결혼 안 했으면 사귀자는 얘기냐면서 잘못하면 뺨 맞는다.

● 골프 실력을 자랑하려고 미국인에게 골프가 싱글이라고 말하면 무슨 말인지 갸우뚱한다. handicap이 10자리 미만이면 single-digit golfer라고 해야 핸디가 9개 미만인 잘 치는 골퍼로 이해한다.

● 골프 숍에 가서 싱글패를 만들어 달라고 하면 무슨 말인지 모른다. Single-digit handicap plaque or low-digit handicap plaque 정도로 이해한다. 미국에는 우리나라처럼 골퍼가 싱글을 쳤다고 상패를 만들어 주는 일은 없다.

● 국내 골프장에서 라운딩 중 영어를 사용할 때마다 1,000원씩 내기를 해보자. 아무 말도 하지 않는 이상, 한 홀당 5,000원씩은 나갈 것이다. 모든 골프 용어가 영어이기 때문이다. '캐디 언니, 5번 아이언 주세요'하면 벌써 caddie, iron club을 썼으니 3,000원, 다음 샷 할 때 approach iron 달라고 하면 또 2,000원, bunker 등에 가서 sand iron 달라 하면 또 2,000원, 퍼터 달라, 오케이 해라, double bogey군, 하면 계속 돈을 내야 한다. 참으로 한국인은 골프장에서 영어를 사용하지 않으면 라운딩이 진행되지 않는다.

● 골프장 영어도 콩글리시는 쓰지 말자. 앞 팀에게 우리가 먼저 앞으로 나가겠다는 말은 May we pass through?이다. 거리가 얼마나 남았냐는 말은 How far?이지 How long?이 아니다. OK 준다는 말도 사실 본토 영어로 give or concede준다고 해야 한다.

사무실에서 대화하기

회사 후배(junior)에게 스위스(Swiss ☞ Switzerland) 여행 이야기를 하면서 이번에 스위스에 가면 손가락 사이즈(finger size ☞ ring size) 다이아(dia ☞ diamond)를 사고 싶다고 했다. 그랬더니 후배는 선배(senior ☞ colleague or coworker, 미국 직장에서는 선배, 후배라는 말을 안 씀)가 여행 가면 후배에게 팬시숍(fancy shop ☞ gift shop)에서 스킨(skin ☞ skin toner) 하나 정도는 사줘야 한다며, 사주기로 약속하면 오늘 점심은 세트 메뉴(set menu ☞ combo meal)로 쏘겠다고 한다. 결국 알겠다고 말하고 점심을 먹으러 나갔다.

음식점에 가는 길에 슈퍼(super ☞ super market)에서 화이트(white ☞ correction fluid, whiteout)와 볼펜(ballpen ☞ ballpoint pen), 호치키스(hotchikiss ☞ stapler), 스탠드(stand ☞ a desk lamp)를 샀다.

점심을 먹으며 후배가 스위스를 배경으로 찍은 CF(CF ☞ commercial, advertisement)를 보면 너무 멋지다며 돈을 많이 버는 CF 모델(CF Model ☞ commercial model)을 부러워했다. 나는 지난번에 비가 CF를 찍는데 엔지(NG ☞ outtake or blooper)를 너무 많이 내서 피디(PD ☞ producer, program director)가 애를 먹었다는 얘기를 해주었다.

해외 여행 준비하기

스위스는 물가가 비싸서 아이쇼핑(eye shopping ☞ window shopping)만 해야 된다. 지난번 앙케트(enquette ☞ questionnaire, inquiry, survey)를 보니 우리나라보다 물가가 30% 비싸다고 한다. 특히 환율이 강세였다. 그래서 여행 중에 꼭 필요한 팬티(panty ☞ briefs, underpants) 같은 것은 미리 준비해 가야 한다. 유럽 도란스(trans ☞ transformer, adapter)는 우리 것과 다르니 콘센트(concent ☞ socket)를 사가고, 식염수(salty water ☞ saline solution)와 선크림(sun cream ☞ sunblock, sunscreen)도 챙겼다. 여행할 때는 색(sack ☞ backpack, rucksack)이 편하다고 해서 그것도 하나 장만했다. 여행 중에는 클래식 음악(classic ☞ classical music)보다는 팝송(pop song ☞ pop)을 듣는 게 좋으니 카세트(cassette ☞ cassette player)도 잊지 말고 가져가야 겠다.

여행지에서 잘 생긴 남자가 있다고 헌팅(hunting ☞ look for a place to do something)하면 안 된다. 여행 중 히스테리(histerie ☞ hysteria)를 부리는 관광객도 많다. 그리고 운전할 때 함부로 클랙슨(klaxon ☞ horn)을 누르지 말고 엑셀(accel ☞ accelerator, gas pedal)도 세게 밟지 말아야 한다. 안전 운전이 최고다. 스위스는 오토바이(autobi ☞ motorcycle, motorbike)도 서울처럼 난폭하지 않다. 포크레인(poclain ☞ excavator) 같은 것도 보기 힘들다. 또 우리나라처럼 차에 선팅(sunting ☞ window tinting)을 하면 불법이라고 한다.

한국서 빌라 살면 미 대학교서 장학금 못 받는다

미국 유수 대학에 입학한 학생이 장학금을 신청했다. 그러나 학교에서 시험 성적 등 모든 조건이 장학생 자격에 맞지만 집이 잘살기 때문에 장학금 수혜 대상이 아니라는 뜻밖의 통보를 받았다. 그렇지 않다고 하니까, 학교 측은 당신의 한국 주소를 보니 Villa에 사는데 어떻게 부자가 아니라고 하냐며 반문했다. 이런 오해는 콩글리시 때문에 생긴 것이다. 미국에서 villa는 부자들이 사는 집이다. 그러나 우리나라 빌라는 연립주택에 가깝다. 한국 주소 아파트명에 castle, villa 등이 들어가면 미국에서 장학금을 신청할 때 이런 설명을 해주어야 한다.

이화여대의 영문 표기는 왜 Ehwa Womans University인가?

여성의 복수는 women인데, 세계 최대 여자 대학인 이대는 왜 영문 이름이 Womans일까? 1886년 설립자인 Mary F. Scranton 여사가 개교할 때 학생 한 명으로 시작하였음을 상징적인 기록으로 남기기 위해 영문 명칭을 바꾸지 않고, 어포스트로피(')만 삭제했다.

한국에서 외국인이 한국어를 배울 필요없다?

많은 영미권 외국인들은 한국어를 배우지 않아도 한국 사람이 말하는 것을 대강 알아들을 수 있다고 한다. 한국인이 콩글리시와 외래어를 많이 사용하기 때문이다 한 조사에 의하면 약 35,000개의 영어 단어가 한국어에 유입되었다고 한다. 이 말을 거꾸로 생각해 보면 우리는 의식하지는 못하지만 우리가 아는 영어 단어가 예상 외로 많다는 것이다. 한국어 학자들이 들으면 세종대왕께 고개를 못 들겠다고 한탄하겠지만 외국인만 만나면 주눅이 드는 사람들은 좀 더 자신감을 갖는 게 좋다. 몇 마디 말 속에도 영어 단어가 포함되어 있다. 발음을 한국식으로 해서 그렇지 대부분 영어에서 빌려온 단어loan words다. 이렇게 일상생활에서 쓰는 콩글리시를 바른 영어로만 알아 두어도 영어 실력이 부쩍 늘 수 있다.

다음에 나오는 우리말과 콩글리시 중 일상생활에서 어느 쪽을 더 자주 쓰는지 테스트해 보자. 1972년 이 설문 조사에서 한국인의 65%는 콩글리시, 나머지 35%는 우리말을 사용한다는 조사가 나왔다. 오늘날 이 조사를 다시 해보면 아마 80%는 콩글리시, 20%는 우리말을 사용한다는 결과가 나올 것으로 추정된다. 직접 이 설문에 답해 보자. 다음 각 문항의 우리말과 콩글리시 중 더 편하게 쓰는 것에 ○표를 해보자.

우리말		콩글리시 + 대여 단어(loan words)	
사진첩	( )	앨범	( )
구급차	( )	앰뷸런스	( )
상여금	( )	보너스	( )
권투	( )	복싱	( )
기회	( )	찬스	( )
색채	( )	컬러	( )
교체, 교대	( )	체인지	( )
사진기	( )	카메라	( )
길, 과정	( )	코스	( )
표시하다	( )	체크하다	( )
통제하다	( )	컨트롤하다	( )
깎다	( )	디스카운트하다	( )
예의	( )	에티켓	( )
몸짓	( )	제스처	( )
지식인	( )	인텔리	( )
다리미	( )	아이언	( )
머리 모양	( )	헤어스타일	( )
선	( )	라인	( )
앞서다	( )	리드하다	( )
마지막	( )	라스트	( )
명단	( )	네임	( )
분위기	( )	무드	( )
빼기	( )	마이너스	( )
재봉틀	( )	미싱	( )

잘못	( )	미스	( )
보도 기관	( )	매스컴	( )
구성원	( )	멤버	( )
우유	( )	밀크	( )
제조업자	( )	메이커	( )
공책	( )	노트	( )
번호	( )	넘버	( )
긍지	( )	프라이드	( )
촛점	( )	핀트, 포커스	( )
더하기	( )	플러스	( )
호주머니	( )	포켓	( )
수영장	( )	풀장	( )
절정	( )	피크, 클라이막스	( )
선전	( )	피알	( )
연회	( )	파티	( )
오락	( )	레크리에이션	( )
사거리	( )	로터리	( )
경쟁자	( )	라이벌	( )
충격	( )	쇼크	( )
속도	( )	스피드	( )
난로	( )	스토브	( )
일정	( )	스케줄	( )
외판원	( )	세일즈맨	( )
월급쟁이	( )	샐러리맨	( )
운동 경기	( )	스포츠	( )

출발, 시작	( )	스타트	( )
규모	( )	스케일	( )
유형	( )	타입	( )
시험	( )	테스트	( )
부인	( )	와이프	( )
정지	( )	스톱	( )
머리를 볶다	( )	파마하다	( )
축구	( )	사커	( )
칼	( )	나이프	( )
영국	( )	잉글랜드	( )
요염한	( )	글래머러스	( )
노처녀	( )	올드미스	( )
공책	( )	노트	( )
수첩	( )	다이어리	( )
공구	( )	드라이버	( )
듣기 평가	( )	리스닝 테스트	( )
과제	( )	리포트	( )
남녀 만남	( )	미팅	( )
붕대	( )	밴드	( )
비닐봉지	( )	비닐백	( )
비밀번호	( )	패스워드	( )
연립주택	( )	빌라	( )
연줄	( )	백	( )
자필 서명	( )	사인	( )
공짜, 봉사	( )	서비스	( )
동아리	( )	서클	( )

상점	( )	슈퍼	( )
기사철	( )	스크랩	( )
구성작가	( )	스크립터	( )
운동선수	( )	스포츠맨	( )
느린 동작	( )	슬로우 모션	( )
조사	( )	앙케이트	( )
일화	( )	에피소드	( )
실수	( )	엔지	( )
동아리 모임	( )	엠티	( )
오락실	( )	게임룸	( )
토하다	( )	오바이트하다	( )
외투	( )	오버	( )
자동	( )	오토	( )
관대함	( )	오픈마인드	( )
자동차 번호	( )	카넘버	( )
전자레인지	( )	오븐	( )
자동차 수리소	( )	카센터	( )
부엌 수건	( )	키친타월	( )
주제	( )	테마	( )
기념품 상점	( )	팬시점	( )
볼넷	( )	포볼	( )
자유 토론	( )	프리토킹	( )
인쇄물	( )	프린트물	( )
선술집	( )	호프집	( )

어떤가? 아마 90% 이상의 단어를 이미 알고 있거나 들어본 적이 있을 것이다. 우리는 이미 수많은 영어 단어를 알게 모르게 생활화하고 있었던 것이다.

부록 3

영어 문장 부호

● 콜론colon [:]

단독으로 쓸 수 있는 문장에 선행하는 목록이나 설명 앞에는 콜론[:]을 쓸 수 있다. 콜론은 계속될 내용을 초대하는 일종의 문gate이라고도 볼 수 있다.

There is only one thing left to do now: confess while you still have time.

콜론 뒤에는 어떤 내용을 쓸 것인가에 대해 항상 생각한다.

● 하이픈hyphen [–]

하이픈은 여러 가지 용도로 사용할 수 있다.

a. 합성어나 특히 명사 앞에 수식어구를 만들 때(ex. the well-known actor, my six-year-old daughter, the out-of-date curriculum)

b. twenty-one to ninety-nine과 분수를 나타낼 때(five-eighths, one-fourth)

c. on-the-fly, for fly-by-night organization과 같은 합성어를 만들 때

d. 단어에 특정한 접두사를 붙일 때 non-English, a-frame, I-formation과 같은 접두사에는 항상 하이픈을 찍어야 한다(ex. ex-husband, all-inclusive, self-control). 하이픈과 그 양 옆의 문자 사이를 띄어서는 안 된다.

● 따옴표quotation marks [" "]

인용한 말이나 대화체를 나타낼 때 따옴표를 사용한다. 또한 단편 소설이나 시, 기사의 제목처럼 단독으로는 잘 쓰이지 않는 구에도 따옴표를 사용한다. 보통은 쉼표를 써서 인용한 부분을 구분한다. chaebol, hallyu 같은 영어화된 한국 단어를 쓸 경우도 따옴표를 쓴다. 미국에서는 논리 전개에 상관없이 마침표와 쉼표를 따옴표 안에 넣는다. 미국식으로는 My favorite poem is Robert Frost's "Design."으로, 영국식으로는 My favorite poem is Robert Frost's "Design".으로 쓴다. 기타 다른 부호는 인용된 문장에 따옴표를 붙이는 논리를 따른다.

What do you think of Robert Frost's "Design"? and I love "Design"; however, my favorite poem is "Birches."

● 세미콜론semicolon [;]

(A) 내용이 많은 목록을 분류할 때 세미콜론[;]을 사용한다.

There were citizens from Bangor, Maine; Hartford, Connecticut; Boston, Massachusetts; and Newport, Rhode Island.

또는,

We had four professors on our committee; Peter Wursthorn, Professor Mathematics; Ronald Pepin, Professor of English; Cynthia Greenblatt, Professor of Education; and Nada Light, Professor of Nursing.

(B) 밀접한 관련이 있는 독립절을 쓸 때도 세미콜론을 사용할 수 있다.

My grandmother seldom goes to bed this early; she's afraid she'll miss out on something.

● 대시dash [—]

삽입구를 나누기 위해서 대시[—]를 사용할 수 있다.

All four of them — Bob, Jeffrey, Jason, and Brett — did well in college.

콜론보다 더 구어체적이면서 비약적인 양식으로 최종 목록이나 설명을 나눌 때에도 역시 대시를 사용할 수 있다.

● 아포스트로피apostrophe [']

소유격이나 축약형, 복수형을 만들 때 아포스트로피를 사용한다.

I am = I'm
you are = you're
she is = she's

it is = it's

do not = don't

she would = she'd

he would have = he would've

let us = let's

who is = who's

she will = she'll

they had = they'd

● 슬래시slash [/]

몇 단어들 가운데 하나를 선택할 때 슬래시[/]를 사용한다.

Using the pass/fail option backfired on her; she could've gotten an A.

슬래시는 or의 뜻으로 해석할 수 있으며 단어 사이에는 쓸 수 없다. 혹 일부 작가들은 성별 문제로 인한 혼란을 막기 위하여 he/she, his/her, him/her로 쓰기도 한다. he or she로 쓸 수도 있다. 슬래시와 그 양옆의 문자 사이를 띄어서는 안 된다.

제공: 〈코리아 타임스〉 영어 해설판 담당 안성진